JN437320

# 통일, 숭실에서 시작된다

숭실대학교 베어드학부대학
학사지도실

숭실대학교 출판국

# 발간사

1897년 평양에서 문을 연 숭실대학교에는 여느 대학과는 다른 특별한 역사가 있습니다. 그것은, 1938년 일제의 한민족말살정책에 맞서 신사참배 강요를 거부하고 결연히 폐교함으로써 기독교신앙과 민족정기를 수호함에 앞장 선 대학이라는 점입니다. 그리고 1954년 서울에서 재건하여 국가가 최우선적으로 필요로 하는 지식과 기술 교육을 선도하여 이미 1960년대 당시, 미래 사회를 예측한 컴퓨터 교육을 한국 최초로 실시한 것입니다. 이렇게 일제에 맞선 단호한 저항의 리더십과 조국을 위한 찬란한 부흥의 리더십을 발휘한 것은 한국 대학의 역사에 길이 남을 숭실대학교의 공헌이라 하겠습니다.

숭실대학교의 재건운동은 1945년 해방과 동시에 시작되어 1950년 6·25전쟁이 일어나면서 잠시 중단되었으나 다시 평양으로 복귀하지 못한 채, 서울 수복 후 본격적으로 추진되었습니다. 1954년 '숭실대학재단이사회'에서는 대학 설립에 필요한 모든 준비를 완료하고 '재단법인인가원'과 '학교설립인가원'을 문교부에 제출하였습니다. 학교 교사와 기타 모든 시설이 구비되지 않은 상태에서 재건을 청원한 상황이었으나, 염려와는 달리 인가원이 중앙교육위원회에 상정되자 만장일치로 가결되어 밖에서 회의 결과를 기다리던 숭실대학교 관계자들은 감격의 눈물을 흘렸다고 합니다. 이러한 결과는 과거 숭실대학교가 일제 치하에서 민족독립운동에 앞장섰을 뿐만 아니라, 신학문을 도입하고 발전시키는 데에도 큰 업적을 세웠기 때문입니다. 또한 숭실대학교가 이 땅의 고등교육기관으로서 민족과 운명을 같이하며 어떤 수난도 피하지 않고 진리와 봉사의 신념으로 임무를 다하려고 힘써온 과거의 노력을 인정받은 결과라 하겠습니다.

개교에서 폐교를 거쳐 재건에 이르는 숭실대학교의 역사는 한마디로 '한국 대학의 리더십의 역사'라 말할 수 있으며, 특히 '16년 숭실 폐교의 역사'는 평양의 숭실이 아니라 조선의 숭실로서 민족적 비운의 역사이며, 그것은 무기력한 패배나 소멸이 아니라 수호를 위한 단호한 저항이요 부활을 위한 의연한 순교였다 하겠습니다. 이 제 21세기 이 시대의 숭실대학교는 한반도 통일시대를 이끌 창의적 인재 양성을 목표로 우리 민족의 화합과 평화를 지향하는 포용적 통일의 리더십을 키워나가고 있습니다. 우리 학교는 지난해 서울 재건 60주년을 맞아 '통일시대 통일대학'을 표방하고, 그동안 '숭실평화통일연구원'의 발족, '숭실통일리더십연수원'의 개원, '한반도 평화와 통일' 교양필수과목과 '숭실통일리더십스쿨' 연수프로그램의 개설을 차례로 완료하여 연구·강의·연수를 망라하는 체계적인 연구와 교육 시스템을 구축하였습니다. 앞으로 우리 학생들은 통일을 준비하는 지금으로부터 통일이 이루어지는 시점과 그 이후 통일이 완성되는 시대를 통틀어 자신의 역할을 정립하고 통일시대의 삶의 목표와 비전을 수립하여 통일한국을 주도적으로 이끌어 나갈 '통일시대의 창의적 리더'로 세워질 것입니다.

이번 책으로 엮이게 된 글들은 우리 학교 학생들이 의사소통 관련 교과목을 통해 '통일'을 주제로 다양한 글을 제출한 데서 뽑은 것입니다. 또한 이 책을 엮기 위해 지난해 1학기에는 '제1회 통일글쓰기 공모전'도 열었습니다. 이 공모전에서는 대략 50여 편의 글이 응모되었고, 그 가운데 최우수·우수·장려상으로 10명 이내의 학생들이 수상의 영광을 차지하였습니다. 아울러 지난해 1, 2학기 동안 교양필수 교과목 '창의적 사고와 글쓰기' 강의를 통해 담당교수님들은 '통일'을 주제로 과제를 부여하였고, 그 중에서 교수님들이 우수작으로 대략 5-7편의 글을 추천해주신 것을 다시 최종 검토하여 80여 편을 가려 뽑았으니 이 책에 실린 글은 총 응모작 3천여 편 중에서의 '정수의 정수'라고 볼 수 있습니다.

또 한 가지 특기할만한 사항은, 이 책이 '공감과 소통 시리즈'의 연속이라는 점입니다. 이미 베어드학부대학에서는 3년에 걸쳐 학생과 부모님이 주고받은 편지글을 모아 '공감과 소통 시리즈'로 엮었었고, 지난해는 부모님 평전을 모아 '공감과 소통 시리즈'로 이어갔습니다. 학생들과 부모님들 간의 공감과 소통에 두었던 처음 목적에서 한걸음 더 나아가, 이 책의 발간은 통일 문제에 대한 학생들의 생각을 통해 세대간, 이념간 공감과 소통의 목적으로 이어가는 데 초점을 두고 있습니다.

끝으로, 글의 편폭은 작지만 담은 생각은 더 없이 큰, 그래서 소박하고 진솔하면서도 오히려 용감하고 대범한 이 책자를 통해 남북 분단의 가혹한 현실에 대한 이 시대 우리 젊은 학도들의 비판적 인식의 일면을 공유하고, 미래의 한반도 통일에 대한 우리 모두의 새로운 시야와 사고를 넓혀가는 계기를 마련하게 될 수 있기를 바랍니다.

2015년 3월

숭실대학교 베어드학부대학장

이제우

## 엮은이 서문

베어드학부대학에서는 해마다 학생들의 좋은 글을 선별하여 한 권의 책으로 발간하는 일을 지속해 오고 있습니다. 처음 3년간은 학생들과 부모님이 주고받은 편지글을 모아 평소 겉으로 표현하지 못했던 서로에 대한 사랑과 용서의 마음을 전할 수 있었습니다. 그리고 지난해는 형식을 좀 달리하여 '부모님 평전'을 학생들의 손으로 직접 써 보도록 했습니다. 평전을 쓰기 위해 부모님의 살아온 발자취를 하나하나 확인해 하는 과정 속에서 평소 깊이 이해하지 못했던 엄마, 아빠의 애환과 젊은 시절 그들의 열정에 대해 새롭게 확인하게 되었습니다. 이렇게 4년을 거듭하여 숭실의 학생들에 의해 써진 글들이 어느새 〈공감과 소통 시리즈〉라는 독창적인 이름을 갖게 되었습니다. 이제 다섯 번째로 발행되는 〈공감과 소통 시리즈〉는 그간의 책들과는 또 다른 의미를 담기 위해 많은 사람들이 고심한 결과입니다. 부모와 자식 간의 담을 허물어 서로를 공감하고 소통하고자 했던 것이 이전의 책들이 지닌 의미였다면 이제는 남과 북, 좌와 우의 이념적 장벽을 허물고 민족의 화합을 노래함으로써 통일 한국에 대한 다양한 생각들을 공감하고 소통하기 위해 걸음을 옮겼습니다. 지금 여러분들 앞에 놓인 『통일, 숭실에서 시작된다』는 이렇게 탄생한 또 하나의 소중한 〈공감과 소통 시리즈〉입니다.

이 책은 우리 시대의 대학생들이 민족의 현실인 분단과 미래의 소망인 통일을 어떻게 인식하고 있는지를 고스란히 담고 있습니다. 누군가는 분단의 과정에 대해 내 탓, 네 탓으로 설전을 벌입니다. 누군가는 통일의 필요성에 대해 팽팽한 시각의 차이를 드러냅니다. 또 누군가는 아예 이런 문제를 골치아파하며 무관심하려 합니다. 이처럼 다양한 목소리를 하나하나 끄집어내어 허심탄회하게 이야기할 때가 아닌가 생각합니다. 분단은 우리에게 던져진 피할 수 없는 현실이기 때문입니다. 그리고 통일은 우리가 해결해야 할 숙명이기 때문입니다. 그렇기 때문에 미래 통일 한국을 운명처럼 맞이하게 될 이 시대의 대학생들이 분단과 통일을 직시하고, 그것에 대해 나름의 확고한 주장을 펼쳐보는 것이 필요한 일이라 여겨집니다.

지난 일 년 동안 '통일 글쓰기 공모전'을 통해 누구보다 더 이 문제에 관심을 가진 학생들의 훌륭한 글을 얻을 수 있었습니다. 그리고 의사소통교과목의 글쓰기 과제를 통해서도 다양한 형식의 통일 관련 글들이 접수되었습니다. 무려 삼천여 편이 넘게 쌓인 글들을 읽고 읽으며 모두에게 공감이 될 글들을 선별하는 과정이 결코 간단한 일은 아니었지만, 이렇게 한 권의 책으로 묶임으로써 비로소 흐뭇한 미소를 지을 수 있게 되었습니다. 그 동안 많은 글을 함께 읽으며 좋은 글을 선별해 주신 교수님들의 수고가 이 책에 담겨 있습니다. 학생들의 문장 하나하나를 바로잡아 더 좋은 글로 완성시켜 주신 교수님들의 수고도 함께 담겼습니다. 아무쪼록 여러 사람의 수고가 모여 완성된 이 책이 통일 문제를 공감하고 소통함에 초석이 될 수 있기를 기대합니다. 이 책의 울림이 큰 파장을 만들어 건전하고 바람직한 방향의 통일 담론을 형성하고, 그 결과 모두가 진심어린 목소리로 통일을 노래할 그 날이 오기를 고대합니다.

숭실대학교 베어드학부대학
책임편집 차봉준

CONTENTS

## 제2부 | 이제 통일만이 희망이다

## 제3부 | 통일 대박, 그 이상의 담론 1

## 제4부 | 통일 대박, 그 이상의 담론 2

## 제5부 | 통일 대박, 그 이상의 담론 3

제1부

# 마주잡은 두 손의 염원

## 들머리

최미양 교수 / 강의선 교수(베어드학부대학)

2015년은 광복 70주년과 동시에 분단 70주년을 맞이하는 해입니다. 잠깐 다녀오겠다는 인사와 함께 지금까지 만나지 못한 가족, 친지, 연인의 머리가 추운 겨울의 매서운 눈처럼 하얀색의 백발이 되어버린 할아버지, 할머니들이 있습니다. 현재에 맺지 못한 인연을 하늘에서 함께하시는 분들도 있습니다. 이산가족 상봉에 대한 뉴스를 볼 때마다 변해버린 서로의 모습에서 과거를 찾고 기뻐하며 서로를 쓰다듬는 모습이 처음에는 낯설게 느껴집니다. 하지만 보내는 버스에서 유리창이 없기를 바라는 마음으로 서로 손을 맞대고 안부 인사를 건네는 모습에서 자석처럼 서로를 당겨 보내고 싶어하지 않은 마음이 고스란히 전달됩니다.

'통일'이라는 단어가 우리세대도 낯설지만 다음 세대는 더욱더 낯설게 느껴질 것입니다. 한반도라는 작은 땅 덩어리에서 70년이라는 긴 세월 속에 우리는 각자 '통일'에 대한 다른 해석을 갖고 있습니다. 통일의 의미, 통일 후의 문제점들…. 우리는 '통일'이라는 단어가 정치, 경제, 사회에 미치는 영향을 중심으로 통일로 가는 출구를 찾고자 노력하고 있습니다. 하지만 이산가족들처럼 '통일'이라는 단어대신에 '가족'이라는 단어를 먼저 떠올려 보는 건 어떨까요? 티격태격 싸우기도 하지만 떨어져 있으면 다시 모일 날을 손꼽아 기다리는 가족과 같은 마음으로 '통일'을 바라보면 어떨까요?

우리 학생들의 통일에 관한 글들을 읽으며 마치 자식의 첫 학예회를 구경하는 부모처럼 감동했습니다. 통일에 대한 그들의 진지한 고민이 아름다웠고 그들의 갈고 닦은 글 솜씨가 자랑스러웠고 그들의 솔직함이 신선했습니다. 물론 부족한 점을 찾으라면 찾을 수 있지만 그런 것은 통일에 대한 위대한 관심 앞에서는 큰 문제가 되지 않습니다. 젊은 청년들이 뜨거운 가슴으로 글을 포함한 다양한 예술행위로써 통일을 위한 푸닥거리를 계속한다면 한반도의 허리에 둘러진 철책선은 조만간 걷힐 것이기 때문입니다.

〈통일의 산고〉는 우리의 역사를 연대기적으로 담담하게 그려낸 친절한 시입니다. 조국 통일을 위하여 "남북 민중"을 웅녀라는 자궁을 지닌 여성의 이미지로 묘사한 점이 특별합니다. 통일 과정을 산고의 진통으로 비유되는 점과 이러한 염원을 신전 모양으로 시를 구조적으로 배열시킴으로써 시의 집중도를 높여주고 있습니다. 친숙한 언어와 익숙한 역사적 사실로 읽는 이들에게 쉽게 다가갈 수 있어서 좋습니다.

〈그리움; 그리워 울다〉는 통일을 "그대"라고 의인화하여 통일에 대한 열망을 "그리움"으로 형상화합니다. 여기에서 나는 한반도입니다. 나는 나의 순결한 "하얀" 심장이 "붉은" 고통으로 "퍼렇게" 멍이 들 정도로 그대를 그리워하며 반세기 내내 그칠 줄 모르는 울음을 울고 있습니다.

〈군화 끈〉의 화자는 군인입니다. 군화의 구멍 하나하나에 끈을 넣으면서 화자는 분단이 주는 여러 가지 정서를 꿰맵니다. 군화 끈이 하나의 매듭으로 마무리되어 군화의 역할을 돕듯이 통일을 이루기 위해 화자 역시 하나가 된 매듭이 되고자 합니다. 그리고 통일이 된 이후에는 군화도 매듭도 필요 없는 세상이 될 것을 꿈꿉니다.

〈환멸幻滅〉이란 시에서 가장 눈에 띄는 시어는 "바람"입니다. 이 시어는 통일을 바라보는 김용식 학생의 관점을 보여주는 것으로서 이중적 의미의 모호함을 드러냅니다. 즉 절망에서 "뱉어낸 텁텁한 바람"과 희망의 "작은 바람" 이 이 시 전체에 죽은 이의 영혼처럼 돌아다닙니다. 비판적 시각으로 분단 현실을 바라보며 통일의 희망을 "환멸"로 이야기하는 듯하지만, 마지막 세 행에서는 미미하지만 희망의 여지를 남깁니다.

윤혜린 학생의 〈통일〉에서 '나'는 어른들로부터 통일에 대한 희망을 듣고 자랐습니다. 그런데 어른이 되고난 후 '나'는 통일이 언제 될지 모른다는 생각을 합니다. 오늘날의 젊은이 다운 현실적 사고를 보여주는 시라고 할 수 있습니다.

〈샴〉은 분단된 조국을 샴쌍둥이로 이미지화하여 주제를 전개한 시입니다. 시의 전체 구조는 한 몸에 두 머리를 지닌 인간으로 형상화 시키면서 동시에 각 행 마다 단어의 배열 또한 병렬구조를 이루어 낸 점이 참신합니다. 분단된 한국을 태생적으로는 한 몸이지만 하나가 아닌 존재, 하지만 분리되면 죽을 수밖에 없는 복잡한 현실의 딜레마를 지닌 기이한 생명체로 상징화시켰습니다. 이는 김현래 학생의 독창성이 돋보이는 부분이며, 민족의 통일의 염원과 달리 그리 쉬운 과정이 아님을 잘 드러내줍니다.

〈남과 북〉은 4연까지 남과 북의 대치 상황을 묘사하고 5연과 6연에 가서 남과 북이 다시 합쳐질 수 있다는 사고의 흐름이 좋습니다. 그러나 4연에서 '이해하면', '조금만 물러나면'이라는 말로써 남북 문제의 해결방안이 제시되기는 하지만 조금 미약한 감이 있습니다. 그래서 "남과 북 다시 합쳐 질 수 있을 거야"라는 말이 갑자기 튀어나온 느낌을 줍니다.

〈자석〉은 한반도를 자석에 은유하여 북한을 빨강 쪽, 남한을 파랑 쪽이라 부르며 빨강 부분이 파랑 부분을, 파랑 부분이 빨강 부분을 끌어당길 수밖에 없는 이치를 남북한의 합체에 접목시키고 있습니다.

〈그리운 님들께〉는 한 이산가족이 북에 있는 가족을 그리워하는 마음을 표현하고 있습니다. 이제 갓 20을 넘긴 허준용 학생이 상상력을 발휘하여 이산가족의 마음을 공감할 수 있다는 것은 아주 의미가 깊습니다. 이런 공감 능력이 통일이라는 어려운 과제를 수행해나갈 때 정서적 밑거름이 될 것이기 때문입니다.

〈두 별〉은 견우직녀의 이야기를 모티브로 삼아 남북의 관계를 하늘의 별로 비유하면서 통일을 염원하는 낭만적 시입니다. 한반도를 호랑이로 상징하여 역동적으로 그려내면서 바로 분단 현실을 직시하고, 두 연인을 재회시키고자하는 아릿한 감정을 드러내는 시입니다. 고운 느낌의 시어를 선택하여 낭만적 통일의 염원을 보여줍니다.

〈멀고도 가까운〉을 쓴 최나은 학생은 시의 구성에 대해서 메모를 남김으로써 시를 더 깊이 감상할 수 있도록 도와주고 있습니다. 제목 그대로 통일은 "멀고도 가까운" 것이라는 것이 시의 주제입니다. 남한과 북한을 상징하는 두 나무가 가까이 있으나 서로 달라서 먼 사이가 되었을지라도 사계절이 흐르다보면 같아질 것이라고 노래합니다.

〈우리의 염원〉은 대화체를 이용하고 동시에 지역 출신을 구체적으로 언급함으로써 쉽게 감정이입을 유도 할 수 있는 시적 장치를 쓰고 있습니다. 하지만 주제로 이끄는 통일적 흐름이 다소 부족하여 시의 제목인 "우리의 염원"을 읽어내기가 쉽지 않았습니다. 대신, 감정의 벅차오름을 얼굴

근육의 꿈틀거림으로 묘사한 시각적 장치는 인상적이었습니다.

〈철책 너머〉는 통일이라는 큰 숲에서 철책선이라는 나무 하나에 초점을 맞추고 있습니다. 화자는 철책선을 사이에 두고 서로 대치하고 있는 남북의 군인들의 모습을 통해 남북 분단이란 상황이 주는 허탈함을 형상화합니다. 독자의 호기심을 끌고 가는 화법 때문에 "그러나" 이후에 화자가 느끼는 허탈함이 더 강하게 부각됩니다.

〈소리〉에서 "이 땅"은 수많은 소리를 들어왔습니다. 산에서, 강에서, 삼팔선에서 인간의 생사가 왔다 갔다 하는 고통의 소리들을. 화자는 소망합니다. "이 땅"에서 이제 그만 그 절망의 소리들은 사라지고 "환희"의 소리가 울려 퍼지기를. 그 소리가 북녘 땅에서도 들을 수 있기를.

유새봄 학생의 〈통일〉은 짧으면서 강한 울림을 주는 시입니다. 한반도에서 통일에 대한 희망이 사라지는 것을 시든 꽃, 귀 어두운 것, 말이 서툰 것으로 형상화한 뒤 벙어리 할머니의 울음소리로 그 절망을 최고조로 끌어 올립니다. 절망은 희망의 다른 면이라고 보았을 때 이 시는 지독한 반어법이 될 수 있습니다.

〈할아버지의 시계2〉는 유명한 동요 "할아버지 시계"에서 모티브를 따왔습니다. 이북이 고향인 화자의 할아버지는 이미 돌아가셨습니다. 여기서 할아버지 시계는 통일에 대한 염원을 은유합니다. 그래서 화자에게 할아버지 시계는 계속 가고 있기도 하고 멈춰있기도 합니다. 통일에 대한 "기약없는 기다림"에 지쳐 시계는 멈춰버렸습니다. 그러나 할아버지가 돌아가셨지만 포기할 수 없는 것이 통일이기 때문에 할아버지 시계는 계속 가고 있고 다시 가기를 바라는 것입니다.

〈나는 여기에〉는 이산가족의 아픔을 그리고 있습니다. 드디어 고대하던 이산가족의 상봉의 날에 북한의 형제는 사진으로 나타납니다. 화자는 "나는 여기에 있는데/ 너는 어디를 갔느냐"며 울부짖습니다. 그 울부짖음은 독자들을 통일에 대해 각성시킵니다.

〈이국(二國)〉은 동음이의어를 이용하여 분단의 아픔을 그리고 있습니다. 이 시는 남북이 두 나라로 나누어져서 결국 "서로 다른" 나라가 되었다는 것을 말하고 있습니다. 시의 중간에 등장하는 "에로스"와 "헤겔"을 통해 통일에 대해 감정적으로 접근하는 사람들과 이성적인 논리를 펴는 사람들을 암시하는 데 모두가 여전히 반응을 얻지 못합니다.

〈별밤〉 역시 화자는 이산가족입니다. 화자가 "고요한 별밤"에 갈 수 없는 고향을 그리워하며 회한의 눈물을 흘립니다. 젊은 대학생들이 이렇게 이산가족의 아픔을 공감한다는 사실이 이산가족들에게 조금이라도 위안이 될 수 있으면 좋겠습니다. 이산가족들을 모시고 시낭송회라도 열어서 그들에게 이 공감을 전하고 싶습니다.

〈통일 마중 가자〉는 예쁜 '마중가'입니다. 이 시를 읽으면서 "동무들아 오너라 봄맞이 가자…"로 시작하는 윤석중님의 동요가 떠올랐습니다. 한반도는 지금 추운 겨울입니다. 봄이 오면 우리는 당연히 봄 마중 갈 것입니다. 그때는 막힌 데가 없으니 남으로 북으로 미친년처럼 뛰어다니며 찬란한 봄을 뜨겁게 마중할 것입니다.

제은형 학생의 〈준비, 완료-통일한국을 준비하는 우리의 자세〉는 통일 후에 느끼게 되는 공포와 문제점들을 꿈을 통해 이야기하는 형식으로 풀어나갔습니다. 현재의 행복한 삶에 대해 돌아보고 통일 후 개개인이 할 수 있는 소소한 아름다운 나눔을 소개함으로써 통일 후 서로에게 위로가 될 수 있는 소재를 제공해 주었습니다. 이로써 제목처럼 통일을 위해 뛰어내릴 준비는 이미 완료된 것 같은 느낌을 주었습니다.

〈남으로 창을 내겠소〉는 남쪽의 환경을 차단하여 북쪽의 사상만을 주입하는 북한의 문제점을 시나리오 형태로 작성한 글입니다. 이 글에서 '나'라는 주인공은 북쪽의 '진리와 진실'을 '노인'과 '설계자'를 통하여 찾아갑니다. 현대 사회에 익숙한 '나'처럼 우리는 북한과 남한의 '진리와 진실'을 찾고 통일의 의미를 이해하기 위해 노력하고 있는지 생각해보는 시간을 가질 수 있었습니다.

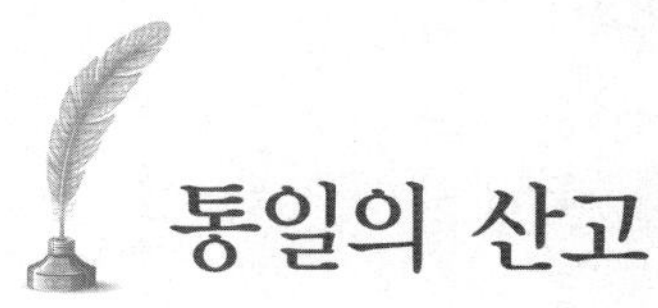

# 통일의 산고

철학과 이다솔

태초
하나에서

음양이
돌고 돌아

홍산에
비 바람 흐르고

신단수에
구름 쏟아졌다.

새처럼
환단이 임해
홍익인간을 노래하고

웅녀의
인욕으로
한 민족을 이루었다.

배달
우리는 하나였다.

그러나,
일제 강점으로
분단은 잉태됐고

외세에
기댄 해방은
분단을 출산했다.

문화전통은
훼손 되고

전쟁으로
민족적 자부심은
찢기었다.
분단 60여년
희미해져가는
통일의식이
오늘도
철조망을 녹슬게 한다.

언제쯤에야
남북 민중의
해맑은 웃음소리가
무궁화 가득한
이 땅에
퍼지려나!

다시
신단수
아래에 서서

우리 모두
참마음 회복한
웅녀가 되자.

통일의 산고로
진통하는
웅녀가 되자.

동강난
허리를 잇고
대륙을 이어
세계 평화와
번영을 낳자.

이념의 장벽을 허물라
마음의 장벽을 허물라
통일은 우리의 아들이다.

임진강가
민들레 홀씨가
어제도
오늘도
철조망을 넘는다.

# 그리움 ; 그리워 울다

경제학과 김보근

가장 가까이 있지만 가장 먼 그대
가장 멀리 있지만 가장 가까운 그대
머리만 있고 다리가 없어 다가가지 못하는 것인가
다리만 있고 머리가 없어 보지 못하는 것인가
우리는 하나라던, 곧 다시 만나자던 그대의 말을 난 믿으리오

내 하얀 심장에 붉은 채찍으로 퍼렇게 물들인 그대여
간절했던 광복의 그 날처럼
그대의 품속에서 뜨거운 눈물을 흘리고 싶소

이 울음
부끄럽지 않은 이 울음
반세기가 지나도 그칠 줄 모르는 이 울음을
아무리 손가락질을 받아도 그치지 않겠다
다시 한번 손 꼬옥 잡고 세상을 향해 웃을 수 있다면

# 군화 끈

경영학부 이재훈

군화 끈을 묶을 때 수많은 생각은 교차한다.
한 구멍에 슬픔을
한 구멍에 아픔을
한 구멍에 고통을
한 구멍에 원통을
한 구멍에 애환을
한 구멍에 한 구멍에 군화 끈이 교차 할 때마다.
내 생각도 교차한다.

이윽고 매듭을 지었을 때 그 매듭이 하나가 되었을 때
비로소 군화를 신는다.

여러 교차 되어있는 끈들을 보며 오늘도 다짐한다.
언젠간 매듭이 되리 언제가 하나가 되리.
언젠가 그 언젠가 군화가 필요 없어 질 날이 오면
군화를 벗어 던지는 그날이 올 때
그 끈도 풀어 버리리.

# 환멸(幻滅)

불어불문학과 김용식

무서운 속도로 프로펠러가 돌아간다
머리맡에서 환기되어가는 풍경들
회환으로 부패된 남자의 손끝에서
한 때의 꿈들이 흘러나온다
계속해서 비워지는 그의 내부
썩은 내장 속에서 걸러지는 먼지들
목구멍에 차마 내뱉지 못한 비명이 썩어가고 있다
앙상해진 바람의 뼈가 다 드러나 보인다
작은 바람을 안고서 그는
언덕을 넘어 남쪽으로 날아왔을 것
남자의 귓속에서 끊임없이 당겨지는 방아쇠
총알은 귓바퀴 속에 고여
아직도 그의 고막을 파고들고 있다
흐릿해져가는 지문
환풍기 너머의 바람, 가족들의 얼굴
컴컴한 북쪽에서 들려오는 목소리, 프로펠러에 잘려나간다
발바닥은 아직 고향의 지도를 기억하고 있다
남자의 몸속 수많은 표정들이 모래처럼 허물어진다
악착같은 세월이 남자의 손금에서
질척한 액체로 흘러내린다
환기통에 깊이 들어찬 침묵이

남자의 옷깃에 싸늘히 내려앉는다
더 이상 아무것도 흐르지 않는 혈관
남자의 몸속에서 뱉어진 텁텁한 바람이
환기되지 못한채 가라앉는다
짙게 깔린 어둠이 고향처럼 그를 반긴다
이젠 텁텁한 바람들의 숙주가 되어버린 그
점점 가벼워지고 있다
남자의 몸속에서 걸러진 깨끗한 눈물이
지상의 열기와 교차되길 기다리고 있다

⊙ 서울 노원구의 한 건물. 사람이 들어가기 힘든 지하 6층 환기통에서 5개월 전 사망한 것으로 추정되는 탈북자 31살 류은철 씨의 시신이 발견됐다.

# 통일

국어국문학과 윤혜린

어떤 어른이 내게 말했다.
너희 세대에는 된다.
나는 그 어떤 어른이 되었다.
너희 세대에는 될까.

어떤 어른이 내게 말했다.
하늘 아래 한민족이라고.
나는 그 어떤 어른이 되었다.
전선 사이 두 나라라고.

어떤 어른이 내게 말했다.
우리가 물이 되어 만난다면.
나는 그 어떤 어른이 되었다.
물길이 너무 멀리 돌아갔다면.

어떤 어른이
내게 말했다.
너희 세대에는 된다.
나는 그 어떤 어른이 되어
말했다.
너무, 너무 멀고 먼
길이라고.

# 샴

국어국문학과 김현래

바다위군림하는배가　　　　　하늘아래모든것들이
어찌 할수없는 바다　　　　　무설 것이없는 태양
조금의바람에도여기저기　　　여기저기바람닿는곳이면
파도는 일고그런 바다를　　　햇빛이닿고　　그런하늘을
바라보는　　머리　　　　　　바라보는머리

너　몸은 하난데 마음도 하난데 머리가 두 개다　나
가　같은 심장에 같은 피가 도는데 머리가 두 개다　아
될　하나의 생명에 얹어진 두 개의 머리는 못 같고　니
수　오늘도 부딪히는 머리들에 두 입술들은 난리다　면
는　누구를　　　　　　　　　　탓하리　안
없　이토록　　　　　　　　　　빈배를　된
다　누구로　　　　　　　　　　채우리　다
마음과 같이 몸도 하나 뿐인데 머리가 두 개다
같은 피가 같은 심장을 도는데 머리가 두 개다
진　　　　　정
하　　　　　나
가　　　　　될
순　　　　　없
는　　　　　가
진　　　　　정
바다와하늘이손잡는곳에지평선이생긴다그위에서있고싶다

# 남과 북

문예창작학과 함유라

남과 북
다시 합쳐지진
못할 거야
마치 빛과 어둠처럼.

서로를 향해
겨눈 칼날
그 끝을 따라가면
서로를 향한
경계의 눈빛.

서로 이리처럼
으르렁대기 바쁘고
물어뜯다 생긴 상처에
슬픈 울부짖음만
남기고 돌아 서네.

이해하면 그만인 것을
서로 도우면 그만인 것을
조금만 물러나면 그만인 것을
그러지를 못해

슬픈 눈으로 바라보기만 하네.

남과 북
다시 합쳐질 수
있을 거야
마치 바다와 육지처럼.

바닷물에 섞여가는
모래알처럼
똑같은 순 없지만
서로에게 섞여 들어가네
조금씩, 조금씩.

# 자석

글로벌통상학과 김소현

너와 내가 합쳐져야 자석이 된다.
너는 빨강 나는 파랑
너는 파랑을 좋아하고 나는 빨강을 좋아한다.
너는 파랑을 끌어당기고 나는 빨강을 끌어당긴다.

너랑 나는 같은 자석
하지만 서로 끌어당기는 것은 다르다.
서로를 끌어당기지도 않는다.

너랑 나는 한민족
하지만 남과 북, 나뉘어져 있다.
서로가 다른 나라들을 끌어당긴다.

너와 내가 합쳐져야 한반도가 된다.
너랑 나는 백의민족
너는 나를 좋아하고 나는 너를 좋아한다.
너는 나를 끌어당기고 나는 너를 끌어당긴다.

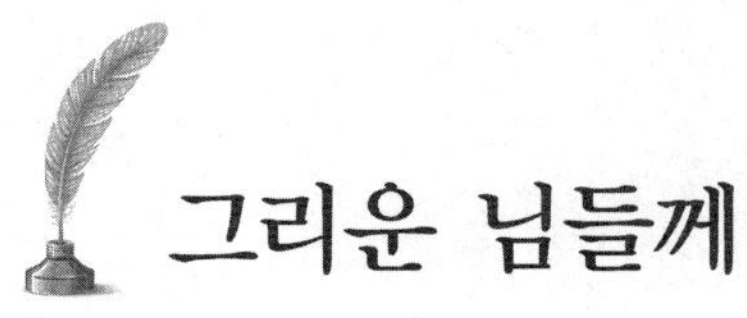

# 그리운 님들께

경영학부 허준용

님과 이별한지
70년이 되어갑니다.

잠깐 이별하면
다시 볼 수 있을 것이라
생각했는데

설마
마지막 만남이었을 줄을
행여 누가 알았을까요?

금방이라도 찾아 갈
시간도 있고
갈 수 있는 방법도
많은데

님을 보고 싶은 마음은
백두산보다도 크고
동해보다도 깊은데

님을 보기 위해서는

남의 허락을
받아야하니

매년마다 볼 수 있어도
함께 지내지를 못하니
허기와도 같은
이 그리움 이 슬픔
누가 달랩니까?

가깝지만
너무나 멀고
갈 수가 없는 저 북녘

새들도 소들도
꽃도 나무도
마음대로 갈 수 있는
저 북녘

저 머나먼 북녘에 계시는
나를 기다리는
님을 향해
만날 날까지
저는 이렇게 말합니다.

잊지 않겠습니다.

# 두 별

벤처중소기업학과 류창우

하늘에서 호랑이 땅을 봅니다.
허리춤에 꽃 허리띠 두른
아름다운 호랑이를 봅니다.

어수룩한 얼굴
부쩍 살 오른 다리
꼬리는 넘실넘실
얼굴을 위로합니다.

사이가 좁아 보입니다.
사이가 좋아 보입니다.

사이가 멀었습니다.
사(死) km 떨어진 짝
사(四) 광년 떨어진 짝 같습니다.
견우직녀 만날 때처럼
까치와 까마귀로 만날 수 없나요?
회색빛으로 번진 암흑에
이 눈만 멀었습니다.

파랗게 슬픈 하얀 눈물을

고이고이 뿌리고
주홍색의 네가 다가와 다독이며
어느 샌가 다가 올 칠월칠석을 기다립
니다.

같은 하늘을 보지만,
같은 땅에 서있지 못하는 우리.
그 이(二)별을 묻어 두고
간절히 그리웁니다.

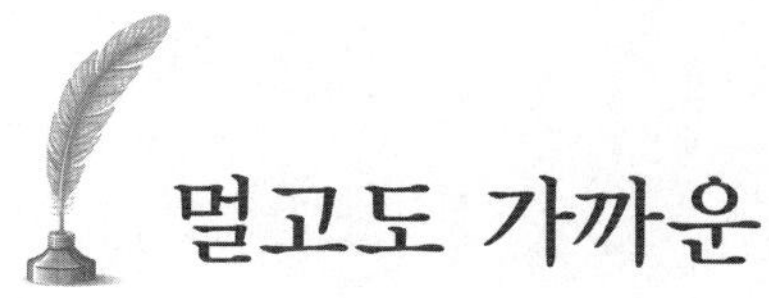

# 멀고도 가까운

기독교학과 최나은

아직 멀고도 가까운
같은 땅 한 씨에서 출발한
다른 두 나무

한참 멀고도 가까운
같은 햇살 같은 바람 맞는
다른 열매 맺는 두 나무

이제 멀고도 가까운
같은 새와 같은 사람 머무르는
다른 낙엽 지는 두 나무

하지만 멀고도 가까운
결국 같은 모양 같은 마음 가질
다른 두 나무

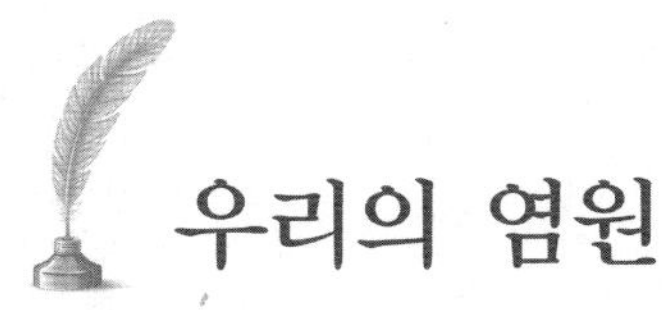

# 우리의 염원

벤처중소기업학과 신윤수

입 안 꿈틀거리는 혀
눈알을 굴리고
눈을 꿈뻑이며
울음을 애써 참는다.

함경도 김씨 양반
어딜 보시오.
경상도 김씨 양반 또
어딜 보시오.

동시에
"저길 봅니다."

그들을 조율하며
통곡의 메아리를
지휘하고 나는…

날아라 날아라
38의 선아 날아라
흩어져버려라

얼쑤 좋다
조선8도 울리는구나

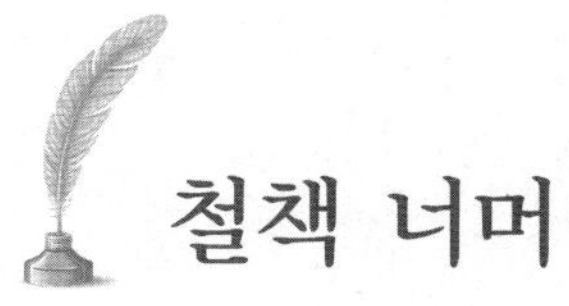

# 철책 너머

언론홍보학과 정현준

오,
넷,
삼,
둘,
하나,
점등! 점등! 점등!

경계용 투광등이 켜지고
어둠에 숨어있던,
철책선 너머가 모습을 드러낸다.

저 멀리, 허름한 벙커 근처엔
쥐새끼 한 마리 보이지 않고
수입천(水入川) 흐르는 소리가 내 숨조차 거둬간다.

고요가 긴장을 죽여버리고 적막이 공포를 으깼다.
나와 내 옆의 부사수조차도 그 존재가 희미해지고
창백한 월광마저 이 무한한 무음(無音)의 세상에 갇혀 버린다.

아마도, 죽음의 신이 있더라면
그조차도 빛과 어둠뿐인 이 침묵의 공간이

유일하게 선사하는 고독, 오로지 그것만 껴안고 돌아갔으리라.

그러나,

지독한 정적만 흐르는 이 곳에서도
나와 부사수와 소대원들과
철책을 마주한 모든 묵언 수행자들은 알고 있다.

사실은 저 멀리 허름한 벙커 속에도
우리같은 까까머리 코흘리개들이 그득그득
들어 있음을,
그 누구보다도 너무나 잘
안다.

# 소리

기독교학과 김하은

이산저산 흐드러진
이름 모를 넝쿨들아
네가 살린 꽃제비가 몇이나 되느냐
풀 뜯어 살은 목숨
더어 살아갈 수 있는 것이냐

압록강아 두만강아
네가 품은 슬픔은 몇이나 되냐
강 건너 살은 목숨
허나, 네 피가 너머에 있질 않느냐

삼십팔도 철책선아
네가 가진 아픔은 몇이나 되냐
산 넘어 살은 목숨
그래, 이 땅 아들들의 非命이 몇이냐

이 땅아! 도대체 네가 가진 그 소리가 무엇이냐

비통의 소리,
원망의 소리,
소망이 끊어지는 그 소리
그 소리가 끊어지길 바라

환희의 소리,
만족의 소리,
안식의 소리

이 소리
그 이들에게도 닿길 바라

# 통일

언론홍보학과 유새봄

기다림이 꺾이고
시든 꽃들만 웅성대는
여름이 가을이 되는

하나 둘 귀가 어둡고
말이 서툴고
앞집 벙어리 할머니만 으우으우 운다.

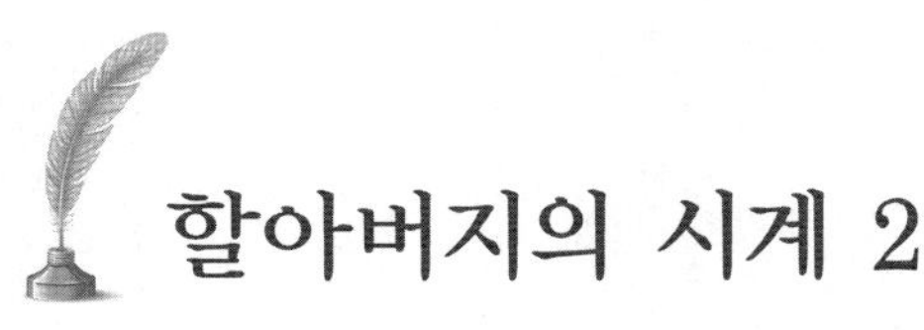

# 할아버지의 시계 2

언론홍보학과 최광진

할아버지의 시계는 오늘도 계속 간다

황해도 해주, 그의 고향
거기에 계신 그의 친척들

기약 없는 기다림에 지쳐 쓰러지는 하루하루

아니, 할아버지의 시계는 멎은 지 오래다

서울시 영등포, 그의 거처
경기도 이천, 그의 안식처

우리 앞에서 생전 이북 이야기는
단 한 번도 꺼내시지 않으셨던 분

이젠 제발 좀 멎었으면,
아니 이젠 제발 좀 다시 갔으면

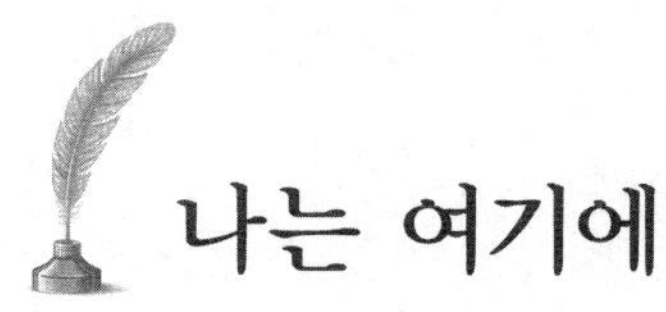

# 나는 여기에

경제학과 이초희

같은 핏줄을 갖고 태어난 우리
하지만,
나는 여기에서 자랐고
너는 저기에서 자랐다

내가 여기에 있는 동안
나는 너를 단 한순간도 잊은 적 없다
우리를 갈라놓은 하나의 선
그 선 너머에 있을 너를 만나길
나는 기다려 왔다

오랜만에 보게 된 너의 모습
너는 더 이상 내 기억 속의
천진난만한 어린아이가 아니었다
초롱 하게 빛나던 너의 눈빛은 사라지고
보드랍던 너의 맑은 피부엔 주름이 깊게 패어있고
새까만 머리카락은 하얗게 변해버렸다
그런데 너는 나를 보고
아무 말없이 웃고만 있구나

네 이름이 쓰여있는 의자에 앉는 것은
너의 사진을 들고 있는 낯선 이

너를 보면 꼬옥 안아줘야지 했던
나의 다짐은 와르르 무너져내린다
이제 너와의 인연의 끈을 놓을 때가 왔구나
이제 더 이상 너의 손을 잡아 줄 수도 없구나
나는 여기에 있는데
너는 어디를 갔느냐

# 이국(二國)

경영학부 전제원

이국(二國)이 되어서
이국(異國)이 된 것인가?

서로 나뉜 땅을 보며
서로 나뉜 민족을 보며

이국(二國)을
이국(異國)이라 부른다

이국(二國)을 보며
이민족(二民族)을 보며

에로스가 속삭인다
헤겔이 목청을 높인다

'사랑하여라'
'합하여라'

그러나
서로 다른 국가의 입술은
서로 다른 민족의 입술은

차디찬 서리마냥
차디찬 철문마냥

답도
반응도
보이지 않는다.

# 별밤

사회복지학부 홍지원

고요한 별밤에도
세상은 가만가만 흐르는데
풀숲을 지나는 바람도
마당가에 내비치는 달빛도

그리고 또
세월은 그렇게 흐르는데

나 홀로 그 어린시절에 머물러 고여있구나
누이의 따뜻한 웃음소리 들리던 그 시절

푸르스름 하듯 까맣던 머리도
어느새 백발이 되고

복숭아 같이 싱그럽던 피부도
이토록 마르고 닳았는데

흙바닥에 선 긋듯이 갈라져
눈에 보여도 갈 수 없는 내 고향은
다시 돌아올 줄을 모른다

조용한 별밤
세상은 가만가만 흐르는데
나의 마음 고인 채 흐르지 못하고…

두 볼에 눈물만 세월따라 흐른다

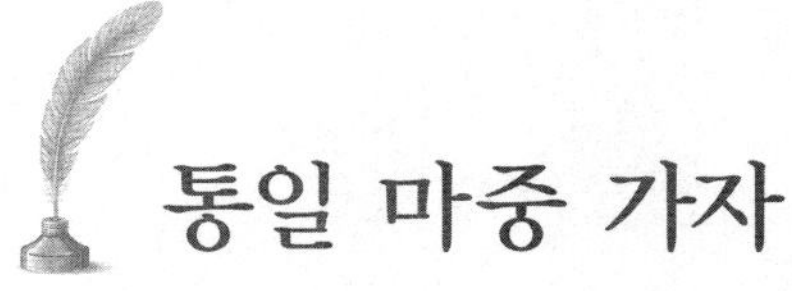

# 통일 마중 가자

사회복지학부 유지혜

파도가 바람을 기다리 듯
꽃망울이 햇빛을 기다리 듯
가뭄이 비를 기다리듯
단풍이 가을을 기다리듯

그렇게 통일도 기다리자.

초생 달이 보름달 마중 하듯
샛별이 또 다른 별들을 마중 하듯
바다가 뜨는 태양을 마중 하듯
어린 아이가 엄마를 마중 하듯

그렇게 통일 마중가자.

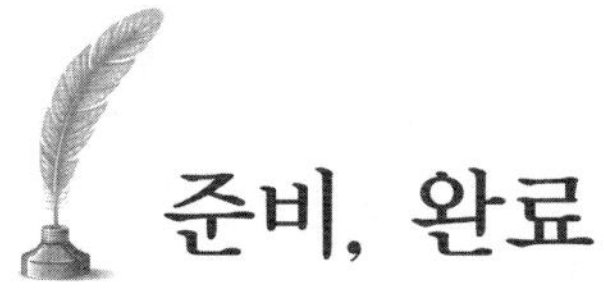

# 준비, 완료

경제학과 제은형

시끄러운 소리에 잠이 깼다. 동우는 눈을 비비며 미간을 찌푸렸다. 아침부터 웬 소란이람. 이불을 걷어차고 찌뿌듯한 몸을 일으키며 걸레짝 같은 몸을 이끌어 거실로 나갔다. 거실 베란다 창 앞까지 겨우 갔는데 아무래도 조짐이 심상치 않다. 고개를 슬쩍 들어 아파트 아래를 보려했지만 높은 층 수 탓에 보이지 않았다. 그렇다고 베란다까지 나가기는 귀찮았다. 거실 소파에 앉아 있다가 사람들이 싸우는 것 같은 소리에 결국 참지 못하고 베란다로 나섰다. 아파트 아래를 내려다 본 그는 충격적인 광경에 넓게 확장된 동공을 다시 압축시킬 엄두도 내지 못하였다. 이게 다 뭐란 말인가.

아파트 바깥 주차장을 가득 메운 거대한 무리는 희끗희끗한 흰머리 같은 거적때기를 입고 있었다. 그 수가 너무 많아 자신들 몸에 자신이 껴서 제대로 움직이지도 못했다. 얼굴은 전혀 보이지 않았지만 사람 모양새를 하고 있는 것은 분명했다. 그들은 아파트로 들어가려 하고 있었고, 그들에게 대항하는 경비원들만 소리를 바락바락 지를 뿐, 그들은 소리도 그렇다할 반응도 전혀 내지 않은 채 그저 입구만 향하고 있을 뿐이었다. 그 모습이 소름끼쳤고, 무엇보다 그 입구 중 하나가 우리 건물 입구였다.

"여보!"

"왜요?"

저들보다 더 먼 곳에서 들리는 소리마냥, 아내의 목소리는 힘없이 나른했다. 더 붉어진 짜증에 다시 한 번 그녀를 부르자, 그녀는 누가 내 아내 아니랄까봐 게으른 표정으로 거의 기다시피 안방에서 걸어 나왔다.

"왜 그래요?"

짜증이 가득한 그녀는 저 바깥의 소란이 들리지도 않나보다.

"여보, 일단 문 제대로 잠가요. 제대로!"

나는 그녀에게 얼굴을 돌리지도 않은 채, 저 바깥의 답답한 상황만 보고 있었지만 그녀가 얼마나 뚱한 표정으로 내 말에 따르고 있을지 눈에 훤했다. 문이 잠기는 철컥 소리가 들렸다. 다행스러운 건 바깥의 허연 무리들이 전혀 결실을 맺지 못하고 있다는 것이다. 심지어 그들의 미적지근한 움직임은 한심할 따름이었다. 우스웠다. 언제 왔는지 그녀가 내 옆에서 놀란 얼굴로 내가 보고 있던 그들을 보고 있었다.

"여보, 이게 다 뭐에요?"

"몰라, 나도. 사람인가?"

"네! 사람이죠. 어머나, 내 정신 좀 봐."

그녀는 갑자기 베란다에서 집 안으로 뛰어 들어갔다.

"왜!"

"아기 챙겨야죠!"

그렇지. 난 고개를 끄떡이며 시선을 그들에게서 놓지 않았다. 아기가 울음이 터졌는지 쩌렁쩌렁한 눈물 소리가 울려 퍼졌다. 저것들보다 조그만 애 소리가 더 크군. 그런데 갑자기 저 무리들 중 한 거적때기의 누더기가 그의 머리에서 벗겨지면서 검은 머리칼이 드러났다. 그것은 천천히, 적어도 내 눈엔 천천히, 뒤로 젖혀지며 나타난 검은 눈동자와 내 눈이 마주쳤다. 흠칫 놀라 뒷걸음질 쳤다. 하얀 얼굴이 소름끼쳤다. 나는 다시 앞으로 걸어가 아래를 내려다보았다. 그 아이는 어디로 간 건지, 아니면 다시 누더기를 머리에 쓴 것인지, 무리 속에 녹아들어가 보이지 않았다. 고개를 들어 조금 더 먼 거리의 모습을 보니, 몇몇 거적때기들이 서로 안고 있었다. 내 고막이 순간적으로 열린 것 마냥 여자들의 울음소리가 들려왔고, 성인 남자들의 고함 소리가 여기저기서 들리다가 또다시 그쳤다. 그리고 멀리 보이는 남산이 벌거벗은 나무들로만 찬바람을 막고 있는 모습에 말을 잃었다.

아기의 울음이 잦아들고, 아내가 아기를 안은 채 거실로 나왔다.

"여보, 사람들 괜찮아요?"

"응?"
"추울 텐데."
"남 걱정 할 시간에 애나 잘 봐요."
"아니, 무슨 말을 그렇게 해요?"

갑자기 터져 나온 그녀의 신경질에 당황한 나는 베란다에서 발을 돌려 거실로 들어왔다. 싸늘한 몸을 털어내며, 베란다 문을 닫고, 그녀의 어이없어하는 표정을 지나치며 부엌에서 컵을 찾았다. 라면은 좀 있나? 집에서 얼마나 버틸 수 있으려나? 정부는 뭘 하고 있지? 저 사람들 어떻게든 처리해야 할 것 아냐. 별 생각이 머릿속에서 이리저리 튀는데, 막상 내 손에 잡히는 건 한 두개밖에 남지 않은 라면봉지. 그리고 어디 있는지도 잘 모르지만 일단 아무 것도 채워있지 않은 전기밥솥, 그러나 나만큼 게으른 아내 덕분에 그득그득 차 있는 냉장고 안. 그래, 그래도 얼마간은 버틸 수 있겠다.

어느새 베란다로 나가 아기를 품에 안은 채 창밖을 내다보고 있는 아내의 뒷모습이 눈에 띄었다. 그 따스한 그림 같은 모습에 거부감이 들었다. 당신만 동정심이라는 것이 있는 것이 아닌데, 그 감정을 일관하려는 태도에 화가 났다.

"여보!"
"네?"
"애 감기 들어요. 들어와요."
"저 사람들에게 뭐라도 던져 줄까요? 걱정돼요."
"괜한 짓 하지 마요."
"괜한 짓이라니?"

그녀의 말에 존칭이 빠진다는 것은 정말로 화가 났다는 것을 암시했다. 원래 동갑내기인 우리는 지나치게 친구 같은 모습을 사그라트리고자 서로 존칭을 하기로 약속했고, 잘 유지되고 있지만, 가끔 집이 뒤집어 질 때 말이 짧아지고 인내심의 끈이 끊어지고는 했다.

"싸우지 말자, 정말."
"똑바로 말해봐. 내가 저 사람들 걱정하는 게 그렇게 잘못된 거야? 추워서 벌벌 떠는 모습 보면서 도와주려는 게 그렇게 잘못된 거냐고."

"앉자, 일단."

난 아기를 든 손이 부르르 떨리는 그녀를 보며 차분하게 다가가 아기를 건네받고 거실 소파에 앉았다. 그녀는 창밖을 슬쩍 보았다가, 나를 따라 거실로 들어오며 베란다 문을 닫았다. 집 안은 더욱 고요해졌다. 아내가 울음을 터뜨리기 시작했다. 난 작게 한숨을 쉬며 아기를 소파에 조심히 눕히고 그녀를 안아 주었다.

"난 정말로 속상해. 세월호때문에 아이들 그렇게 죽은지도 얼마 안됐는데, 바뀐 것도 전혀 없고. 그런데 저 사람들 이렇게 밖에서 벌벌 떠는데, 아이들에게 내밀지 못한 손, 지금도 그대로 내 주머니에만 넣고 있는 내 자신이 너무 한심해. 당신도 나랑 같잖아. 그냥 좀 도와주면 안 돼? 우린 십자가 믿잖아. 십자가 지고 가면 안 될까?"

그녀의 감정이 더욱 크게 터져가고 그녀의 눈물이 내 셔츠의 어깨를 더 축축하게 적시는 것을 느끼며, 나는, '안 돼, 은영아.' 라고 속으로 거절하는 것밖에는 할 수 있는 것이 없었다. 내 눈에는 소파에 누워있는 진영이 밖에 보이지 않았다.

"그런데 저 사람들 누구야? 노숙자들인가? 그런데 왜 갑자기 우리 동네에서 그러는 거지? 그리고 그 분들은 저런 차림으로 다니지 않아. 우리 봉사활동 갔었을 때 설명 들었잖아. 적어도 대낮에는 일반인과 같은 모습이라고. 그럼 뭐지? 왜 저 추위에서 저렇게 갈 곳 없이 돌아다니는 거야? 난 정말 모르겠어."

그녀의 말이 꿈처럼 귓가에서 흘러 다니고, 나는 조용히 앉아 진영을 안아 들었다. 쌔근쌔근 숨을 몰아쉬는 아기는 참 사랑스러웠다.

"저 사람들, 북한 사람들이야."

"응?"

"북한."

"그걸 어떻게 알아? 왜 이러지, 텔레비전이 안 틀어져."

난 어느새 천국이라도 다녀온 걸까, 모든 걸 깨달은 사람 마냥 진영이라는 살아 숨 쉬는 놀라운 결정체만 바라보며 중얼거렸다.

"놀라지 말고 들어, 여보. 우리 통일됐고, 군에서 막을 새도 없이 민간인들이 떠내려 온 거야. 한 가구당 한 가정 책임질 각오해야해. 경제는 반토막 날 거야. 세금은 두 배로 늘겠지. 그런데 우리 집은 문을 잠갔고, 모든 식당이며 모든 집은 창을 닫은 채로 고개도 내밀어주지 않아. 저들은 어떻게 되겠어? 도와줄 한 사람만 찾고 있어. 그 사람은 곧 헐벗고 저 사람들 꼴이 되겠지. 아니면, 도와줄 한 사람의 도움 얻어서 그 힘으로 뒤엎을지도 몰라. 지옥이야, 이건."

"여보."

그녀는 말했다.

"목사님 같은 소리 하지 마. 난 목사님을 믿는 게 아니라 예수님을 믿어."

그녀는 벌떡 일어나 베란다로 향했다. 나는 아이도 내려놓지 못한 채로 따라 일어나 그녀를 붙잡았다.

"정신 차려! 우리가 저 꼴이 아닌 게 축복인 거야. 그냥 가만히 있어. 가만히 있는 것도 고통이야. 애 생각은 안 해? 감정적으로만 움직여서 해결될 일이 아니라고. 좀 더 기다려봐. 다들 생각하고 고민하고 있잖아?"

"무슨 고민? 저 추운 데서 떨고 있는 사람들 내버려 두는 게 고민하는 거야? 그럴 거면, 난 안 해. 그냥 내가 가지고 있는 음식, 내가 줄 수 있는 옷 주는 게 내가 고민하는 방법이야."

"그래. 나 이런 당신 모습이 좋아서 결혼했어. 하지만 이건 아니야. 나랑 같이 결정해. 너 혼자 사는 것 아니잖아. 그래, 백 번 양보해서, 백 번 양보해서…"

"그래, 양보해서, 뭐?"

"여보……."

그녀는 고개를 흔들었다.

"나는 당신이 말하는 삶을 사는 데 동조하고 싶지 않아. 배운 대로 살 거야. 죽는 게 곧 사는 거야."

그리고는 곧장 베란다로 달려가 창밖으로 몸을 날렸다.

"여보! 안 돼!"

땀이 범벅이 된 채로 벌떡 일어난 나는 침대에서 뛰어나가 거실로 향했다. 보이지 않는 그녀는 나무 도마에 칼날이 부딪히는 소리와 함께 부엌에서 뒷모습을 내비추고 있었다.

"여보!"

뒤돌아보며 동그랗게 눈을 뜨는 그녀에게 달려가 껴안았다.

"왜 그래요, 갑자기."

쑥스러운 듯 웃는 그녀 뒤편으로 안방의 아기용 침대에서 눕혀져 있는 진영이의 찢어질 듯 한 울음소리가 터져 나왔다.

"어머나, 애 깼나보다."

그녀는 날 밀어놓고 안방으로 뛰어 들어갔다. 나는 혼란스러운 머릿속을 어찌할 줄 모른 채 제자리에서 빙빙 돌았다. 아내가 안방을 나서며 날 보고는 놀래 물었다.

"안 좋은 꿈이라도 꿨어요? 왜 그래?"

걱정스러워하는 그녀의 표정에 나는 저절로 진영에게로 시선이 쏠렸다. 울음을 그칠 기미가 보이지 않는 진영은 그의 등을 토닥여주는 아내의 손길에도 불구하고 뭐가 그리 서글픈지 눈물만 흘리고 있었다. 안쓰러웠다. 지금껏 이렇게까지 집착 수준의 마음이 있지는 않았는데, 이상하게도 자꾸만 안고 싶고 보호해주고 싶었다.

"아, 여보, 가스레인지 불 좀 꺼줘요!"

그녀의 다급한 요청에 나는 얼른 부엌으로 뛰어가 가스레인지 위의 냄비를 살폈다. 된장이 풀어져 있는 물이 담긴 냄비 속, 도마 위의 썰다 만 호박과 감자. 나는 내가마저 아침 차릴게, 쉬어, 라고 소리치며 재료 손질을 마무리하기 시작했다. 진영은 울음을 그치지 않았고, 아내는 아기를 달래려 거실을 맴돌고 있는 것 같았다. 그런데 점점 아기의 소리가 멀어져 갔다. 설마, 하는 생각에 나는 뒤돌아보았고, 베란다로 나서는 그녀를 발견했다.

나는 목까지 올라오는 감정을 사그라뜨리며 조용히 그녀의 모습을 관찰했다. 그녀는 결코 창밖으로 몸을 날릴 것 같지 않았다. 울음바다에서 헤어 나올 줄 모르는 아기를 달래는 데에 온 신경을 쏟고 있을 뿐이었다. 다행이라고 속으로 외치며 양파를 썰었다.

아침을 다 먹고, 잠시 소화시키려 소파에 앉아 텔레비전을 켰다. 진영은 울다 지쳐 딸꾹질을 하며 아내의 품에 안겨 있었다. 오늘따라 애가 왜 이러지. 혼잣말 하는 그녀의 어깨를 다독여 주었다. 아침 방송이 한창 진행되는데, 아래편에 '통일 한국 5일 째, 대통령 세금 무 인상 약속'이라는 자막이 떴다. 나는 기분 좋은 미소를 띠며 고개를 끄덕였다. 슬쩍 그녀의 표정을 확인해보니 그녀는 피곤한 기색으로 텔레비전엔 전혀 눈길도 주지 않은 채 다시 칭얼거리기 시작하는 진영을 흔들어주며 일어나 안방으로 향했다. 이상하게 가라앉는 기분에 베란다의 창밖을 보았다. 하얀 눈이 깨알처럼 내리고 있었는데 그 광경은 내 눈앞을 흐리게 했다.

충전하고 있던 휴대폰을 집어 들었다. "여보, 당신 사촌오빠 번호가 뭐지?" 내 물음에 아내가 얼굴을 내밀며 놀란 표정을 보였다. "왜요? 후원하려고?" "응, 하자. 다 같이 살게, 우리 적금 깨자." "오빠가 고마워 할 거야, 정말로. 안 그래도 어제 또 전화 왔었어, 북한 현지 사정 정말 어려운데 후원금은 안 들어오고, 정부에서는 무슨 생각인지 세금 인상은 안 하고, 아니, 그래, 아무쪼록, 그래요, 여보, 고마워." 언젠지 모르게 내 손을 꼭 잡고 있는 그녀의 손의 힘을 느끼며 번호를 눌렀다. 진영이의 울음소리는 이제 들리지 않았고, 눈은 더 강하게 내렸다. 신호음은 더 가빠지고 낯익은 목소리가 들려왔다. 뛰어내릴 준비, 완료.

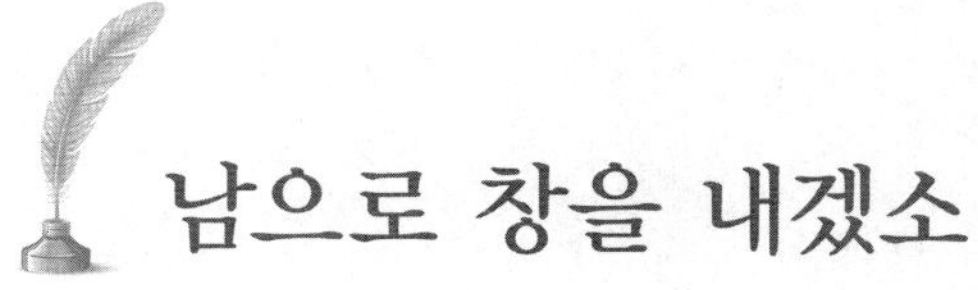

# 남으로 창을 내겠소

국어국문학과 박창환

무대 가운데에는 감방을 연상시키는 건물의 외벽이 설치되어 있다. 그 벽은 무대를 가로질러 설치되어 있으며, 여러 개의 창문이 있다. 창문틀에는 번호판이 부착되어 있고, 쇠창살이 창문을 가로막고 있다. 벽은 회색이다. 음울한 느낌, 획일적인 느낌.

창문이 열리고, 꾀죄죄한 옷차림의 '가'가 기지개를 켜며 하품을 한다. '가'는 추운 듯 몸을 움츠리며 덜덜 떤다. '가'는 서둘러 창문을 닫는다. 무대 왼편에서 '나'가 등장. 누군가를 피해오는 듯 주위를 경계하며 조심스럽게 창문 앞에 다가간다. '나', 조심스럽게 창문을 두드린다.

나 : (조용하게) 계시나요?

기척이 없다. '나'는 수차례 창문을 두드린다.

나 : (조금 큰 목소리로) 계시나요?

'가'가 창문을 벌컥 연다.

가 : 거참 누구요? 단란한 아침 식사 시간에! (창문 앞에 서 있는 '나'를 발견하곤) 어, 당신이구만. 어쩐 일인가? 이렇게 이른 시간에.
나 : 궁금한 게 있어서요.
가 : 궁금한 거라니?
나 : 창문 말입니다.

가 : 창문이 왜?
나 : 북쪽을 향해 있습니다.
가 : (의아해하며) 그렇지. 북쪽을 향해 있지. 그게 어떻다는 건가?
나 : 북풍은 춥습니다.
가 : 그렇지. 그게 어떻다는 건가?
나 : 창문이 북쪽을 향해 있으면 항상 북풍이 들어오거든요.
가 : 그건 나도 알아! 그게 어떻다는 건가?
나 : 하지만 남풍은 따뜻합니다.
가 : 그건 나도 알아! 그게 어떻다는 건가?
나 : 왜 남쪽으로 향한 창은 없는 거죠?
가 : 무슨 말을 하고 싶은 건가?
나 : 왜 아무도 남쪽으로 창을 낼 생각을 하지 않느냐고요!
가 : 그걸 내가 어떻게 아나!
나 : 이 마을의 모든 사람들에게 물어보고 있습니다. 당신이 98번째고요. 아무도 대답하지 못하더군요. 저는 오늘 아침 북풍을 맞으면서 문득 궁금해졌습니다. 왜 이 추운 북풍을 견뎌내야 하는 건가 하고요.
가 : 듣자하니 그렇군. 북풍은 너무 춥단 말이야. 내 새끼들도 북풍 때문에 감기를 달고 살지. 나도 어렸을 땐 감기를 달고 살았고. 그게 다 북풍 때문인 것 같아.
나 : 보세요. 북풍은 해롭습니다! 그런데, 누구도 그걸 막을 생각을 하지 않더군요.
가 : 하지만 어쩔 수 없네!
나 : 왜죠?
가 : 그건……. 누군가가 집을 이미 이렇게 지어놨기 때문이야!
나 : 이 집들을 설계한 사람은 누구죠?
가 : 나도 소문으로 들었는데, (옆집을 힐끗 쳐다보며) 옆집에 설계자가 산다더군. 어디까지나 소문일 뿐이지만. 그는 두문불출하고 있다네. 아무도 그를 찾지 않고, 그도 누군가를 찾지 않아.
나 : 잘됐습니다! 가서 물어보고 싶군요. 왜 남쪽으로 창을 내지 않았는

지, 왜 북쪽으로만 창을 냈는지 물어보고 오겠습니다.

가 : 알아내면 나에게도 꼭 알려주기 바라네.

나 : 알겠습니다.

'가', 창문을 닫는다. 창문이 닫히자 '나'는 곧장 옆집으로 다가가 창문을 두드린다.

나 : 계십니까?

기척이 느껴지지 않는다. '나'는 계속해서 창을 두드린다.

나 : 설계자님. 여기 계신 거 다 알고 계십니다! 어서 문을 여십시오.

묵묵부답. '나'는 벽에 등을 댄 채 스르르 주저앉는다. 무릎 사이에 고개를 박는다. 그는 차라리 울고 싶다. 그때, 팔 한가득 먹을 것을 안고 있는 노인이 등장한다. 딱 봐도 뚱뚱해 뵈는 체구. '나'와는 극명한 대조를 이룬다. 노인의 얼굴에는 기름기가 흐르고, 배는 그가 얼마나 풍족하게 살아왔는지를 한눈에 보여준다. 노인은 좌절해 있는 '나'를 보고 불쾌한 표정을 짓는다.

노인 : 거, 웬 그지 새끼야.

'나', 슬픈 눈으로 노인을 쳐다본다.

나 : 그지 새끼? 맞는 말이군요. 저는 평생을 그지로 살아왔습니다. 평생 원하는 걸 얻을 수 없었죠. 평생 결여되어 살아왔습니다. '진리' 말입니다. 저는 진리에 굶주린 그지입니다.

노인 : 정말 그지 새끼군. 썩 꺼지게.

나 : 안됩니다. 설계자님을 만나기 전까진 이곳을 떠날 수 없습니다.

노인 : (더 불쾌한 표정을 지으며) 내가 설계자요.

나 : (벌떡 일어나 노인을 껴안는다.) 설계자님! 드디어 오셨군요.

노인 : ('나'를 홱 밀치고 옷을 털며) 함부로 더러운 손을 갖다 대지 마시오!

나 : (그래도 여전히 너무 기쁘다) 드디어 알아 낼 수 있습니다!

노인 : 무얼 말이오?

나 : 진리 말입니다!

노인 : 진리? 나에게 물어볼 게 있단 말이군?

나 : 맞습니다! 꼭 물어보고 싶습니다. 꼭 알고 싶습니다.

노인 : 난 바쁜 사람이라오. 진리는 교회나 성당, 아니면 술자리에나 가서 찾지 그러시오. 젊은 양반. 진리는 위험하다오. 그것을 쥐고 있는 사람이 누구인지 모를 때는 더욱…….

나 : 무슨 말씀이십니까, 설계자님. 저는 단지 건물의 양식에 대해 궁금할 뿐입니다.

노인 : 그래, 무엇이 궁금하단 말이오? 내가 설계한 건물은 궁금증을 일으킬 만한 게 하나도 없을 텐데.

나 : 창문 말입니다. 왜 다 북쪽을 향해 있는 거죠?

노인 : 이른 새벽에 솔솔 불어오는 북풍을 맞아본 적 있습니까?

나 : 있습니다.

노인 : 그때 느낌이 어떻습디까?

나 : 상쾌했습니다.

노인 : 무슨 일이든 할 수 있을 것 같고.

나 : 맞습니다. 희망 찬 미래를 꿈꾸게 됩니다.

노인 : 그렇지. 아무 걱정도 없고.

나 : 모두가 행복한 세상!

노인 : 그렇지, 그래서 난 북풍을 좋아하오. 미적지근한 남풍과는 다르게, 북풍은 항상 나를 각성시켰단 말이지. 혹독할수록, 나를 더욱 깨어있게 만듭디다. 추위는 사람들을 단결하게 만든다오. 추위 속에서는 뭉쳐야 살 수 있소. 그래서 난 북풍을 좋아하오.

나 : 그런 깊은 뜻이 있는 줄은 몰랐습니다. 그래도 북풍은 우리에게 해롭지 않습니까? 마을 사람들이 북풍 때문에 감기를 달고 삽니다.

따뜻한 남풍을 들일 수 있다면 그들도 감기로부터 자유롭지 않겠습니까?

노인 : 감기가 대수요? 그 또한 깊은 뜻이 담겨 있지. 잘 들어보시오. 마을 사람들의 힘이 넘쳐나면 항상 무슨 일을 꾸미더란 말이오. 이장이 어떻다드니, 면장이 어떻다드니, 목에 핏대를 세우고 자신의 목소리를 낸단 말이오. 그건 북풍과 어울리지 않소. 북풍은 단결로 이어질 뿐이오. 감기는 그들의 목을 아프게 하오. 그들은 기침을 하느라 바쁠 테지. 자신의 목소리를 내지 못할 것이오.

나 : 자신의 목소리를 내는 것이 얼마나 중요한 일입니까! 설계자님도 당신의 목소리를 가지고 있고, 저도 저의 목소리를 가지고 있습니다. 우리는 서로 다른 목소리를 가지고 있단 말입니다. 목감기에 걸린 걸걸한 목소리는 듣기에 좋지 않습니다.

노인 : 바람은 모든 목소리를 쓸고 가버린다오. 북풍은 모든 목소리를 쓸고 허공으로 퍼져간다오. 어차피 말이라는 건 무의미한 것이라오. 우리가 의미를 부여하지 않으면, 말도 바람과 다름없단 말이오. 북풍은 우리가 힘겹게 모든 말에 의미를 부여하는 수고를 덜어준다오. 한 목소리를 내거나, 아예 목소리를 내지 않거나. 그래서 우리 마을은 이만큼 성장할 수 있었다오.

나 : 그 말도 일리가 있군요.

노인 : 이제 당신의 궁금증이 해소되었기를 바라오. 나는 바쁜 사람이라 더 이상 지체할 수가 없구려.

나 : (넙죽 허리를 굽히며) 저의 궁금증을 해소해주셔서 감사합니다.

노인 : (문을 열고 들어가려다) 아, 젊은이. 패기도 좋지만 가장 중요한 건 눈치라오. 무얼 해도 되겠다, 무얼 해선 안 되겠다하는 눈치 말이오. 살고 싶으면 진리나 지식보다 눈치가 필요하오. 앞으로 눈치를 기르기 위해 힘쓰시오.

노인이 집안으로 들어간 뒤 문을 닫는다. '나'는 기쁘다. 그렇게 알고 싶던 진리를 알아냈기 때문이다. 그는 기쁜 마음으로 '가'의 집 앞으로 달려가 창문을 두드린다.

가 : 거참 누구요? 단란한 점심 식사 시간에! (창문에 서있는 '나'를 발견하곤) 아, 또 당신이로구만. 그래, 답은 알아냈는가?

나 : 알아냈습니다!

가 : 그래, 설계자는 뭐라고 하던가?

나 : 북풍은 하나입니다.

가 : 그게 무슨 뚱딴지같은 소리인가.

나 : 북풍은 하나더란 말입니다!

가 : 하나라니! 그게 무슨 말인가.

나 : 질문은 허용하지 않습니다. 북풍은 하나입니다.

가 : 허, 참. 자네가 무슨 얘길 하는지는 모르겠네만, 제정신은 아닌 것 같군!

나 : 북풍은 하나입니다.

'가', 구시렁대며 창문을 닫는다. '나' 홀로 무대 위에 남는다.

나 : (고개를 주억거리며) 그래, 북풍은 하나였어! 이 기쁜 소식을 온 세상에 전하고 싶어.

'나'는 두리번거리다 그가 진리를 찾기 위해 방문해야 했던 100번째 집 앞으로 헐레벌떡 달려간다. 그는 미친 듯이 창문을 두드린다. 창문이 벌컥 열린다. 충혈한 눈, 덥수룩한 턱수염, 범상치 않은 외모의 시인이 창살 사이로 얼굴을 내민다.

나 : (반갑게 설계자의 손을 잡으며) 이보시오, 북풍은 하나라오!

설계자는 넋이 나간 표정을 하고 있다. 앞에 누가 있다는 사실을 인지하지 못한 듯 그는 계속 뭐라고 중얼거릴 뿐이다.

나 : 뭐라고 하는 거요?

설계자 : …으로 창을…내겠소…….

나 : 뭐라고요?

설계자 : 남…으로…창…을…내겠…소.

나 : 남으로 창을 내겠다고? 당신도 설계자요?

설계자는 계속 주술을 외듯 "남으로 창을 내겠소"라는 말만 읊조린다. '나'는 미칠 지경이다. 그는 안 되겠다 싶어 설계자의 멱살을 붙잡고 마구 흔든다. 설계자, 정신이 번쩍 든다.

설계자 : (양손으로 '나'의 손목을 움켜쥐며) 그만 하시오! 무슨 짓이오!

나 : (기쁨에 차서) 이제 정신이 드십니까?

설계자 : (가슴께를 어루만지며) 무슨 소리요! 생사람 잡은 건 그쪽이요!

나 : 다행이군. 아주 얼이 빠진 사람은 아니었어. 당신에게 긴히 하고 싶은 말이 있어 이렇게 찾아왔습니다.

설계자 : 무슨 얘기 말이오.

나 : 북풍은 하나입니다.

설계자 : (경악하며) 북풍은 하나라니?

나 : (따지듯이) 북풍은 하나입니다. 왜 그런 반응을 보이십니까?

설계자 : (몸을 부들부들 떨며) 무섭도다! 참람하도다! 당신, 그런 말을 하다니!

나 : (의아해하며) 왜 그러십니까! 저는 진리를 말하고 있는 겁니다.

설계자 : (까무러칠 지경) 진리? 당신 지금 진리라고 했소!

나 : (겁먹은 표정) 왜 그러십니까, 저는 진리를 말하고 있습니다!

설계자 : (분개, 얼굴이 붉어진다.) 왜 이 마을에는 당신 같은 사람 밖에 없는 것이오? 왜 아무도 제대로 된 진리를 알지 못하냔 말이오!

나 : 그렇다면 진리가 무엇입니까?

설계자 : (갑자기 풀이 죽어) 그건……. 말할 수 없소.

나 : 왜 말할 수 없는 건가요?

설계자 : 말할 수 없소. 나를 위해서, 당신을 위해서, 우리 모두를 위해

서 말할 수 없소.

나 : 아니! 난 알고 싶어요. 나를 위한다면 저에게 진리를 알려주십시오.

설계자 : (딱하다는 표정) 젊은이, 자네의 젊음이 부러울 따름이구먼. 그러나 조심하시게. 호기심은 위험한 법이지.

나 : 위험하대도 좋습니다. 저는 알아야겠습니다!

설계자 : (주위를 두리번거리며 귀엣말로) 하나만 알려주지. 이 마을을 설계한 건 나일세.

나 : (믿을 수 없다.) 무슨 말씀이십니까, 마을을 설계한 사람은 옆집에 사는 노인 아닙니까?

설계자 : (뒤돌아서며) 더 이상 말할 수 없네. 돌아가게.

나 : (손을 창살 사이로 넣어 설계자의 어깨를 붙잡는다.) 설계자님, 왜 집을 이렇게 지으셨죠? 저는 단지, 그것을 알고 싶었을 뿐입니다. 왜 모든 창이 북쪽을 향해 있는지, 그것을 알고 싶습니다.

설계자 : 말할 수 없네! 어서 가시게!

설계자, 창문을 세게 닫는다. '나'가 수차례 창문을 두드려 보지만 설계자는 답이 없다. '나'는 실망한 채 자신의 머리를 뜯는다. 이때, 노인이 등장한다. 모든 걸 다 듣고 있었던 듯이.

노인 : (다가와 '나'의 어깨에 손을 얹으며) 이보게, 젊은이. 슬픈 일이 있는가?

나 : (울먹이며) 네. 아무도, 아무도 저에게 진실을 말해주지 않습니다.

노인 : 저 노인네가 뭐라고 말하던가?

나 : 이 마을을 자신이 설계했다고 했습니다.

노인 : 그렇더란 말이지. 그래, 그래서 자네는 저 노인네의 말을 믿는가?

나 : 도대체 어떻게 해야 할지 모르겠습니다. 당신의 말도 맞는 것 같고, 저 사람의 말도 맞는 것 같고. 헷갈립니다. 어지럽습니다.

노인 : 자네는 생각이 너무 많아! 생각은 무서운 걸세. 생각은 항상 자네가 원하지 않는 방향으로 흘러가지. 막무가내로 흐르는 생각은

체제가 원하는 생각이 아닐세. 그런 생각은 대개 쓸모없지. 위험할 뿐이라네.

나 : 어떻게 하면 생각을 조종할 수 있습니까?

노인 : 북풍은 하나일세. 그 말을 잊어선 안 되네. 자네는 아직 북풍을 사랑하지 않는가?

나 : 사랑하진 않습니다.

노인 : 그러니 안 되는 걸세. 자네 아직도 왜 창이 북으로만 나있는지 궁금한가?

나 : 궁금합니다.

노인 : 허, 이 친구 안 되겠구먼. 자네는 아직 가슴 속에 북풍을 받아들이지 못한 게야. 아직 너무 어린 게지. 쯧쯧.

나 : 어떻게 해야 북풍을 받아들일 수 있습니까?

노인 : 일단 자네 생각부터 멈추게. 그럼 북풍이 들어오기가 훨씬 수월할걸세.

나 : 하지만, 평생에 한번쯤 남풍을 맞아보고 싶습니다. 그 따뜻한 바람, 마치 애인이 저의 볼을 쓰다듬는 것 같겠죠. 그 보드라운 손길을 느껴보고 싶습니다.

노인 : 허, 이 친구. 또 철없는 소리를 지껄이는군. 그래, 남풍이 따뜻한 건 사실이라네. 그런데 그게 부드러운지는 잘 모르겠군.

나 : 남풍을 맞아보셨습니까?

노인 : 물론이지.

나 : 어땠습니까?

노인 : 음……. 남풍이라. 남풍은 따뜻했지. 남풍은 항상 모든 사람에게 따뜻해. 그래서 마치 모두가 이 세상의 주인인양 행세하지. 더 가진 사람도, 덜 가진 사람도, 남풍은 똑같이 느껴지거든. 하지만 그게 웃긴 일일세. 분명 보이지 않는 서열이 존재하는데, 남풍 때문에 사람들은 그걸 생각해내지 못하지.

나 : 그렇습니까?

노인 : 오히려 북풍보다 남풍이 더 해로울 걸세. 그래도 남풍을 맞고 싶다면 말리지는 않겠네.

나 : 말씀을 들어보니 그런 것도 같습니다.

노인 : 그럼, 그럼. 난 자네가 바르게 생각했으면 좋겠네. 바른 생각이란 북풍의 생각이지. 모든 언어를 날려버리고 빈곳을 채우는 공허한 바람 말일세. 그런 생각을 해야 하네. 나를 위해서, 자네를 위해서, 모두를 위해서 말일세.

나 : 알겠습니다! (꾸벅 허리 굽혀 인사하며) 감사합니다. 이 가르침, 잊지 않겠습니다.

노인 : 허허, 그럴 수 있기를 바라네. (웃으며 건물 뒤편으로 사라진다.)

'나'가 자리를 떠나려 할 때 마침 설계자가 나와 '나'를 붙잡는다.

설계자 : 여보게, 저 노인네와 무슨 말을 한 건가?

나 : 저분은 노인네가 아닙니다. 저분은 이 마을의 진정한 설계자입니다. 당신 같은 가짜가 아니란 말입니다.

설계자 : 알겠네. 그나저나 저 사람이 뭐라고 말하던가?

나 : 남풍은 해롭다고 했습니다.

설계자 : 하. 그랬단 말인가. 그래, 자네는 저 사람의 말을 믿는가?

나 : 그렇습니다. 저분만이 유일하게 진실을 가르쳐 주십니다.

설계자 : 진실이라……. 내가 진실을 가르쳐 주겠네.

나 : 더 이상 당신을 믿지 못하겠습니다.

설계자 : 믿지 않아도 좋네. 아니, 안 믿는 게 나을 수도 있네. 그래도 자네에게 꼭 말해주고 싶어. 어쩌면 난 위험에 처할 수도 있네.

나 : 위험이라뇨?

설계자 : 잘 듣게나. 저 옆집에 사는 노인네는 이 마을의 이장이라네.

나 : 방금 그분이 이장이라고요?

설계자 : 그렇다네. 절대 자신의 정체를 드러내지 않지. 그는 그저 모범적인 선량한 시민으로 보일 뿐이네. 가끔은 현자처럼 보이기도 하지. 하지만 말일세, 그는 이 마을을 조종하고 있다네. 이 마을의 설계를 의뢰한 것도 바로 저 노인네라네!

나 : 그렇다면 왜 모든 창이 북쪽을 향해 있는지, 당신은 아시겠군요?

설계자 : 알다마다. 지금 생각하면 그의 야망이 얼마나 무서운지, 치가 떨릴 지경이네.

나 : 야망?

설계자 : 자네, 남쪽 마을에 대해 들어본 적 있나?

나 : 물론이죠. 어려서부터 남쪽 마을은 살기 힘든 마을, 우리의 도움을 필요로 하는 마을로 배워왔습니다.

설계자 : 자네는 이장의 속임수에 놀아난 것일세.

나 : 속임수라니요? 자세히 말해주십시오!

설계자 : 사실 남쪽 마을은 우리 마을 보다 번영하다네. 그들은 우리보다 아름다운 다리, 아름다운 호수, 아름다운 회관, 아름다운 시장을 가지고 있다네. 그들의 얼굴에는 항상 웃음이 가시질 않더군. 그들은 항상 맛있는 음식을 먹으며, 즐거운 축제를 벌인다네!

나 : 남쪽 마을에 대해 어떻게 그리 잘 아십니까?

설계자 : 예전엔 남쪽 마을과 우리 마을이 한 동네였다는 것을 자네는 모르겠지…….

나 : (경악하며) 무슨 말씀이십니까?

설계자 : 50년 전이던가, 이장의 할아버지와 남쪽 마을 이장의 할아버지가 이장자리를 놓고 크게 다툰 적이 있지. 그 결과, 마을은 두 무리로 갈라섰고, 서로를 철전지원수로 여기게 됐어. 그들은 서로를 바라보기만 해도 엄청난 분노를 느꼈지. 그래서 그들은 최대한 멀찍이 떨어져 집을 짓게 됐어.

설계자, 주변을 두리번거리며 경계를 늦추지 않는다.

설계자 : 하지만 두 마을의 운명은 너무나 달랐지. 남쪽 마을은 큰 다툼 후에 엄청난 발전을 이룩했네. 반면 우리 마을은 말일세, 이장이 자신의 권력을 다지는 데에만 급급했지. 주민들의 생활에 대해선 전혀 관심을 가지지 않았네. 이장은 자신에게 걸림돌이 될 사람들을 하나씩 제거해나갔지. 참으로 비참했다네.

나 : 남쪽 마을도 꽤나 혼란스러웠다고 알고 있습니다.

설계자 : 사실일세. 하지만 자네가 받은 교육은 상당히 왜곡된 것이었네.

나 : 당신의 말을 어디까지 믿어야 할지 모르겠습니다.

설계자 : 믿지 않는 편이 좋을 걸세. 어쨌든, 이 마을이 이런 모양을 하게 된 건 순전히 이장, 저 노인네의 계획에 따른 것이었네! 남쪽 마을을 아무도 보지 못하게 하자, 그들이 잘 살고 있다는 사실을 철저히 은폐하자! 그게 그의 생각이었네.

나 : 당신은 이장에 대해 비판적으로 말하고 있습니다. 당신은 그를 지지하지 않습니까?

설계자 : 물론 나도 처음엔 그를 존경했다네. 그는 그의 할아버지, 아버지와는 달랐다네. 그래서 나도 흔쾌히 그의 부탁을 들어준 것이지. 하지만, 언제부터인가 그는 권력에 눈이 먼 것처럼 보였네. 그가 보여주었던 이웃사랑, 형제우애, 그의 모든 인간적인 모습들은 순식간에 사라져버렸네. 그는 권력 그 자체가 되고자 노력했다네. 그는 가차 없이 친구들을 버렸다네! 많은 것을 알고 있었기 때문에, 그는 나도 버렸다네.

나 : (목소리를 높여) 그런데 당신은 왜 이 사실을 아무에게도 알리지 않았습니까?

설계자 : 쉿! 조용히 하게! 보면 모르겠나? 그는 항상 내 옆에 있네. 어느 곳을 가든지, 그는 항상 나를 지켜보고 있네.

나 : 당신은 이 사실을 마을 사람들에게 알려야만 했습니다. 당신은 당신이 마땅히 해야 할 일을 하지 않았습니다! 부끄럽지도 않습니까?

설계자 : 젊은이, 자네는 패기만 너무 앞서있어! 나도 자네처럼 젊었을 때는 남쪽으로 창을 낸 집을 짓고 싶었다네. 이장네 집 옆에, 번듯하게 멋진 집을 짓고 싶었다네. 나도 남으로 창을 내고 싶었다네!

이때, 노인의 집에서 덜그럭거리는 소리가 난다.

설계자 : (놀라며, 목소리를 낮추어) 이보게, 이장이 나오려는 것 같네. 나는 이만 들어가겠네!

설계자, 문을 열고 집 안으로 들어간다. '나'는 아직도 흥분한 채 집 앞에 씩씩거리며 서있다. 이때, 노인이 문을 열고 집 밖으로 나온다. 노인은 '나'를 발견하고 그에게 다가간다.

노인 : 젊은이, 아직 안 갔는가?

나 : 저 옆집 사는 양반에게 이상한 얘기를 들어서 말입니다. 너무 혼란스럽습니다.

노인 : 저 양반이 뭐라고 하던가?

나 : 당신은 이장이라고, 당신은 권력의 노예라고 말입니다. 그리고 당신이 마을사람들을 속이고 있다고 말입니다! 사실입니까?

노인 : 자네는 저 사람의 말을 믿는가?

나 : 도대체 누구의 말을 믿어야 할지 모르겠습니다.

노인 : 젊은이, 그런 건 중요하지 않네. 누가 진실을 만들어내느냐, 그것이 중요할 뿐일세.

나 : 그렇다면 누가 진실을 만들어 냅니까? 신입니까?

노인 : 그럴 수도, 아닐 수도 있지.

나 : 그렇다면 저는 무엇을 믿어야 합니까?

노인 : 자네는 아직 너무 어려. 그럴 땐 판단을 미루는 것도 나쁘지 않지. 당분간은 생각을 하지 말게. 다만 이것을 생각하게. 북풍은 하나. 그러면 자네가 하는 모든 생각들이 부질없게 느껴질 걸세.

나 : 알겠습니다. 저는 지금 머리가 너무 아픕니다. 이제 그만 들어가 봐야겠습니다.

노인 : 그러게. 잊지 말게. 북풍은 하나일세.

'나', 퇴장한다. 노인은 설계자의 집 앞으로 다가가 그의 창문을 두드리고, 이어서 총성이 들린다. 막이 내린다.

제2부

# 이제 통일만이 희망이다

## 들머리

김경숙 교수(베어드학부대학)

광복의 기쁨을 채 누리기도 전에 남북으로 갈라져 여전히 세계 유일의 분단국가로 남아 있는 우리는 오늘도 평화통일을 간절하게 염원하고 있습니다. 정부뿐만 아니라 민간단체 차원에서도 남북 관계의 발전과 화해를 위해 많은 노력과 다양한 시도를 하고 있습니다.

통일의 당위성에 대해서 사람들의 의견은 분분합니다. 같은 민족이므로 당연히 통일을 해야 한다는 주장과 통일을 하는 것은 서로에게 무익하므로 지금의 체제를 인정하고 이대로 유지해야 한다는 주장이 팽팽합니다. 또한 통일이후의 결과에 대해서도 다양한 주장을 펼치고 있는데, 북한의 풍부한 지하자원과 노동인력이 남한의 기술력과 만나면 경제적 효과가 크게 나타날 수 있다는 긍정적인 시각과 남북한 경제상황의 큰 격차가 남한에게 오히려 치명적인 부담으로 작용할 수 있다는 부정적인 시각도 있습니다. 이렇게 통일의 당위성에 대해 사람들의 의견이 다를 뿐 아니라 통일 후의 한국에 대한 예측시각도 다르지만, 국민들의 대부분은 언젠가는 통일을 해야 한다고 생각하고 있습니다.

특별히 분단의 아픔을 몸소 겪고 있는 이산가족들은 통일이라는 요원한 과제에 앞서 이산가족간의 서신교류나 상봉이라도 자유롭게 이루어질 수 있는 인도적 차원의 민간교류를 간절히 원하고 있습니다. 우리는 이제 얼마 남지 않은 이산가족의 슬픔을 당연히 보듬어야 합니다. 또한 이러한 민간교류 차원의 이산가족의 만남을 통해 통일의 여러 가지 가능성을 생각해 볼 수 있습니다. 그렇다면 우리 학생들은 이산가족의 슬픔에 대해 어떤 생각을 갖고 있고, 통일의 필요성과 결과에 대해 어떤 생각을 하고 있을까요? 이제 그들이 생각하는 통일 이야기 속으로 들어가 보겠습니다.

첫 번째 글인 김혜민 학생의 〈손자 손녀에게〉는 가상의 통일 상태를 전제로 통일이 된 지 10년이 되는 어느 날 자신의 손자 손녀들에게 통일의 기쁨을 나누는 편지글입니다. 통일 이전의 남북한의 대치상황과 갈등을 설명해 주면서 통일 기념일을 단순히 노는 날인 공휴일로 여기지 말고 앞으로 해결해야 할 문제들에 대해 진지하게 생각해보기를 당부합니다. 통일에 대한 염원과 풀어야 할 과제를 잘 나타냈을 뿐 아니라 통일 후의 한국의 희망과 위상까지 생각한 미래지향적인 글이라고 할 수 있습니다.

〈북쪽 가족, 남쪽 가족〉은 북쪽에 가족을 두고 오셔서 돌아가시기 전까지 평생 동안 가족을 그리워하신 외할아버지의 아픔을 잘 나타낸 글입니다. 김하람 학생은 이 글에서 이산가족의 슬픔과 이산가족 상봉에 대해 새로운 정의를 내립니다. 남북분단으로 인한 개인적인 아픔을 인류의 아픔으로 확장시키며 진정한 이산가족 상봉이야말로 인간을 인간답게 살 수 있는 사회로 만드는 열쇠라고 이야기합니다.

〈아몬드〉는 두만강을 건너와 남한에서 안정적인 가정을 꾸리며 살고 있는 할아버지의 가슴 먹먹한 이야기입니다. 할아버지는 어머니와 누이를 두고서 혼자 두만강을 건너와 지금은 남한에서 잘 살고 있습니다. 하지만 어려운 그 시절 자신의 고구마 반쪽을 떼어 주시던 어머니와 그 반쪽을 또 나누었던 누이가 생각나면 딱딱한 아몬드를 씹으십니다. 이내 눈시울이 뜨거워지시는 그 모습을 지켜보는 자식들은 어르신의 치아를 걱정합니다. 김소연 학생이 이산가족의 애잔한 아픔을 따뜻한 가족애로 치유해보려는 가슴 뭉클한 한 편의 이야기를 전해줍니다.

〈윤옥이는 탈북자였습니다〉는 배수진 학생이 학창시절 매일 몰려다니던 친구들과의 일상을 대화형식으로 전개한 글로 교실을 들여다보는 것 같습니다. 그런데 친구중의 한 명인 윤옥이가 탈북자라는 사실을 알게 된 후, 친구들과 수진이는 윤옥이와 점차 거리를 두었고 따돌림 시켰습니다. 결국에는 졸업식날 윤옥이는 학교에 오지 않았고 담임선생님으로부터 윤옥이가 미국으로 이민 갔다는 말씀을 듣게 됩니다. "윤옥이가 미국에서는 우리와 같은 친구를 만나지 않았으면 좋겠습니다"라는 말에서 미안한 마음을 읽을 수 있습니다. 어쩌면 우리 모두가 수진이처럼 탈북자들을 따돌리고 있지는 않는지 반성해봅니다.

〈할머니의 눈물〉은 할머니와 함께 이산가족 상봉에 직접 참여하면서 지금껏 자신이 신경 쓸 문제가 아니라고 생각했던 통일이라는 문제를 깊이 생각하게 된 백경민 학생의 이야기입니다. 이산가족 상봉 현장에서 할아버지의 혈육을 만나 할머니와 나누는 이야기를 듣게 되고 할머니의 눈물을 보면서 통일은 꼭 이루어져야만 한다고 생각합니다. 이제는 돌아가셔서 그 상봉현장에 같이 오지 못한 할아버지 대신 손자인 자신이 고향을 꼭 찾아가보겠다는 굳은 약속을 합니다.

〈두 모습의 북한〉은 김수린 학생이 금강산 관광을 다녀오면서 북한의 실상을 직접 보고 느꼈던 점을 통일의 필요성과 간절하게 연계시킨 체험글입니다. 금강산 방문이전에는 북한 주민들은 겁에 질려 살 것으로 생각했는데 그들의 평범한 일상을 보고 막연하게 갖고 있던 북한 주민에 대한 두려움은 사라졌습니다. 하지만 관광지에서 총대를 메고 감시하는 군인들을 보면서 전쟁이 끝나지 않은 휴전 상태를 다시 한 번 깨닫습니다. 또한 금강산의 아름다운 명소 여기저기에 붉은 글씨로 새겨진 김일성 부자에 대한 찬양 글을 보면서 남북한이 가까워지기는커녕 계속 멀어져간다는 느낌을 받게 됩니다. 북한의 이러한 두 모습은 통일의 필요성을 더욱 절실하게 해줍니다.

〈엄마, 보고 싶어요〉는 북한에서 평온한 삶을 살다가 갑자기 가족에게 불행이 닥치자 혼자서 탈북하여 북한에 두고 온 엄마를 간절히 그리워하는 강희송 학생의 수기형식의 글입니다. 가족이 먹고 살기가 어려워지자 기르던 소를 잡아먹게 되었는데 그 이유로 아버지가 감옥에 가게 되고, 아버지 없는 가족의 생계를 어머니가 책임지게 되었습니다. 그 이후로 어머니는 가족을 먹여 살리기 위해 중국과 한국이 연결된 위험한 밀수장사를 하게 되고 결국 발각되어 총살형을 받게 됩니다. 감옥에 투옥된 어머니를 두고 더 이상 희망이 없게 되자 탈북하기로 결심하고 남한으로 오게 됩니다. 이 곳 남한에서 정착했지만 북한의 참혹한 현실에 분노하며 두고 온 어머니에 대한 절절한 그리움으로 눈물을 흘립니다. 아직도 생사조차 알지 못한 채 만나지 못하고 있는 혈육들이 통일이 되는 그 날까지 살아계시기를 간절히 빌어봅니다.

〈샛길 속 작은 빵집〉은 빵을 좋아하는 나에게도 익숙한 빵집 안의 풍경이 고스란히 담긴 글입니다. 샛길 속 아담한 빵집 주인의 열심히 사는 모습과 정직한 빵 맛에 매력을 느껴 정새미 학생은 그 빵집의 단골손님이 되었습니다. 그러던 어느 날 우리말이 좀 어색하게 느껴졌던 빵집 주인이 탈북주민이라는 사실을 우연히 알게 됩니다. 동네 어느 할아버지가 탈북자인 빵집 주인을 빨갱이라고 소리치며 심한 모욕감을 주자 정새미 학생은 빵집 주인을 탈북자라고 무서워하기보다는 오히려 그동안 이 곳 남한에서 적응하느라 얼마나 힘들었을까 걱정하는 마음을 갖게 됩니다. 특히 글 후반부의 빵집 주인이 북한에 두고 온 가족을 그리워하는 표정 묘사는 영화의 한 장면을 보는 듯합니다.

〈내가 세상에서 가장 잘한 일은 남으로 온 것〉은 변민섭 학생이 제주도를 자전거로 일주하는 과정에서 팀원으로 만났던 한 새터민 여학생이 들려준 북한의 실상과 통일이 되면 그녀가 하고 싶은 것들을 기술한 글입니다. 아름다운 제주를 자전거를 타고 돌아다니면서 그 누나가 해준 이야기에 모두들 숨을 죽였습니다. “이렇게 남한이라는 땅을 밟고 이렇게 멋진 곳을 오게 되다니 정말 좋다. 가끔 어머니를 두고 온 내가 밉고 고향이 그립기도 하지만, 그래도 내가 살면서 가장 잘 한 일이 아닐까 싶다” 그렇게 말했던 그 누나가 결혼을 하였다는 소식을 들었다는 부분에서는 새터민 여학생이 이 곳 생활에 잘 적응하지 않았나하는 안도감이 듭니다.

〈다르지 않다〉의 이혜민 학생은 초등학교 시절 처음 보았던 옆 반의 탈북아이를 우리와는 완전히 다른 사람으로, 북한을 남한과는 별개의 나라라고 생각했었습니다. 그러나 대학에 들어와서 실습시간에 만났던 새터민들을 통해서 그들이 “우리와는 다르지 않다” 라고 어린 시절의 생각을 수정하고 있습니다. 새터민들이 들려주는 탈북과정의 이야기를 듣고 이곳에서의 적응과정을 이해하게 되면서 그들과 진정으로 소통하게 됩니다. 지금까지의 새터민에 대한 막연한 이질감이 그들과의 소통으로 이어지고 통일에의 필요성으로 자연스럽게 귀결되고 있습니다.

〈청국장〉은 초등학교 때 하주은 학생이 금강산에 다녀온 후 초등학생의 눈으로 바라본 북한의 모습과 통일에 대한 생각을 대화형식으로 재미있게 표현한 글입니다. 방학동안의 활동을 발표하는 과제로 금강산 관광을 생각해내곤 저녁식사로 청국장을 준비하는 엄마에게 금강산에 뭐가 있었는지 묻곤 그 곳에서 보았던 키 작은 북한 주민들이 마치 동물원 우리에 갇힌 동물과도 같았다고 기억해냅니다. 통일 이야기와 〈청국장〉이란 제목이 어울릴 것 같지 않지만, 청국장이 어른들의 식탁에 자주 등장하는 메뉴인 것처럼 아이의 시선에서 바라본 북한의 모습과 통일 문제를 일상적인 이야기를 나누는 친근한 방식으로 전개하고 있습니다.

통일이라는 단어를 이미지화하여 그림으로 그려본다면 당신은 어떤 그림을 그리겠습니까? 〈나에게 통일이란 무엇인가?〉라는 글에서 김태현 학생은 초등학교 저학년 시절에 통일이란 주제를 가지고 그림을 그려보았습니다. 어려운 주제에 대해 도움을 주셨던 어머니의 밑그림과 친구들의 그림에서 저마다 생각하는 통일의 느낌은 다르게 전달되었습니다. 이 글을 통하여 통일을 감성적으로 바라볼 것인지, 이성적으로 바라볼 것인지는 중요하지 않다는 생각을 갖게 되었습니다. 단지 앞으로 나와 다음 세대가 그리게 되는 통일 그림은 태현 학생의 어머님이 그려주신 그림처럼 행복과 즐거움이 가득한 그림이기를 바랍니다.

〈일기로 써보는 친구와 나눈 통일 담론〉은 통일에 대한 찬성과 반대되는 입장을 일기형식으로 자유롭게 작성한 글입니다. 통일은 어떤 측면을 중시하고 바라보느냐에 따라 통일의 의미와 가치는 달라질 수 있습니다. 서로의 관점을 이해하기 위해서는 상대방의 의견을 수렴하고 학습하는 자세가 필요합니다. 이런 맥락에서 본문 중에 "사람들이 통일을 거부하는 이유는 나의 살림살이가 힘들어질 것을 염려하기 때문이지 통일 자체를 거부하는 건 아니다."라는 문구가 가장 가슴에 와 닿습니다.

〈미래를 준비하는 우리의 자세〉에서는 진솔 학생이 경험했던 통일의 고민정도를 성장과정별로 분리하여 서술하였습니다. 우리도 같은 과정으로 통일이라는 단어를 접했던 것 같습니다. 통일이라는 단어를 뒤로 한 채 현실에 적응하고 순응하기 위해서 바쁜 일상을 보내고 있습니다. 하지만 한번쯤 마지막 문구처럼 "우리들의 미래의 통일은 안녕한가?"라는 질문을 스스로에게 던져보고 주변 사람들과 통일에 대한 주제로 서로의 생각을 심도 있게 공유하는 시간을 가져보는 건 어떨까요?

〈통일, 분단 그리고 나의 적용〉은 통일이란 주제를 국가적 측면에서 바라본 것이 아니라 개인의 경험을 통해 이해하려고 노력한 글입니다. 우리는 통일이라는 것을 내가 아닌 정치적/경제적 입장에서만 바라보고 있으므로 멀게 느껴지는 것일지도 모릅니다. 하지만 "한국전쟁 이후 서로 모두 힘들었고 각자의 입장에서 극복방법을 찾은 모습이 현재의 남한과 북한이다."라는 본문의 글처럼 같은 고통을 받아온 한 민족이기에 통일에 대한 필요성은 같을 것이라 생각됩니다. 통일이라는 단어가 어렵고 애매하게 느껴진다면 이 글의 예처럼 자신을 중심으로 공동체에서 있었던 힘든 일들을 떠올려 보는 건 어떨까요?

〈통일, 민족적인 숙제〉라는 글에서 방나영 학생은 통일을 저해하는 주된 요인으로 정부의 자주 바뀌는 대북정책을 꼽습니다. 통일을 해야 하는 이유로 첫째는 이산가족을 위해서이며 둘째, 군사비용 절감으로 인한 경제적 효과를 위해서이며 셋째, 북한의 고립된 독특한 문화가 오히려 통일시대의 관광상품으로 거듭나서 역시 경제적 효과를 가져 올 것이기 때문이라고 분석합니다. 즉, 장기적으로 보면 통일은 국가에 큰 이익이 될 것이며 현재 거론되는 통일에 따른 문제점은 나무이고 통일은 숲이며 그 숲은 분명 크고 아름다울 것이라고 확신하고 있습니다.

〈지금 우리는 진정 '행복'한가?〉에서 이진희 학생은 우리가 진정한 '행복'을 누리기 위해서는 통일을 해야 한다고 말합니다. 바로 여기에 통일의 '본질적 의미'가 있다고 말합니다. 북한 사람들이 힘들게 살도록 내버려둔 상태에서 우리는 진정으로 행복할 수 없다는 것입니다. 이는 '콩 한쪽도 나눠먹는다'는 미풍양속에 스며있는 인간애에 대한 믿음을 가지고 있기에 펼 수 있는 주장입니다. 이 주장에 신빙성을 더하기 위해 이진희 학생은 북한 사람들도 일제로부터 해방을 위해 함께 싸웠으므로 우리가 누리는 자유와 안락한 생활을 북한 사람들이 함께할 수 있게 해주어야한다고 말합니다. 이진희 학생의 글은 숨 가쁘게 흘러가는데, 이는 기본적으로 인간애가 풍부한 이진희 학생이 북한사람들을 위해 빨리 무엇인가를 해주고 싶은 급한 마음의 발로라고 생각합니다.

〈통일이란 우리에게 무엇일까?〉에서 전재만 학생은 외국인들에게 우리나라는 여행가기에 위험한 나라라는 인식을 접하면서 이러한 해외의 인식에서 벗어나기 위한 궁극적인 해결책은 통일이라는 생각에 이릅니다. 그러나 통일에 대한 가장 큰 명분은 이러한 타인의 시선보다는 이산가족의 아픔을 치료에 있다고 말한다. 문제는 '어떻게'인데 전재만 학생은 통일을 접근하는 우리의 자세를 가족에 비유합니다. 즉 남한은 형이 되어 북한을 동생으로 품어주고 달래고 이해해주는 자세로 통일을 이루어가야 한다고 말합니다. 그리고 통일을 위한 주체세력은 국가여야 한다고 강조합니다.

〈통일을 찬성하기도하고 반대하기도 한다〉의 최희윤 학생은 통일에 대해 생각하면 통일 후에 파생될 문제점이 더 많이 떠오른다고 말합니다. 이러한 문제점들에 대한 성찰은 향후 통일시대를 살아갈 한 시민이 될 준비를 하는 과정이라는 점에서 고무적입니다. 그런데 좀 더 생각해볼 점은 우리 남한의 문화가 북한의 문화에 비해 더 수준이 높다는 사고방식입니다. 더 많이 서구화되고 경제적으로 풍족한 생활상을 우월한 문화라고 단정하는 것은 옳지 못합니다. 이런 사고방식을 지닌 채 통일이 된다면 남한의 우리들은 북한 사람들에게 우월의식을 갖고 북한사람들을 대하게 되고 이러한 태도가 남북한이 서로 화합하는데 큰 걸림돌이 될 수 있기 때문입니다.

〈통일, 그 참을 수 없는 짜릿함!〉에는 스토리가 있습니다. 이 글은 통일기업을 준비하는 한 학생의 경험과 소회를 담고 있습니다. 김진평 학생은 아르바이트로 붕어빵 장사를 하던 중 만난 할아버지를 통해 앞으로의 인생 목표와 경로를 수정하게 됩니다. 오로지 '나'에 집중된 삶의 공허함을 깨닫고, 돈벌이에 매달리는 삶의 방식에 대해 회의를 품은 것입니다. 그리하여 진정으로 '내'가 하고 싶은 일을 찾는 일을 찾기로 합니다.

대학생이 된 김진평 학생은 북한에 관련된 사회적 이슈를 통해 자신이 진짜 하고 싶은 일에 착수하기 시작합니다. 바로 누군가를 돕는 일입니다. 도움의 손길은 누구에게나 간절합니다. 때문에 그 '누구'를 선택하는 일은 쉽지 않은 법입니다. 그는 북한 이탈 주민들이 우리나라에 적응하지 못하고 탈북을 후회하고 있으며, 아직 우리나라에는 탈북민의 자립을 위한 시스템이 제대로 자리를 잡지 못했다는 점을 간파했습니다. 탈북민들과 관련한 설문조사를 해보고, 탈북민 멘토링 프로그램에 참여하기도 하는 등, 그는 필요한 모든 시도와 노력을 아끼지 않습니다. 이에 '평양카페'라는 이름의 사업이 구체화됩니다.

이 사업은 단지 탈북민만 아니라, 북한과 통일 문제에 대하여 보다 깊이 있는 문제의식을 동반합니다. 김진평 학생은 이러한 사업을 진행하면서 "남을 위해 살아내는 삶의 풍성함"과 "통일 마인드"를 갖게 되었다고 술회합니다. 그가 경험하고 조사한 바에 의하면, 우리 젊은이들은 '나눔'에 있어서 인색하지 않으며, 북한과 통일에 대해 관심을 갖고 있다고 합니다. 다만 그 마음을 참여로 이끌어내기 위한 방편이 필요한 것이지요. 그렇게 그는 '평양카페'에 머무는 게 아니라, 궁극적으로 통일기업에 대한 꿈을 키우게 되었습니다. 모쪼록 그의 꿈이 야무지게 실현되기를 기대합니다.

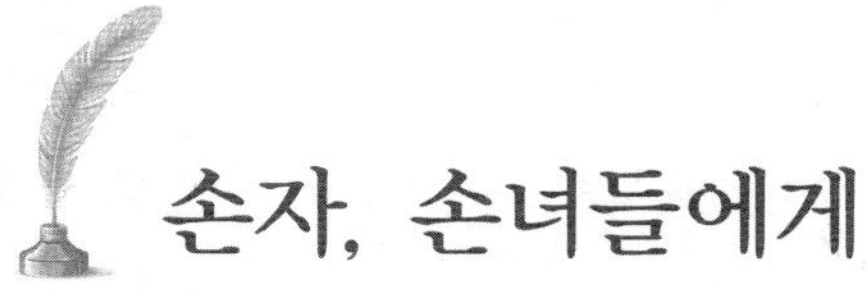

# 손자, 손녀들에게

일어일본학과 김혜민

사랑하는 내 손자, 손녀들아 안녕? 이 할머니가 며칠 뒤에 다가올 통일 10주년을 맞이하여 너희들에게 편지를 쓴다. 지금 너희들은 평화롭게 살고 있지만 할머니가 너희들만큼 어렸을 때는 남한과 북한으로 나뉘어 서로 다투기도 했단다. '과거는 미래의 거울'이라는 말이 있듯이 너희들이 통일 전, 후의 차이점과 통일 과정에 대해 이해하여 어른이 된 후 한국사회의 발전에 큰 기여를 하는 인물이 되기를 바란다.

약 50년 전 한국사회의 모습은 그저 말만 한민족이라고 할 뿐 교류도 거의 없었고 그로 인해 경제, 문화, 가치관의 차이도 컸단다. 사실 나도 어렸을 때는 '통일을 굳이 해야 되나'라는 생각을 했었지..허허 그 당시 이 할머니가 속해있던 남한은 민주주의국가로써 살기 좋았기 때문이지. 경제적인 규모는 선진국 수준이라고도 할 수 있었지. 북한에 비해 풍족하게 살고 있었어. 하지만 군사적인 측면에서는 미국의 도움을 많이 받고 있었기 때문에 여러 가지 제약이 있었어.

이와는 반대로 북한은 내가 살던 남한과 달리 공산주의 국가였단다. 그래서 대다수의 국민들은 북한 내부사정만 알뿐, 다른 나라 즉, 외부사정은 거의 알 수 없었어. 심지어 남한의 환경과 경제, 문화도 몰랐었을 거야. 또한 북한은 경제적 사정이 좋지 않아 중국과 남한에게 많은 도움을 받았지. 남한과 했던 사업 중에는 금강산 관광사업, 개성공단 사업이 있었어. 그러나 이 사업들도 남한과 북한의 마찰로 인해 여러 번 중단되곤 했지. 아! 이 주제들로 이 할머니는 대학교 수업시간에 토론도 했었단다. 하하.

아무튼 이렇게 통일이 언제 될지도 모르는 상황이 계속 될 것 같았지만 북한도 세계가 추구하는 민주주의를 서서히 받아들이게 되었어. 북한도 세계 각국의 경제상황을 바라보며 낙후된 경제를 살리려는 욕심이 있었던 게지. 북한이 민주주의방향으로 나감에 따라 개방적인 모습을 갖추게 되었고 이로 인해 국가의 경제적인 수준도 서서히 올라가기 시작했어. 국민들도 외부상황을 알게 되며서 다양한 가치관을 갖게 되었지. 한반도 통일이 눈앞에 보이기 시작한 것은 아마도 그 때부터였을 거야. 결국 2044년 5월 9일 한반도 통일이 되었어. 너희가 태어나기 1,2년 전이구나! 이때 당시 나는 처음엔 통일이 실감이 나지 않았단다. 시간이 흐르면서 남한 땅에서 북한사람들을 자주 마주치고, 평양에 가보기도 하면서 '정말 통일이 되었구나' 실감했지.

하지만 처음엔 통일이 마냥 좋지는 않았단다. 북한이 민주주의방향으로 나아감으로써 통일이 되었다고 해도 수십년동안 분단이 되있던 터라 가치관이나 사상도 많이 달랐고 경제적인 측면에서의 어려움도 많았지. 제일 크게 현실적으로 와 닿았던 문제는 경제적인 격차였단다. 아무래도 남한이 북한보다 경제적 수준이 훨씬 높았기 때문에 통일 직후 남한사람들은 경제적인 부분에서 많은 부담을 할 수밖에 없었단다. 통일세도 내야했고 북한 땅 개발에도 많은 돈이 필요했기 때문이지. 하지만 국민들은 단기간만 힘들 뿐 장기적으로는 통일이 더 많은 도움이 될 것이라고 생각하면서 힘든 상황을 견뎌왔어.

그런 노력이 있었기에 지금 너희들이 평화롭게 살 수 있는 것이란다. 특히 너희들이 좋아하는 동물원은 사실 예전에는 비무장지대였단다. 비무장지대라 사람은 들어갈 수 없었지만 동물들에겐 그야말로 지상 낙원이었지. 천연기념물과 멸종위기에 처한 많은 동물들이 있었어. 그래서 통일 후 한반도 최대의 동물원으로 만들어질 수 있었지. 이 사업 덕분에 우리나라 관광사업이 조금 더 발전했다고 할 수 있어. 아참, 관광 사업하니까 떠오르는데 너희들 '북러 종·횡단 철도'도 타봤지? 이 할머니가 어렸을 때는 그 철도가 러시아에만 있었단다. 다른 나라로 여행가기 위해서는 비행기나 배를 탔어야만 했지. 그런데 지금은 육지로 얼마든지 해외여행을 갈 수 있게 되었으니 얼마나 좋으냐! 할머니가 어렸을 땐 생각지도 못했던 일

이야!

정리해서 말하자면 통일직후 사상적이나 경제적으로 많이 힘들었지만 이 힘든 것은 단기적인 문제일 뿐 장기적으로 보면 우리 민족에게 큰 이익이 되었단 것이란다. 사실 지금도 모든 게 다 평화롭다고는 할 수 없단다. 앞으로 우리들이 더 노력해야 하기 때문에 통일 10주년을 공휴일이라고만 단순히 여기지 말고 조금 더 깊게 생각해 주었으면 한다. 마지막으로 너희들이 어른이 되거든 통일 한반도의 위상을 널리 떨칠 수 있는 훌륭한 사람이 되길 바란다.

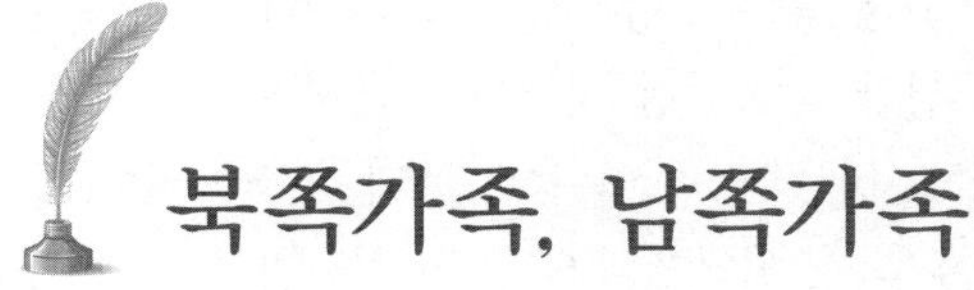

# 북쪽가족, 남쪽가족

사회복지학부 김하람

나의 외할아버지께서 북쪽에 가족을 놓고 내려오셨다는 사실을 안 것은 그리 오래되지 않았다. 그 가족이 할아버지의 첫 신부와 자식들이라는 사실을 알고 난 후에야 왜 그리 외할아버지께서 이산가족 상봉에 목을 매셨는지 이해가 되었다. 1921년에 태어나신 할아버지께서는 일본의 식민지 시절과 독립, 6.25 남북 전쟁과 분단의 아픔을 몸소 겪으셨다. 그런 우리 외할아버지께서 교과서나 TV에서나 보던 이산가족이라니! 어떻게 보면 충분히 일어날 수 있었던 일이지만, 우리 민족의 아픈 역사가 나의 가족의 아픔으로 이어지자 분단의 아픔이 내게도 느껴졌었다. 그 이후 분단의 아픔은 과거형이 아니라 현재형이라는 문구가 전혀 어색하지 않아졌다.

외할아버지의 삶은 개인의 비극으로 끝나지 않았다. 나의 어머니와 어머니의 형제들, 그리고 나의 외할머니께서는 그렇기 때문에 당연하지 않지만 당연하게 일상 속에서 아픔을 느끼며 살아야 했다. 외할아버지께서는 항상 북에 있는 본인의 '첫 가정'을 기억하며 남쪽의 '새 가정'을 돌보셨다. 돈을 모을 때도, 돈을 쓸 때도 북의 가족을 생각하시다 보니, 남쪽 가족 입장에서는 서운한 일들이 생기기 일쑤였고, 외할아버지께서는 그렇게 하는 것으로 북쪽 가족에게 용서를 비셨다. 그 것은 마치, 북쪽 가족과 남쪽 가족 모두를 생각하는 습관과도 같은 할아버지 특유의 슬픈 의식이었나보다.

이산가족 상봉을 위해서 할아버지는 무던히 노력하셨다. 처음에는 마냥 기다려도 봤다. 그러나 선정되지 않자, 무던했던 노력이 절박함으로 바뀌었다. '뒷돈'도 써보셨고, '브로커'와 접촉도 하셨다. 이산가족 상봉을 위해 다방면으로 노력하시다 목돈을 사기 당하시기도 하셨다. 그 과정을 지켜보는 남쪽 가족은 많은 생각이 있었던 것 같다. 한 번도 보지 못했던 '배 다른' 형제들. 북쪽에 살고 있는 '내 어머니'의 또 다른 가족들. 정말 상봉을 한다면 어떤 말을 해야 할까, 어떻게 무엇을 이야기 할 수 있을까, 잊고 지내던, 잊히지 않았던 가족을 마주하며 우리는 또 무엇을 할 수 있을까, 우리는 가족일까? 많은 돈을 쓰셨지만, 결국 외할아버지께서는 이산가족 상봉을 한 차례도 하지 못하셨다.

2010년 가을. 외할아버지께서는 끝내 북쪽 가족을 보지 못하시고 하늘나라로 올라가셨다. 남쪽 가족에게 큰 정을 주지 않음으로, 북쪽 가족에게 용서 받고 싶으셨던 외할아버지. 결국, 직접 만나서 용서를 구하지도, 용서를 받지도 못한 우리 외할아버지는 먼저 이 세상을 떠나셨다. 대략 60년 동안 그리워만 하셨다. 끝내 만나지 못하셨다. 남쪽으로 내려오는 그 발걸음 중에 과연 60년 동안 아니, 외할아버지의 일평생 동안 다시는 북쪽 가족을 만나지 못하리라고 생각이나 하셨을까? 남쪽 가족, 북쪽 가족 모두를 품기 위해 평생을 애쓴 우리 외할아버지. 그래서 결과적으로는 두 가족 모두 제대로 품지 못한 외할아버지. 외할아버지가 이 세상을 떠나심으로써 비록, 외할아버지 개인의 슬픔은 조금 흐려졌지만, 여전히 분단의 상황은 지속되고 있다.

이제 분단의 직접적 아픔을 겪은 가족은 내게 남아있지 않다. 얼마 지나지 않으면, 우리 사회에서도 이런 아픔을 겪는 가족을 찾아보기 어려워질 것이다. 지금까지 그래왔던 것처럼 분단의 아픔은 제 3자의 아픔처럼 흐릿해져갈 것이다. 하지만, 나에게 또 다른 분단의 아픔이 찾아왔다. 그것은 '한민족'이라는 정체성 아래의 '민족애(民族愛)'가 아니라 같은 '인간(人間)'으로의 '인류애(人類愛)'에서 찾아왔다. 세계 각 국에서 북한의 인권에 대한 우려의 목소리가 나오고 있다. 분단의 아픔은 가족과의 생이별이라는 아픔에서 인권의 아픔, 즉, 인간이 인간답지 못한 아픔으로 변화하고 확장되고 있다. 우리가 만나고 회복해야할 것은 우리 할아버지의 북쪽 가족처럼 떨어져있는 실질적 가족을 넘어 인간이 인간답게 살 수 있는 하나된 사회인 것이다.

나는 이제 이산가족(離散家族)상봉(相逢)에 글자 그대로 떨어져있는 가족이 다시 만나는 것 이상의 의미를 부여하고 싶다. 남과 북의 가족만 다시 만나는 차원이 아니다. 우리가 해야 할 진정한 상봉(相逢)은 인간(人間) 대(對) 인간(人間)의 만남인 것이다. 하나 되고 연합(聯合)하여 회복(回復)되는 것이다. 더 이상 생이별하여 흩어져 사는 가족을 만나는 것으로 해결될 문제가 아니다. 시간이 흐름에 따라 이산가족은 자연스럽게 줄어 들 것이다. 그렇다고 우리의 아픔이 줄어들지는 않는다. 우리가 이제 만나야할 가족은 따로 있다. 이산가족의 아픔을 나는 우리 외할아버지만큼 느낄 수는 없다. 단순히 짐작할 뿐이다. 다만, 북쪽 가족의 황폐한 삶과, 인간의 인간답지 못한 삶에는 같이 아파할 수 있다. 이제는 바야흐로 통일(統一)의 시대가 시작되었다. 북쪽 가족과 남쪽 가족이 아닌, '한 가족'으로의 우리로 다시 만나야할 때이다. 점점 문자적 이산가족(離散家族)은 줄어들지언정 우리는 잊지 말아야한다. 진정한 이산가족 상봉(相逢)의 의미는 무엇인지.

# 아몬드

언론홍보학과 김소연

그가 손에 잡히는 아몬드 하나를 씹었다. 오도독 오도독. 마치 북에서 먹었던 생고구마와 비슷하다. 오도독 오도독. 아니, 그보다 훨씬 고소하고 맛있음이 틀림없다. 그러나 이내 그는 아몬드 먹기를 그만둔다. 하나 혹은 둘. 그 이상으로 그것을 먹지 못하는 데는 이유가 있다.

아몬드를 먹을 때면 생각이 난다. 자신의 고구마 반쪽을 뚝 떼어 제게 나눠주시던 어머니와 그 반쪽을 또 반으로 떼어 누이에게 주던 자신을. 아몬드를 더 많이 씹지 못하는 것은 먹을 것 하나 변변치 않은 때 서로가 나누었던 작은 마음들을 저 혼자서 통째로 먹어버리는 것 같은 착각이 들어서이고, 이제는 그 작지만 큰 사람들을 볼 수 없기 때문이기도 하다.

혼자 두만강을 건너오던 날 밤, 아무 말도 아무 생각도 할 수 없던 그때 무엇인가에 홀린 듯이 이를 딱딱거렸다. 뭐라도 물려야 할 만큼 이들이 서로 부딪히고 턱은 자꾸만 덜덜 떨려왔을 때 불현듯 생각난 것이 고구마였다. 익히지도 않고 삶지도 않아서 딱딱하기만 한 생고구마가 너무나 먹고 싶어서, 그것을 씹는다는 것 자체가 너무나도 간절해져서 그 자리에서 아이처럼 엎드려 울었다. 어머니 생각도 아니고 누이 생각도 아니고, 하물며 김일성 장군님 생각도 아닌 고구마 생각에 처음으로 하늘이 무너져라 엉엉 울었던 적이 나에게도 있었다.

"할아버지!"

나는 지금 울 수 없는 나이가 되었고 울 자격이 없는 사람이 되었다. 어린 나이에 건너온 남(南)에서 누구보다 악착같이 살아왔고 이만큼이나 이루었다. 주말이면 서재에 앉아 골똘히 생각할 수 있는 시간이 자연스러울 만큼의 위치에 있게 되었고, 사랑하는 손녀딸에게 사주고 싶은 장난감은 뭐든지 사 줄 수 있는 그런 인자한 할아버지가 되었다.

"아버님, 딱딱한 건 치아 상해요. 아몬드 말고 차라리 부드러운 젤리 드세요."

울 수 없는 내가 그럼에도 아몬드를 먹으며 그때의 우리들을 추억하는 것은 어쩌면 이상하리만치 자연스러운 것이어서 나는 아몬드를 처음 씹었던 그 순간을 아직도 잊지 못한다. 남으로 건너온 날 이후로 울음이라고는 가당치도 않았던 내가 처음으로 울컥했던 날에, 나는 많이 먹지도 못할 아몬드를 무척이나 많이도 사가지고 집에 돌아왔었다.

"아버지 아몬드 말곤 좋아하시는 거 없잖아. 많이 드시는 것도 아닌데 좀 눈 감아 드려."

한 번도 남 앞에서, 아니 가족들 앞에서도 눈물을 보인 적 없던 내가 눈이 새빨개져서 집으로 돌아왔을 때 아내도 아들도 내게 아무 말을 하지 못했다. 그들은 하지 않은 것이 아니라 못한 것이리라. 나 역시 그날만 떠올리면 아무런 말도 할 수 없다.

지금도 나는 생각한다. 모두 함께 둘러앉아 생고구마를 먹었던 까마득한 그때를. 먹을 것 없고, 입을 것 없고, 도무지 아무것도 없는 그곳에 있어주었던 그들을 아몬드를 먹는 매순간마다 반추한다. 그곳에 나는 없어도 있는 것이다. 그들을 떠올릴 때의 나는 여전히 울지 않지만 이상하게 내 입에서는 자꾸만 울음소리가 나온다. 그것은 해괴하고 망측한 것이지만 울 자격을 가지고 있지 않은 남자가 내는 소리로는 제격이리라고 생각한다. 사실 그때부터 지금까지 나는 하루도 빼놓지 않고 울고 있는 것이다. 오도독 오도독.

# 윤옥이는 탈북자였습니다

벤처중소기업학과 배수진

윤옥이는 탈북자였습니다. 처음에 우리는 그 사실을 몰랐습니다. 그저 3학년 8반의 일원이자 '우리' 무리 중에 한 명이었습니다. 우리는 매일 우르르 몰려다녔습니다. 아침에 교실 문을 들어서면 앞에서 두 번째 줄에 늘 윤옥이는 먼저 와있었습니다.

"아, 또 1등을 놓쳤네! 도대체 넌 몇 시에 오는 거야? 내일은 내가 1등으로 와야지"

"나도 온 지 별로 안 됐어. 아, 국어 숙제 했어?"

"맞다! 깜빡했다. 국어 몇 교시에 들었지?

"7교시! 나도 안 했으니까 지금 같이 하자"

윤옥이는 우리 반에서 제일 일찍 등교했고, 우리는 누가 더 먼저 오나 시합을 하곤 했습니다. 숙제가 있는 날이면 둘이 나란히 앉아 함께 숙제를 하곤 했고, 해미, 보해 친구들이 올 때마다 우리 옆자리에 앉아 다 같이 떠들며 숙제를 했습니다. 수업이 시작되면 그 새를 못 참고 쪽지를 돌리며 쉬는 시간에 매점에 갈까, 매점에 가선 뭘 사먹을까 하며 킥킥대었습니다. 쉬는 시간에는 삼삼오오 팔짱을 끼고 매점에 가고, 점심시간이 되면 우리는 늘 우르르 뭉쳐 급식실에 갔습니다.

그러던 어느 날 수학 시간, 늘 그렇듯 옆에 친구에게서 쪽지가 건네졌습니다. 그런데 그 내용은 평상시에 보던 그런 시시한 얘기가 아니었습니다.

'너희 그거 알고 있었어? 윤옥이 있잖아, 걔 탈북자래, 새터민 장학금 서류 미나가 봤대'

나는 쪽지 밑에 '탈북자면 어때? 윤옥이는 그냥 윤옥이지' 라고 적고 해미에게 쪽지를 건넸습니다. 쪽지를 본 해미 표정도 역시 놀란 듯 했습니다. 나는 마음속으로 '탈북자면 어때! 윤옥이는 윤옥이지' 라고 되새겼습니다. 쉬는 시간에 윤옥이가 내 곁에 와서 "매점에 갈까?"라고 물었습니다. 평소 같았으면 얼른 윤옥이의 팔짱을 끼고 매점으로 향했을 텐데 나도 모르게 '아니'라고 하고 말았습니다. 나도 모르게 윤옥이를 전처럼 대하지 못하게 되었습니다. 그 뒤로 윤옥이는 혼자 매점에 가고, 교실에 남은 윤옥이를 제외한 '우리'들은 서로 어색한 눈빛을 보냈습니다. 우리는 우리도 모르게 윤옥이를 이상하게 보기 시작했습니다.

그 이후부터 우리는 윤옥이의 행동 하나 하나에 '탈북자'라는 꼬리표를 붙이기 시작했습니다. 윤옥이가 말을 더듬을 때면 '우리'는 '탈북자라 우리 말 발음이 힘든가봐' 라고 말을 했고, 아침마다 일찍 오는 윤옥이를 보며 '역시 탈북은 아무나 하는 게 아니지, 매일 저렇게 일찍 등교할 만큼 독하니까 탈북도 하지' 라고 말을 했습니다. 나중엔 윤옥이라는 이름마저도 '북한사람이어서 이름이 촌스러웠구나' 라고 말했습니다. 물론 이런 말들은 윤옥이를 제외한 '우리'들끼리 있었을 때만 나눈 얘기였습니다.

하지만 이런 대화는 점점 많아졌고, 이런 대화가 많아질수록 윤옥이를 제외한 '우리'들끼리만 모이는 날이 많았습니다. 결국 3학년이 끝나갈 무렵엔 6명이 뭉쳐다니던 '우리'는 5명이 되었습니다. 3학년 7반 31명의 '우리'는 30명의 '우리'와 윤옥이가 되었습니다.

졸업식 날, 윤옥이는 학교에 오지 않았고, 겨울 방학 때 미국으로 이민을 갔다는 담임선생님의 말씀만을 들을 수 있었습니다. 이제 미국에서는 윤옥이가 '우리' 같은 친구들을 만나지 않았으면 좋겠습니다.

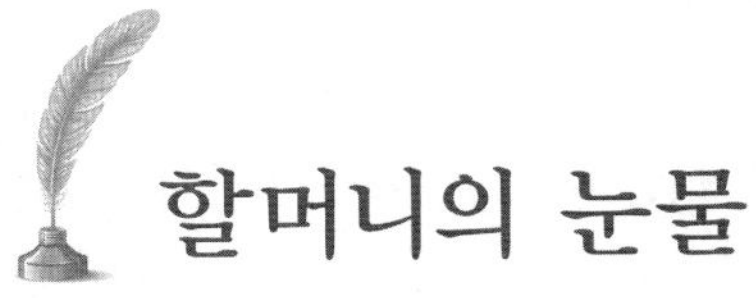

# 할머니의 눈물

정보통신전자공학부 백경민

드디어 보았다. 평안남도 강동군 봉진면 신리 입구에 세워진 저 느티나무. 저것이 우리 가족의 뿌리인 것이다. 나는 실향민인 할아버지의 한에 대해서는 자세히 모른다. 하지만 머슴의 아들로 살아야 했던 아버지의 한에 대해서는 누구보다 잘 알고 있다. 육상대회에 참가하는, 아직 초등학생에 불과한 나를 심하게 매질하시던 아버지, 그러나 경기장에서는 누구보다 목이 터져라 응원하시고 결승선에 들어온 나를 부여잡고 눈물을 쏟으시던 아버지. 그 근원이 거기 있었다. 아버지를 누구보다 처절하고 치열하게 살아가게 한 것은 다름 아닌 할아버지가 이곳을 떠나오셨기 때문이었다. 만약 할아버지가 지금 이곳에서 평화롭게 사셨다면, 지금의 나는 지금보다 훨씬 평범한 사람이었을지도 모른다.

할머니를 뵈러 가는 길이 참 오랜만이다. 하나 밖에 없는 손주가 바쁜 일을 핑계로 자주 뵙지 못하는 것이 죄송할 따름이다. "할머니, 저 왔어요! 경민이요!"

녹슨 갈색의 철문이 열리더니, 이내 반가움을 가득 안은 얼굴을 보이셨다. 올해로 여든일곱이 되신 할머니는 큰아버지 댁으로 올라가지 않으시고 아직도 이곳 휴전선과 가까운 파주에 사시면서 떠날 생각을 하지 않으신다. 그 이유는 북한과 가깝고 할아버지가 월남한 후 터를 잡으셨던 곳이기 때문이다. 난 할아버지에 대한 기억은 없지만 할머니께서 고향을 사무치게 그리워하고 북한에 있는 할아버지 뿌리에 대한 관심도 많다는 것을 안다.

"할머니, 오늘은 좋은 소식을 가져왔어요."

"좋은 소식이라……우리 손주가 온 것만큼 좋은 일이 또 있는가?"

"이산가족이 상봉하는 날이 잡혔어요. 신청해 보세요. 할머니! 돌아가신 할아버지의 꿈을 이룰 수 있어요."

할머니는 잠시 동안 말을 잇지 못하셨고, 나 또한 금방이라도 울음을 터뜨릴 듯한 눈동자 앞에서, 아무 말도 잇지 못했다. 이내 할머니께서는 자기 대신에 이산가족 상봉 신청을 해달라고 부탁하셨다. 처음 들어보는 단호하고도 희망에 가득 찬 할머니의 목소리였다.

얼마 후, 할아버지의 일가친척이 생존해 있다는 소식이 들려왔고 나는 기쁜 마음에 할머니께 전화를 드려 그 소식을 알렸다. 돌아가신 할아버지의 꿈이 이루어질 것만 같았다. 할머니가 그렇게 기뻐하시는 걸 본 것은 그때가 처음이었다.

상봉 날짜가 일주일 남았을 때, 할머니께서는 쉽사리 잠을 이루지 못하셨고 매일 밤 나에게 전화로 할아버지가 살아계셨을 때 하셨던 가족에 대한 이야기를 그대로 내게 전해주셨다. 내가 어렸을 때는 할아버지 이야기만 나오면 눈물을 글썽이셨는데 이제 즐거워하시며 이야기를 하셨다. 할머니의 이야기를 듣고 있으면 할아버지가 어떤 분이셨는지, 그리고 그 분의 고향에 대해서도 조금은 알 것 같았다.

드디어 상봉 날이 다가왔다. 할머니는 뜬 눈으로 밤을 새우신 듯 보였다. 나는 할머니와 같이 동행할 수 있었다. "내 생애 이렇게 두근거리는 건 처음인 것 같구나." 나 또한 할머니 못지않게 떨리는 마음으로 상봉 장소에 도착했다. 기쁨의 눈물을 흘리시는 분들, 웃음소리와 안타까움이 뒤엉킨 울음소리로 가득했다. 통일이 되기 전까지 이러한 만남이 지속된다는 보장이 없기 때문이다.

그 때 어디선가 "혹시…?" 할아버지와 쏙 닮은 할머니와 비슷한 연령의 분이 조심스럽게 가까이 오셨다. 두 분은 서로 처음 보는 얼굴이었고 할아버지의 혈연을 만났다는 생각에 꿈과 현실을 구분하지 못하는 것 같았다. 점점 이야기가 오갈수록 할머니의 주름진 손이 가냘프게 떨렸고 이내 눈물을 흘리셨다. "미안해, 형이 왔어야 하는데 내가 왔어. 좀 더 빨리 만났으면 좋았을 텐데…" 나는 카메라를 켜 세상에서 가장 아름답고 슬픈 그 장면을 렌즈에 담았다.

“언제쯤 다시 만날 수 있을까요. 여기까지 오는 데는 몇 시간도 안 걸렸는데 우린 대체 몇 년을 떨어져 살았던 거지요? 전쟁이 뭐라고 내가 당신한테 총을 겨누고, 당신이 나한테 총을 겨누게 하는 겁니까…… 벌써 60년이네요. 통일이 되면 우리가 다시 만날 수 있을까요? 그 때 까지 우리가 살아있기나 할까요?”

할머니의 말씀을 듣고 난 후, 지금껏 내가 신경 쓸 일이 아니라고 생각했던, 그리고 진지하게 생각해 보지도 않던 통일이라는 문제가 뼛속 깊이 파고들면서, 나 또한 그 자리에서 눈물을 흘리지 않을 수 없었다. 같은 뿌리를 만날 수 없다는 이산가족의 아픔과 기약 없는 통일이 만남의 자유를 억압한다는 사실이 나의 가슴을 답답하게 하였다.

상봉이 끝나고 집으로 돌아와서 사진을 인화했다. 할머니와 사진을 보면서 몇 번이나 눈물을 닦아야 했다. 나는 그 사진을 보면서 혼잣말을 했다. ‘할아버지, 지하에서도 눈 뜨고 있을 할아버지, 당신의 아들과 손자가 잘 자라서 꼭 고향을 찾을게요. 이제는 모든 걸 덮으시고 편히 쉬세요.’ 이 질문을 스스로 나 자신에게 하면서도 저 가슴 깊은 곳이 먹먹해지는 기분이었다.

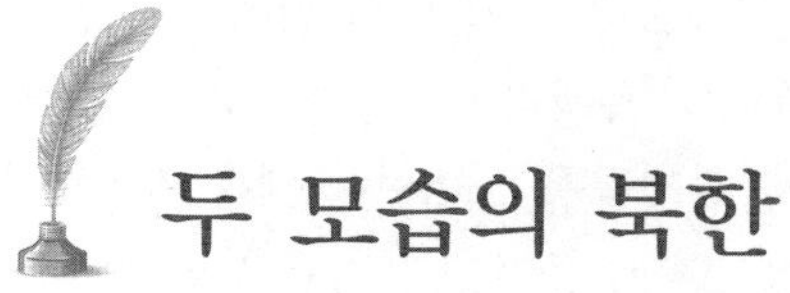

# 두 모습의 북한

영어영문학과 김수린

초등학교 5학년 12살 때, 말로만 들어보고 상상만 해보던 북한에 갔었다. 지금보다 더 북한에 대한 정보가 없었던 시기라 북한에 가기도 전에 겁이 났고 친구들끼리 북한 사람들과 눈만 마주쳐도 끌려간다는 그런 곳이라는 소문이 친구들 사이에서 나돌았다.

드디어 북한에 도착했을 때 정말 가까운 곳이라는 것을 다시 한 번 깨달았다. 버스만 타고도 올 수 있는 곳이라는 걸 알았을 때, 이 나라도 원래는 같은 나라였다는 것을 깨달았다. 하지만 가까운 나라라고 느낀 것도 잠시! 엄청난 심문과 과정을 거치자 또 다시 멀게만 느껴졌다. 가서 관광만 하는 것뿐인데 많은 심문들 그리고 철저한 검사. 그때의 북한은 정말 다른 나라 같았다.

그렇게 많은 심문을 끝내고 본격적으로 둘러본 북한은 생각보다 평범했다. 주위에 많은 북한 군인들이 서있고 모든 주민들이 겁에 질린 채로 거리를 거닐 줄 알았던 우리의 상상과는 다르게 모두 평범하게 길을 걸어 다녔다. 그저 다른 점이라면 고층빌딩 대신 낮은 건물들과 주변에 많은 산과 밭, 그리고 김일성과 김정일의 동상과 그들을 찬양하는 글이 어디를 가든지 보인다는 것이었다. 그렇게 짧은 북한 관광을 끝내고 숙소로 돌아온 나는 더 놀랐다. 작고 낡은 민박집에서 자게 될 거라는 나의 예상과는 달리 우리나라 팬션과 같은 곳에서 자게 되었다.

그렇게 편안한 밤을 보내고 다음 날 금강산을 간다는 기대와 함께 일어났다. 아름다운 풍경을 생각하며 도착한 금강산은 상상 그 이상으로 아름다웠다. 난 지금에 와서도 생각하지만 이 보다 더 아름다운 산은 우리나라에서 보지 못할 것이란 생각이 든다. 그 아름다움을 느끼는 것도 잠시 곳곳에 총을 들고 서있는 북한 군인들을 보자 나의 설렘은 모두 사라졌다. 입구부터 시작해서 우리가 가려는 목적지까지 군인이 없는 곳은 없었다. 모두 총을 메고서 지나가는 관광객들을 노려보며 계속 경계태세를 유지했다. 손에 무언가 라도 들고 있으면 그 물건을 한참을 노려보았다. 그 군인들의 존재를 알게 되자 더 이상 금강산은 눈에 들어오지 않았다. 그렇게 아름답게만 느껴졌던 금강산은 더 이상 아름답지 않게 되었고 난 오직 군인들 밖에 눈에 들어오지 않았다. 나는 결국 무서움에 목적지까지 가지 못했고 친구 한 명과 함께 근처 의자에 앉아 멍하니 하늘만 바라보다 내려갔다.

목적지까지 올라가지 못할 정도로 겁을 먹었던 이유를 지금 생각해보면 다른 나라가 아닌 우리나라라고 생각했는데 그 생각이 틀렸으며 북한과 남한은 아직까지 전쟁이 끝나지 않은 휴전상태라는 사실을 깨달았기 때문에 그리 겁이 난 것 같다. 우리가 들릴 수 있는 관광지에는 모두 북한 군인들이 총대를 메고 서있었다. 그리고 모든 산과 길에는 김일성과 김정일을 찬양하는 빨간색 글씨들이 돌에 새겨져 있었다. 처음에 그것을 봤을 때는 마냥 신기하기만 했었는데, 이 곳이 북한이라는 사실을 강하게 깨달은 후에는 공산주의라는 것이 어떤 것인지, 얼마나 무서운 것인지 알 것만 같았다.

점점 남한과 북한의 차이를 깨닫게 되면서, 통일이 왜 그리도 어려운지에 대해 생각하게 되었다.

'왜 추구했던 사상이 달랐다는 이유만으로 이렇게 다른 나라가 되어버린 것일까?' '왜 가치관 차이로 전쟁을 할 수 밖에 없었을까?' '왜 휴전상태로만 있어야 하는가?' '정말 통일을 할 수 없는 것일까?' 내가 봤던 북한은 두 가지 모습이었다. 처음에 본 북한의 모습은 평범했고 우리나라의 주민들과 별반 다를 것이 없었다. 하지만 북한의 깊은 곳을 좀 더 들여 다봤을 땐 평범하지 않았고 우리나라와 비슷하지 않았다.

처음에 본 북한의 평범한 모습은 나를 정말 놀라게 했다. 한국에서 듣던 대로 아무것도 하지 못하는 그런 암울한 모습이 아니었다. 이런 강한 인식이 통일을 막는 요인은 아닐까? 나와 친구들이 지나갈 때 마다 웃어주던 북한 주민들의 모습을 잊을 수가 없다. 비록 우리와 다른 점은 있지만 나를 향해 웃어주던 북한 주민들의 모습은 한국의 주민과 별반 다르지 않았다. 이렇게 같은 나라인데 서로 갈라져 심문을 거쳐야만 출입할 수 있고, 정확히 검증이 된 관광이 아니면 출입이 불가하고 출입을 한 후에는 꼭 명찰을 목에 메고 다녀야 하는 이런 모습이 정말 계속되어야 하는가? 심지어 지금은 관광을 통한 북한 출입도 불가하다. 왜 점점 가까워지지는 못하고 계속 멀어져만 가는지 정말 안타깝다.

우리나라뿐만 아니라 북한도 함께 통일에 대해 진지하게 고민하여 우리 모두의 마음에 그어진 선을 없애려고 노력해야 한다. 우리 모두에게 통일은 선택이 아니라 필수이고 언제나 고민해야 하는 것이라고 생각한다. 물론 통일세와 같은 사회적인 문제는 있겠지만 그런 문제 때문에 같은 나라에서 선을 긋고 헤어져 살아야 한다는 것은 있을 수 없다고 생각한다. 같은 나라 안에서 휴전선을 긋고 있는 나라는 우리나라 대한민국 밖에 없다. 우리는 통일을 경제적인 측면에서만 생각하지 말고, 같은 나라 안에서 분단되어 만나지 못한다는 사실 하나 만 바라보고 통일을 생각해야 한다.

언젠가는 나를 향해 웃어주던 북한 주민들을 다시 만나 손을 내밀 수 있는 날이 오길 간절히 바래본다.

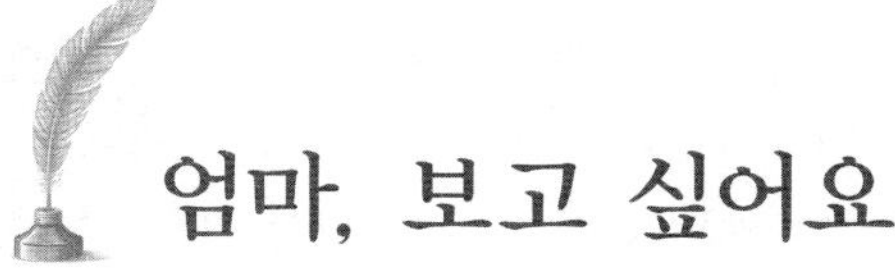

# 엄마, 보고 싶어요

사회복지학부 강희송

나는 북한에서 18년을 살았다. 우리 가족은 정말 행복한 가정이었다. 여느 가족처럼 그렇게 행복하게 서로를 사랑하면서 살았다. 그런데 내가 5살 되던 해에 감옥에 잡혀가게 되었다. 그때부터 우리 가족의 불행은 시작되었다. 그 당시 북한은 미공급 시기(굉장히 먹고 살기 어려웠던 시기)라고 불리던 때인데도, 국가에서는 사람보다 '소'를 더 소중히 여겨 소를 잡아먹으면 안 되었다. 그런데 아버지가 그 당시 먹고 살아야 하니까 할 수 없이 가족들과 마지막 남은 소를 몰래 잡아 먹었는데, 그 이유로 감옥에 가게 되었다. 그 때부터 우리 가족은 아빠 없이 살아가야만 했다. 사랑하는 아버지가 계시지 않자 우리 가족들은 말할 수 없이 힘든 지경에 이르렀다.

그 후 7년 만에 아버지가 감옥에서 나오시게 되었다. 그 기쁨도 잠시, 너무나도 변해버린 아버지로 인해 우리 가정은 더 파탄에 이르렀다. 아버지는 그 동안 감옥에서 매일 고문으로 매를 맞았고, 매를 너무 많이 맞은 탓에 정신이 이상해지셨지 가족들을 일절 생각하지 않으셨다. 본인의 이익만 먼저 생각하고, 항상 술에 취해 있었으며, 술에 취하면 가족들을 때렸다. 결국 아버지는 다른 여자와 바람이 나서 집을 나갔다. 오히려 가족들에게는 아버지가 집에 없는 편이 더 나았기 때문에 가족들은 도리어 안도의 한숨을 내쉴 정도였다.

그 이후 어머니가 4명의 자식들의 생계를 책임져야 했다. 그 당시 북한은 먹고 살기가 아주 힘들어서 국경 주변에 사는 사람들 90%가 중국에 가서 가족들을 위해 돈을 벌어오거나, 탈북하여 이미 한국에 먼저 가 있는 친척들과 연결하여 그들의 도움을 받아 근근이 살아갔다. 어머니도 아버지가 그렇게 된 이후로 자식들을 먹여 살리기 위해서 중국에서 밀수도 하고 한국과도 연결이 되어 가족들을 먹여 살렸다. 그런데 결국 그 모든 것이 발각되고 말았다. 어머니는 한국과 연결되었다는 이유로 총살이라는 형을 받게 되었다.

그 사건 이후 언니와 오빠 모두 소식도 없이 사라졌다. 북한 당국이 한 가정을 하루아침에 이렇게 몰살시킨 것이다. 나는 마지막까지 어머니와 함께 있고 싶었고, 어머니가 감옥에 있는 동안 면회 가서 어머니를 보고 싶었지만, 북한 당국에서는 절대 허락하지 않았다. 남한과 내통한 부모의 자식이라고 함께 잡아서 감옥에 가두겠다고 협박도 했다.

그 때 내 나이가 16살이었다. 어린 나이에 한꺼번에 가족을 잃고 더 이상은 북한에서 살아갈 수가 없었다. 나는 마지막으로 감옥에 있는 어머니를 뵈려고 정성스레 도시락을 싸서 감옥의 경비실로 갔다. 어머니가 보고 싶은 마음에 달려가 안기고 싶었는데도 자식이란 사실이 발각되면 위험하니, 친구 심부름 왔다고 속이고 어머니에게 도시락만 전해달라고 한 뒤, 뒤돌아 나왔다.

그 때의 나의 심정은 정말 그 누구도 알 수 없을 것이다. '한 번만이라도 어머니의 얼굴을 볼 수만 있다면…' 이 생각만 하면서 감옥 앞 큰 마당을 걸어 돌아가다 다시 어머니 생각에 감옥 쪽을 바라봤는데, 어머니가 감옥의 조그마한 창문을 열고 손을 흔들고 계시는 것이 아닌가. 그 모습이 어머니의 마지막 모습이었다.

그 때의 슬픔과 분노와 억울함과 아픔은 나에게 여전히 상처로 남아있다. 아직도 감옥 창문에서 나를 향해 손을 흔들고 있는 어머니를 가끔 꿈속에서 본다. 어린 나이에 너무나도 감당하기 힘든 아픔이었다.

어머니는 정이 참 많은 분이셨다. 우리 가정이 행복했던 시절에는, 동네를 떠도는 꽃제비들을 집에 데려와서 밥도 먹이고 돌봐 주기도 하셨다. 감옥에서 나온 이후 변해버린 아버지의 그 행패에도 자식들을 위해 이혼하면 안 된다며, 다 참으시고 우리 4남매를 위해 돈 벌기 위해 고생만 하셨다. 어머니의 마지막 모습을 감옥 앞에서 보고 피눈물을 흘리면서, 사람의 인권을 무시하는 짐승보다 못한 북한 정권을 폭발시키고 싶었다. 자식들을 먹이기 위해 한 일 때문에 총살시키려는 북한 권력자들을 정말 죽이고 싶었다.

그 이후 나는 국경을 넘었다. 북한에서 더 이상 살 수 없었고, 살고 싶지도 않았다. 거기서 죽으나 탈북하다 죽으나 마찬가지였고, 혹시 남한에 가면 엄마를 데려올 방법이 있을 수도 있다는 생각에 나는 생사의 강을 넘었다. 그리고 정말 감사하게도 좋은 사람들을 만나 무사히 남한까지 오게 되었다. 그리고 이곳에 와서 어머니의 소식을 듣게 되었는데, 어머니는 너무나도 많은 고문에 시달렸다고 한다. 고문하는 자들은 맨 정신으로는 그렇게까지 사람을 고문할 수가 없어서 술을 마시고 어머니가 피를 토할 때까지 때렸다고 한다. 그리고 지금은 정치범 수용소에 계시다는 소식을 마지막으로 들었다. 정치범 수용소는 사람이 간신히 연명할 정도로만 음식을 먹이고, 죽도록 일만 시켜서, 결국엔 죽게 만드는 장소이며, 영원히 그곳에서 나오지 못하는, 죽어야만 나온다는 곳이다.

하지만 나는 희망을 갖고 있다. 통일이 되면, 어머니가 돌아가시기 전에 통일이 되기만 하면, 그 곳에서 어머니를 구할 수 있고, 만날 수도 있다는 희망을 갖고 있다. 난 기도한다. 그 날을 기다리면서 나는 삶의 의미를 찾고 공부하고 있다. 다시는 어머니를 그 무서운 곳에 혼자 두고 오지 않겠다고 되뇌인다. 어머니가 너무 그리울 때면 사진이라도 보고 싶지만 어머니의 사진조차 없는 자신이 너무 한스럽다.

통일은 되어야만 한다. 정치적 의미이든 경제적 의미이든 간에, 같은 민족인 북한 사람들을 그곳에서 구해내기 위해서, 그리고 탈북민들이 가족과 따뜻한 밥 한 끼라도 나누기 위해서, 통일은 반드시 되어야 한다.

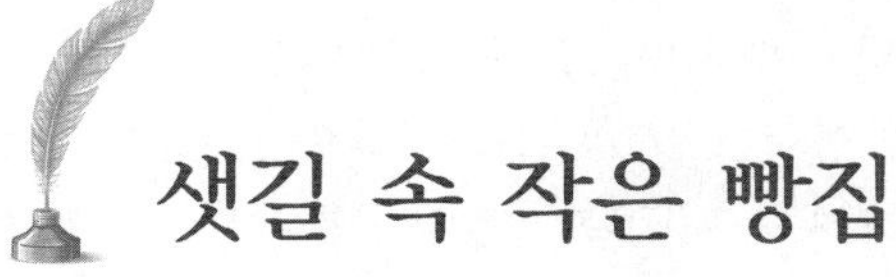

# 샛길 속 작은 빵집

글로벌미디어학부 정세미

딸랑 하며 울리는 종소리에 맞춰 문이 열리며 곧이어 이제는 익숙한 밝은 목소리가 뒤따라 들려온다. "어서 오세요~" 진열되어있는 빵을 고르던 나의 눈이 소리가 나는 문 쪽으로 무의식중에 돌아갔다. 여학생 여러 명이 재잘거리며 가게 안으로 들어오는 중이었다. 가게로 들어오는 사람들의 모습을 보고 있자니 괜히 모든 사람이 친근하게 느껴졌다.

아침을 밥 대신 빵으로 챙겨 먹은 지가 언제부터인지 기억이 가물거린다. 매일 다니던 샛길에 어느 새인지 모르게 작은 빵집이 생겼다. 티 내지 않고, 사람들이 의식하지 못할 정도로 조용하게 문을 열었기에 궁금해서 들어가 봤던 것 같다. 서너 명쯤 앉아서 간단히 먹을 수 있을 정도의 아담한 크기의 가게였다. 들어가자마자 갓 구워낸 맛있는 빵 냄새에 못 이겨 이것저것 집어 골랐다. 언제 문을 여셨냐고 묻는 나의 물음에 빵을 직접 구우시는 것 같은 사장님이 엄마같이 푸근한 웃음을 지으며 얼마 안됐으니 자주 와달라며 인사하셨다. 표준말을 쓰려고 하지만 무언가 자연스럽지 않고 사투리가 은연중에 튀어 나오는 걸 보니 지방에서 올라오셨나보다 라고 처음에는 생각했다.

집에 와서 먹어본 그 빵집의 빵은 별 다른 형용사가 필요 없는 정직한 빵맛이었다. 굽는 사람의 정성이 들어갔다는 게 느껴질 정도의 따뜻한 맛? 그냥 그렇게 느껴졌던 것 같다. 그날 이후로 나는 그 작은 빵집의 제일 안쪽 테이블에서 맛도 온기도 따뜻한 빵과 커피 한잔으로 아침을 먹고 하루를 시작했다. 매일 20~30분 정도 이곳에서 끼니를 때우며 앉아있는 동안 꽤 많은 사람들의 모습을 볼 수 있다. 이 곳 사장님은 모든 사람들에게 아주 친절했고 항상 밝아 보였는데, 내가 보기에 이 분은 열심히 친절하다가 맞는 표현인 것 같다.

그런데 어느 날 어떤 할아버지와 손녀, 그 아이의 엄마가 같이 들어왔다. 난 이미 앉아서 빵을 먹고 있었고, 가게 안에는 나와 그들, 그리고 사장님만 있었다. 가게가 크지 않아서인지 모든 소리는 서로에게 잘 들렸다. 아이가 신나서 이건 무슨 빵이냐 저건 무슨 빵이냐며 사장님께 물어보면 그 분은 친절하게 대답해주고 있었다. 둘이서 빵을 이것저것 고르고 있을 때 둘의 대화를 듣고 있던 할아버지가 갑자기 사장님을 보며 여기 빨갱이가 하는 가게였냐며, 빨갱이가 어떻고 하면서 욕을 해댔다. 갑작스러운 상황에 가게 안에 있던 모두는 당황했다. 특히 사장님의 얼굴에는 당황함과 곤혹스러움이 여실하게 드러나 있었다. 아이는 할아버지가 한 말이 무슨 뜻이냐고 다시 물어보고 있었고, 아이의 엄마는 아이 앞에서 그런 말을 하시면 어떻게 하냐고 할아버지께 나무라듯이 말했다. 결국 그 가족은 그대로 정신없이 나가버렸고, 사장님은 그들이 집었다가 내팽개친 빵들과 쟁반을 정리하면서 살짝 나의 눈치를 보시는 것 같았다. 나는 그때 '아 탈북자시구나.' 하고 생각했다. 첫날의 뭔가 어색했던 말투나 느낌이 설명되었다. 그 할아버지는 그 말투를 듣고 알아보신 것 같았다. 연로하신 분들은 탈북자들에 대해서 좋지 않은 감정이 남아 있을 수도 있겠거니 싶어서 아까의 상황이 어느 정도는 이해가 되었다. 아무것도 몰랐던 나로서는 그냥 사람들에게 친절한 빵집 아줌마 정도로만 생각했었는데, 그런 모습들을 보니 감정이 복잡해졌다. 실제로 북한사람을 가까이서 본 것은 처음이었기에 좀 신기하기도 했고, 뭔가 익숙지 않은 느낌이었다.

그 일이 있은 후 다음날에도 나는 여전히 그 작은 빵집에 들러서 아침을 보냈다. 사장님은 그 전날과 다름없이 나에게도 다른 손님들에게도 친절했고 밝은 모습이었다. 괜찮아 보이는 겉모습과 똑같이 속마음도 괜찮을 거라고 생각하면서, 괜찮으시냐는 위로의 말을 하거나 별다른 내색은 하지 않았다. '뭔가 다를거야' 라고 생각하면 다르게 보이고, '다를 것 없어, 똑같아' 라고 생각하면 같아 보이기 마련이다. 어제 그 상황에서 나는 솔직히 다른 시선으로 보았던 것 같아 미안한 마음에 빵 몇 가지를 더 집어 들어 계산하고 나왔다. 사장님에게 하는 나 혼자만의 사과 같은 거였는지도 모른다.

그 후로 며칠은 아침에 여유가 없어서 빵집을 들르지 못하다가 어느새 중독이 되었는지 자꾸 생각나는 샛길 집 빵 때문에 아침이 아닌 늦은 오후에 빵집에 들렀다. 익숙한 목소리의 인사에 편안함? 같은 걸 느꼈다. 빵을 고르고 계산하는 중에 밖에서 시원한 빗소리가 들려왔다. 가을 소나기였다. "가을소나기는 금방 그친다던데 잠깐 앉아있다 가세요."라고 사장님이 말하셔서 감사하다 하고 자주 앉던 테이블에 가서 앉았다. 사장님은 따뜻한 커피와 빵 몇 가지를 가져다주시며 맞은 편 의자에 앉으셨다. 가게 주인과 손님으로써는 꽤 자주 봐왔지만 사적인 대화를 나눈 적은 없었다. 우리는 처음으로 조금은 긴 대화를 했다. 몇 살 때 남한으로 넘어왔는지, 다른 가족은 없는지, 이 곳에서 적응하기는 어렵지 않았는지 머릿속을 맴도는 궁금증들이 많았지만 아물지 않은 상처를 다시 할퀴는 것은 아닐까 해서 입 밖으로 꺼내지 못했다. 그냥 '요 며칠 안보였다' '왜 안 왔었냐?'와 같은 그간의 안부만 묻고 농담 몇 마디 하다 보니 바깥의 비가 그쳐가고 있었다. 대화를 나누면서 너무나 다른 환경에 적응하기 힘들었으리라는 안타까운 생각이 들어 감사의 인사 끝에 "고생 많으셨어요."하고 나왔다. 처음에는 못 알아듣는 듯 보이더니 이내 생각에 잠기듯 잠깐 눈을 감았다 뜨셨다. 그리고는 곧 고맙다며 대답해주셨다.

가게를 나와서 몇 발자국 걸어가다 몸을 돌려 뒤를 보니 사장님은 어딘지 모를 조금은 먼 곳을 바라보고 계셨고, 비가 그치고 개는 순간 저무는 해가 그 눈동자를 비췄는데 투명하게 반짝였던 걸로 보아 눈물인 듯싶었다. 나는 집으로 가는 길에 조금은 알 듯 모를 듯한 감정을 느꼈다. 그리고 여전히 나는 샛길 속 작은 빵집에서의 아침을 즐긴다.

# 내가 세상에서 가장 잘한 일은 남으로 온 것

경제학과 변민섭

4년 전이던가? 제주도로 기행을 다녀온 적이 있다. 다른 학과 학생들과 모여 자전거로 제주도를 일주하는 여정이었는데, 꽤 많은 학생들이 참여했었다. 나중에 들어보니 면접에서 떨어져 제주도 비행기에 오르지 못한 학생들도 상당히 있다고 했다.

제주도 출발 며칠 전엔 오리엔테이션이 있었다. 4박 5일 제주도를 자전거로 일주하는 내내 예닐곱 명이 한 팀이 되어 끝까지 함께 했다. 처음 만나는 우리들은 간단한 자기소개로 어색한 분위기를 조금씩 정화시켰다. 중어중문학과, 생활체육학과, 정보통신전자공학부 등 정말 다양한 전공의 학생들이 한 데 모였다. 우리 팀이 다른 팀과 조금 색다른 점이 있다면 우리 팀 일원 중 한명이 북에서 온 새터민 학생이라는 것이었다. 멀리서 보아도 똑 부러지는 콧날과 수수한 인상이 한 눈에 들어오는 게 누가 봐도 이북 사람이었다. 이름은 '정옥희'. 또래 대학생에 비해 조금 촌스런 이름이 아닌가 싶었었다. 그런들 어떠하랴. 일전에 겪어보지 못한 북한 사람과의 동행에 신기하기도 하고 조심스럽기까지 했다. 옥희 누나는 3년 전 처음 남한 땅을 밟았다고 한다. 북한을 어떻게 떠나게 되었는지, 남한으로 들어오는 길이 순탄하지 않았을 텐데 무섭지는 않았는지, 그리고 북에 남겨둔 가족이 그립지 않은지… 머릿속에 수많은 질문들이 스쳤지만 나는 차마 물어볼 수가 없었다. 누나의 마음속을 들여다보지는 못했지만 아픈 상처들이 남아있을 것만 같아 함부로 내뱉을 수가 없었다. 아마 기행을 같이 하는 다른 학생들도 나와 같은 마음이 아니었을까 싶다.

여정 이튿날, 첫째 날의 강행군에도 불구하고 다들 불만 하나 없이 꾸역꾸역 페달을 밟고 있었다. 제주도의 맑은 공기와 에메랄드 빛 바다, 음악이 흐르는 펜션까지 모든 것이 더할 나위 없이 좋았다. 카메라엔 담지 못할 풍경과 순간들이 우리 앞에 펼쳐져 있었다. 매일 저녁마다 우리는 자신이 보았던 제주도 풍경을 다른 팀원이 혹여 놓쳤을까 세세히 묘사해 주었다. 의도한 건 아니지만 각자 돌아가면서 자신의 이야기를 술술 풀어 놓기도 했다. 옥희 누나의 차례가 되었다. 옥희 누나가 이야기하기만을 기다리고 있었지만 누나는 한동안 입을 떼지 못했다. 이윽고, 흐르는 눈물이 누나가 하고 싶은 말을 예고했다.

"북조선에 있을 땐, 제주도가 뭐하는 곳이지, 어디에 있는지도 몰랐어…"

누나의 이야기에 우리는 어느 때보다 더 숨을 죽였다.

"그런데 내가…, 이렇게 남한이라는 땅을 밟고 이렇게 멋진 곳을 오게 되다니 정말 좋고 기쁘다. 가끔 어머니를 두고 온 내가 밉고 고향이 그립기도 하지만, 그래도 내가 살면서 가장 잘한 일이 아닐까 싶다."

누나는 그 후로도 북한에 대한 이야기를 전해줬는데, 북한의 군복무 기간이나 주체사상에 대한 이야기였다. 옥희 누나는 '어렸을 때는 모르고 따랐지만 지금 생각해보니 모순이 많은 것'이라고 한다. 다큐멘터리로만 전해 듣던 이북의 이야기를 이북에서 온 사람을 통해 직접 들으니 더 생생했다. 또 누나는 갑자기 일어나 노래를 불러야겠다며 우리에게 '준마처녀'란 노래를 불러주었다. 준마처녀는 근로 여성들을 위해 만들어진 일종의 노동요이다. 그때의 가사는 거의 기억이 나지 않지만 북한 특유의 음색과 리듬은 아직도 생생히 기억난다.

누나는 마지막으로 통일이 되면 하고 싶은 일에 대해 말했다. 통일이 되면 어머니가 계신 고향에 제일 먼저 가고 싶다고 했다. 현재로썬 북에 두고 온 부모님의 생사가 제일 걱정이라 했다. 그리고 진즉에 통일이 되었더라면 어머니와 하고 싶었던 일에 대해 이야기하고, 서울과 부산, 그리고 제주도를 함께 여행할 것이라 했다. 그리고 두 달 뒤에 결혼하게 되는 신랑에 대해서도 자랑하고 싶다고 했다.

제주도 여정을 마치고 얼마 지나지 않아 나는 군에 입대하였고 누나가

멋진 사업가와 결혼을 하였다는 것을 휴가 중에 팀원들에게서 들을 수 있었다. 팀원들은 누나 결혼식에 초대되어 아름다운 순간을 함께 했다고 한다.

그 후론 누나와 연락이 끊겨 누나의 소식을 접할 수 없었다. 그래도 잊을만하면 누나가 제주도에서 한 이야기들이 새록새록 떠오른다. 우리가 누리는 자연스러운 것들. 기차를 타고 고향을 가는 일, 비행기를 타고 해외에 가는 일. 같은 하늘 아래 같은 반도에 있지만 이 모든 것들을 누리지 못하는 사람들이 아직 있다.

어서 통일이 되어 많은 사람들의 근심과 걱정이 깨끗이 씻겨나갔으면 좋겠다.

⊙ 이 이야기는 실화를 바탕으로 한 지난날에 대한 회상이며, 본문에 나오는 새터민 학생의 이름은 가명입니다.

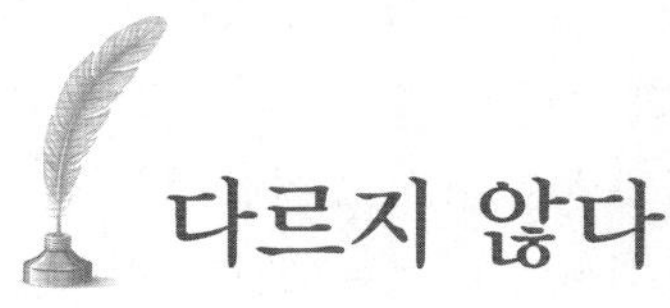

# 다르지 않다

사회복지학부 이혜민

초등학교 6학년 때였던 것 같다. 옆 반에 아주 왜소하고 피부가 검은 남자 아이가 전학을 왔다. 친구들은 그 아이가 북한에서 온 아이라고 했다. 그 이야기를 들으니 왠지 모를 위화감이 들었다. 그 때까지만 해도 북한 간첩 이야기가 아직 나돌았고, 그래서인지 북한에 대한 무서운 이미지가 있었다. 또한 북한 사람들은 대부분 우리나라 사람들보다 못산다는 인식이 있었던 것 같다. 이런 생각을 하며 그 아이를 보니 선입견이 있을 수밖에 없었다. 그 아이가 입은 옷은 촌스러워 보였고, 어딘지 모르게 가난해 보였다. 기억이 잘 나지는 않지만 아마 그 아이는 그 뒤로 학교에서 적응을 잘 하지 못했던 것 같다. 북한 사람을 생전 처음 봤기에 처음엔 아주 신기했지만, 이내 곧 나와는 다른 사람이라고 생각했다. 한 마디로, 친구가 되고 싶은 마음이 없었다. 어릴 때부터 나는 북한을 남한과 별개의 나라라고 생각한 것 같다.

시간이 흘러서는 탈북자, 아니 새터민을 만날 기회가 없었다. 초등학교 때는 '우리의 소원은 통일'을 부르기도 했는데, 어느새 '통일'이라는 주제를 두고 찬성과 반대로 나뉘어 토론을 하고 있다. 실제로 어릴 때는 내 주변에도 통일을 반대하는 친구들이 많았다. 부끄럽지만 나 역시 통일이 되지 않았으면 좋겠다고 생각했다. 왜냐하면 북한과 남한은 이미 체제나 경제 상황 등에서 이미 다른 나라가 되었다고 생각했기 때문이다. 북한은 남한에 비해 너무 못 살고, 시대에 역행하는 공산주의 체제를 유지하고 있다. 통일을 하게 되면 시대의 흐름에 맞게 당연히 자본주의를 따라야 하는데, 북한은 이를 거부하고 있다. 하지만 통일을 반대하는 큰 이유는 통일 후에 독일처럼 남한이 북한의 경제를 살리는데 큰 어려움을 겪을 것이라는 것 때문이었다. 이런 생각 이면에는 '내가 왜 북한을 힘들게 도와야 하지'라는 생각이 깊숙이 깔려 있던 것 같다. 남한과 북한을 별개의 나라로 보고 있던 것이다. 뿐만 아니라 북한에게는 남한과 통일을 하고 싶어 하는 의지도 딱히 보이지 않았다. 남한에서 식량을 북한으로 많이 보냈지만, 북한은 얌체처럼 받기만 하는 것으로 보였기 때문이다. 그래서 어릴 적 나는 '우리가 뭐가 아쉬워서 북한과 통일을 하지?' 라는 오만한 생각을 했다.

이런 생각도 잠시, 눈앞의 입시 준비로 바빠졌고 '통일'이라는 주제는 아예 내 머리 속에서 잊혀졌다. 그렇게 숨 가쁘게 달려 나는 숭실대학교 사회복지학과에 입학했다. 그런데 신기했던 점은 우리 학교 우리 학과에 새터민이 꽤 있다는 것이었다. 주로 여학우들이 많았는데, 말을 하지 않으면 전혀 눈치 채지 못할 정도로 우리와 다를 게 없었다. 초등학교 때 봤던 새터민 아이와는 전혀 달리 그냥 똑같은 한국 사람이었다. 처음에 새터민이라는 사실을 알았을 때는 너무 예쁘고 세련된 모습에 솔직히 적잖이 놀랐고, 그 뒤로도 굳이 친해지지는 않았지만 '남한 사람과 북한 사람이 정말 다를 게 없구나' 라는 걸 깨달았다. 이전에는 남한과 북한이 절대 한 곳에 섞이지 못할 거라고 생각했는데 말이다.

사회복지학과에 들어온 이상 실습은 필수이다. 우연한 기회로 나는 이번 여름방학에 '다문화 센터'에서 실습을 하게 되었다. 그리고 그 기관에서 새터민 선생님을 두 분 만나게 되었다. 두 분 모두 기관에서 사회복지사로 일을 하고 계셨는데, 3주 가량의 실습기간 동안 나는 북한에 대한 이야기를 바로 옆에서 아주 생생하게 들을 수 있었다. 북한의 정당 이야기, 대학 이야기, 김정일 이야기, 탈북 과정 이야기, 북한의 특이한 문화, 남한에서 받은 삐라, 몰래 보는 한국 드라마, 종교이야기 등등 아주 많았다. 정말 어디서에서도 들을 수 없었던 이야기라서 아주 흥미롭고 재미있었다. 나는 그 이야기들을 통해 북한의 실상을 구체적으로 머릿속에 그려볼 수 있었다.

그 중 가장 충격적이었던 것은 탈북 과정과 한국에서의 새터민의 삶이었다. 대부분의 새터민들이 다른 나라를 통해 죽을 위기를 몇 번이고 넘겨서 남한 땅에 도착한다고 한다. 생사를 넘나드는 탈북 과정을 직접 들으니, 현재 남한에 살고 있는 새터민들이 남한에 발을 딛기까지 얼마나 고통스러웠을지 생각할 수 있었다. 하지만 여기서 끝이 아니다. 새터민들이 남한에 오기만 하면 이제 고통 끝 행복 시작이라고 생각할 수 있지만 그들이 남한에서 적응하고 생활하는 것은 더욱 쉽지 않다. 실습 기관에 계신 선생님 한 분은 북한에서 살던 당시 공과 대학 교수였다. 나름대로 지식층이었지만 남한에 왔을 때 그 분이 할 수 있는 일은 하나도 없었다고 한다. 겨우 할 수 있는 일이란 가정 도우미나 공장 일 등이었다. 여기에서도 새터민이란 사실이 밝혀지면 쫓겨날까봐 중국 조선족이라고 거짓말을 하기도 하고, 실제로 새터민임이 들통 나 쫓겨난 적도 있다고 하셨다. 공장에 갔을 때는 북한 사람이라는 이유만으로 같이 일하는 아주머니들 사이에서 따돌림을 당하기도 하셨다. 나는 새터민에 대한 차별 문제가 우리나라에서 생각보다 심각하다는 것을 새삼 깨달았다. 새터민이 남한에 왔을 경우 그들이 어떻게 생활할지 단 한 번도 생각해보거나, 그들의 어려움을 공감하고 이해하려고 노력한 적이 없었다. 그런데 새터민을 직접 만나 어려움을 듣고 나니 이해할 수 있었다.

나는 여태껏 '새터민'이라는 이름 안에 그들을 부정적인 존재로 가둬놓았던 게 아닐까. 그들은 단지 '새터민'이 아니라 우리와 만날 때 사람 대 사람일 뿐이고 같은 민족인 것이다. 나는 결코 그들과 다를 게 없다. 그들도 우리와 소통할 수 있고, 우리와 한 데 섞일 수 있다. 새터민들을 만나고 알게 되면서 나의 편견도 많이 깨졌다. 편견이 깨지면서 그들을 이해할 수 있게 되었다.

이전에는 우리에게 끼칠 당장의 눈앞의 손해만을 생각해서 통일을 반대했지만, 새터민들을 만나면서 나의 생각은 달라졌다. 그들은 우리와 다르지 않다. 통일이 되었을 때 생길 이익과 손해를 따지는 것 자체가 굉장히 이기적인 일이라고 생각한다. 한 가족끼리 자신의 이익과 손해를 따져서 어떤 일을 결정하지 않듯이 말이다. 가족이기에 통일해야만 한다. 한 민족이기에 통일이 당연한 것이다. 만약 내가 살고 있는 이 시대에 남북이 통일된다면, 그 광경을 내가 직접 보고 느낄 수 있다면 너무 멋진 일이고 감격스러울 것이다. 꼭 내가 살아있는 동안에 통일이 이루어지기를 소망해 본다.

# 청국장

글로벌미디어학부 하주은

여름 방학 동안 지낸 이야기를 준비해오라는 담임 선생님의 숙제가 이제서야 생각이 났다. 무얼 했더라. 아무리 생각해도 게임 하고 만화책이나 읽었던 내 모습밖에 생각이 안 난다. 에이 그러면 4학년 4반 반장인 나에게 폼이 안 나는데. 저녁 먹으러 오라는 엄마의 목소리를 들으니 방학하던 그 주에 갔던 금강산이 생각이 난다. 맞아, 금강산 좋았지. 북한에 가본 애는 아무도 없을 거야.

"밥 먹으러 안 오니?" 엄마가 약간 신경질이 난 듯하다. 아 뭐야 이건 청국장 냄새잖아. 나 청국장 못 먹는 거 뻔히 알면서 엄마는. "지금 가요!" 스팸 구워달라고 해야겠다. "아들, 학교 갈 준비는 다했니?" 내 마음을 어떻게 아셨는지 이미 스팸을 썰고 계시네. "응. 실내화 널어 논거 주머니에 넣고, 내일 뭐 얘기 할건지도 생각해놨어요. 스팸에 계란 둘러줘요." 아 엄마한테 금강산에서 뭐 했었는지 물어봐야겠다. "얘기라니? 방학에 특별한 일 있었던 친구들 발표하는 거니?" 와, 엄마 분명히 내 마음에 보청기 달아 놨을게 분명해. "맞아요. 나는 우리 가족 금강산 갔던 거 얘기하려고." "그래? 자 여기 계란 두른 스팸. 케찹은 안필요하니?" 식탁에 청국장을 놓고 따로 내 앞에 스팸 접시를 놓으시며 말씀하셨다. "당연히! 물도 같이 주시면 땡큐! 엄마, 금강산에 뭐 있었죠?" 노릇노릇하게 잘 구어진 스팸을 한입에 넣고 말했다. "유웰컴 마이 썬. 금강산에? 음.. 사람들의 손이 닿지 않은 아름다운 자연들이랑 북한주민들의 마을도 보였었지. 아빠 아직 안 오셨는데 그새 입에 넣었니. 여보, 당신도 어서 와서 먹어요." 거실에서 8시 뉴스를 보고 계시는 아빠를 부르시며 말하셨다. "아빠 얼른 와요! 맞아맞아. 꼭 북한사람들 동물원 우리에 갇힌 동물 같았어! " 킥킥대며 웃으며 엄마 몰래 스팸을 하나 더 먹으며 말했다. "윤재야, 그게 무슨 소리야. 북한 사람들이 뭐 같았다고?" 아빠가 티비를 끄고 식탁에 앉으시며 말씀하셨다. 아차, 내가 말실수 한건가? "그게 아니라.. 가이드 아저씨가 주의사항 말하는게 꼭 동물원에 온 거 같았단 말이에요." 기어가는 목소리로 말했다. "그렇게 느꼈을 수도 있죠. 아이입장에서는. 어서 먹어요, 국 식을라. 윤재 너도 얼른 먹고 씻고 자렴. 내일 일찍 일어나야지." 엄마도 식탁에 앉고는 국 뚜껑을 여시며 말하셨다. "나도 청국장 별론데, 그치 아들."

"아들! 8시 40분이야. 지각이야! 얼른 일어나." 헐, 망했다. 학교 8시 50분까지 가서 칠판에 날짜 써놔야 하는데. "아 왜 이제 깨워요!" 부랴부랴 일어나 옷을 갈아입고 화장실로 달려갔다. 어라, 왜 시계가 저렇지? 왜 9시가 아니라 8시에 가까워 보이지? "엄마! 아 8시잖아요. 아 더 잘 수 있는데 아." 또 속았다. 다시는 속지 않을거라 그리 다짐했었는데. "일찍 일어나고 좋지. 얼른 씻고 밥 먹으렴. 양말 소파 위에 올려놨어." 신발장 앞에서 옷을 정리하시며 말씀하셨다. "네. 아빠는요?" 화장실에 들어가 세수를 하며 말했다. "회의 준비하신다고 일찍 나가셨어. 여기 토스트 먹고 가. 엄마도 오늘부터 새 학기라 일찍 가야 해. 저녁에 보자." 대문 종소리와 함께 엄마는 그렇게 날 골탕먹이시고 떠나셨다. 20분은 더 잘 수 있었는데 말이다. 이렇게 된 이상 나도 학교 일찍 가서 친구들이랑 원피스 얘기나 해야지. 이번 화 장난 없었어.

"여름 방학 다들 잘 보냈어요? 얼굴이 다 시컴둥이가 되어서 돌아왔네. 2학기 급식 신청서 가지고 왔지? 반장 걷어오렴. 그리고 반장이 걷는 동안 방학에 뭐하고 지냈는지 발표해볼까. 오늘이 8월 22일이니까 22번? 그래 민지, 뒤에 하나 둘 셋 넷.. 여덟번째 자리가.. 반장이네. 윤재야 앞에 나와서 먼저 발표하고 걷자." 그냥 처음부터 나 시킨다고 하시지. 이리저리 이게 뭐야. "지금 바로요? 네.."

"저는 가족들이랑 다같이 북한에 있는 금강산에 다녀왔어요. 사실 금강산이 북한에 있는지 몰랐거든요. 근데 북한이라고 하는거에요! 그래서 엄청 무서웠어요. 막 북한 군인들이 총 들고 서있고 우리 다 검사하고 그럴 것만 같았거든요. 근데 막상 가보니까 물이 엄청 맑은거에요! 그리고 북한 사람들 진짜 나보다 작아. 그래서 엄마한테 진짜 작다고 그랬는데 같이 온 아저씨가 손가락으로 가리키지 말라고 혼냈어요. 나 소시지 가져와서 줄라고도 했는데 주지 말라는 거에요. 버릇 나빠진다고. 무슨 동물원에 온 것 같았어요. 그리고 동네도 엄청 가난해보여서, 북한에서 안 태어난 게 천만다행이라고 생각했어요." 내가 말을 잘 잘 한 건가? 선생님 표정이 그리 좋지 않은데? "윤재는 금강산에 다녀왔구나. 얘들아, 너희는 북한에 대해서 어떻게 생각하니?" 어라, 저게 끝인가? 뭐 잘못 말했나? 북한은 그냥 우리보다 훨씬 못사는 나라 아닌가? "무서워요!" "우리가 쌀 보내주고 소 보내주는 나라요!" 와하하. 반이 떠들썩해졌다. "우리나라랑 다르게 지하자원이 풍부해서 통일을 하게 되면 우리나라가 더 잘 살게 될 거래요. 근데 그걸 누가 알아요. 더 잘살게 될지 도와주다가 우리도 망할지." 우와 지원이는 그런 것까지 알아? 중학교 수학공부도 한다는 말이 거짓말이 아니었구나. "다들 그렇게 생각하니? 사실 통일은 선생님 세대보다는 너희 세대가 겪게 될 텐데. 같은 민족이라는 생각은 해봤니?" 에이 또 재미없는 통일교육 하는 것 아니야? "야 한윤재, 끝나고 피씨방 가자." 뒤에 민수가 콕콕 찌르면서 말했다. 알겠다는 표시로 밑에서 하이파이브 했다. "6월에 통일의 날 수업했던 것처럼 전 세계에 분단 국가인 나라는 우리나라밖에 없단다. 이산가족들의 아픔과, 같은 민족인 나라가 이렇게 서로를 견제하고 있는 현실을 생각해 보렴. 통일은 언젠가는 하게 될 거야. 다들 그렇게 생각하지?" 지겨워. 우리의 소망은 통일. 사실 난 통일이 되든 안되든 상관없는데, 근데 누군가 말했었다. 통일하면 그 독일보다 더 어려워질지도 모른다고. 독일도 통일한 건가? "그럼 다음은 윤재 짝꿍이 얘기해보자."

"다녀왔습니다." 민수랑 게임 한판만 한다는 게 이렇게 늦었네. "왜 이렇게 늦었어? 씻고 와서 수저 좀 놓으렴." 아침에 먹은 청국장을 다시 끓이시는 엄마가 말했다. 아, 또 청국장이다. "나 왔어요. 오늘 북한이랑 축구경기 하는데, 아들, 우리 치킨 시켜먹을까?" 역시 아빠 밖에 없다. "반반! 축구경기요? 몇시에 해요?" 거실에 가서 티비를 켜고는 말했다. "나도 밥하기 싫었는데 잘됐네. 민재 네가 시키렴." 가스 불을 끄고 앞치마를 푸시며 말하셨다.

"아들, 누가 이길 거 같아?" 아빠가 치킨 배달을 받고 소파에 오시며 말하셨다. "당연히 우리나라가 이겨야죠! 북한한테 지는 건 말도 안 되잖아요." 바닥에 신문지를 깔며 대답했다. "왜 말이 안돼? 북한도 만만치 않은 상대야. 여보 포크랑 컵 좀 가지고 와줘요. 땡큐." 치킨 봉지를 뜯으시고 닭다리 하나를 집어 나에게 주시며 말하셨다. "우리나라가 북한보다 훨씬 잘사는데 지면 자존심 상해요." 양념소스에 찍어 먹으며 대답했다. "윤재야 윤재 너는 통일에 대해 어떻게 생각해?" 가져오신 컵에 콜라를 부으며 엄마가 말하셨다. "별로 생각 안 해봤어요. 글쓰기 대회 할 때 그냥 대충 쓰지. 해야 한다고 하니까 해야 하나보다 하죠. 뭐." 엄마까지 선생님처럼 왜 이러시지? "보면 요즘 애들은 통일에 대해 별로 생각 없는 것 같아. 우리 어른들도 통일되면 힘든 경제가 더 힘들어 질 것을 아니까 말로는 해야지 하면서도 부정적이잖아." 부어놓은 콜라를 집어 마시며 아빠가 말했다. "그렇긴 하지. 그래도 같은 민족인데… 축구나 봐요." 엄마가 마무리 지으며 말하셨다. "근데 진짜 우리랑 똑같이 생기긴 했다." 북한 선수 골키퍼를 보며 말했다. 통일이 되면 뭐가 좋기에 자꾸 통일, 통일 그럴까? 그래 나도 축구나 봐야지.

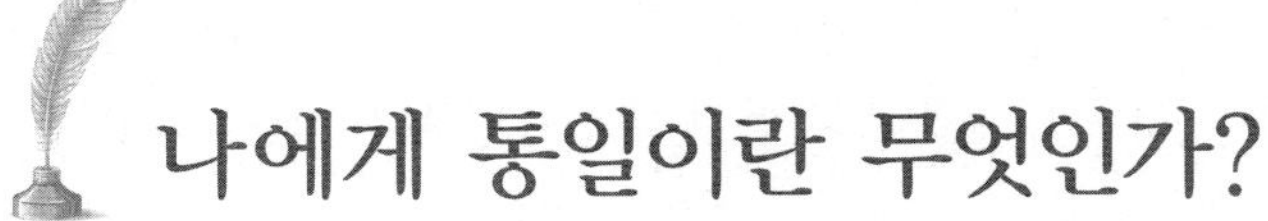

# 나에게 통일이란 무엇인가?

의생명시스템학부 김태현

최근 박근혜 대통령의 "통일은 대박이다."라는 발언을 계기로 통일에 대한 관심이 많이 생겼다. 사회가 통일로 떠들썩하게 되어서 그런 것인지는 모르겠지만, 내가 듣는 강의의 과제로 통일에 관한 글쓰기도 이처럼 받게 되었다. 게다가 우리학교 교육목표를 보면 통일지향적 민족교육을 실시한다고 명시되어있는 것을 볼 수 있다. 사회 분위기도 그렇고, 학교에서도 쉽게 접할 수 있는 이 통일이라는 주제가 나와는 얼마나 연관이 있고 또 얼마나 생각해 보았는지 이번 기회에 다시 되돌아보게 되었다.

내가 기억하고 있는 통일과 관련된 가장 오래된 기억은 초등학교 때 통일관련 그림 그리기 시간이었다. 아마도 그 당시 김대중 대통령이 당선되어서 북한에 햇볕정책을 한창 펼치고 있었을 때였던 것 같다. 정확한 주제가 무엇이었는지는 너무 오래되어 기억이 잘 나지 않지만, 통일 혹은 북한과 관련된 주제의 그림을 그리는 것이었다. 선생님께서는 집에서 무엇을 그릴지 생각해보고 밑그림도 그려오면 더 좋다고 하셨다. 나는 지금도 그렇지만 그림에 무척이나 소질이 없었다. 때문에 어머니께 이러한 주제로 그림을 그려야하는데 밑그림을 그려달라고 부탁했고, 어머니는 흔쾌히 도와주셨다. 금강산에서 사람들이 소풍을 즐기고 있는 모습을 그려주셨는데 금강산이라는 이름도 처음 들어보는 산이었고, 사람들이 즐겁게 뛰어 놀고 있는 것에 대한 의미도 전혀 알지 못했지만, 어머니께 질문하나 하지 않고 그 도화지를 갖고 학교로 갔다. 밑그림을 그려왔기 때문에 색칠만 하면 됐다. 하지만 미술시간이 시작된 지 채 얼마 안 되서 난 내 그림에서 다른 아이들의 그림과는 다른 이질감을 쉽게 발견할 수 있었다. 밑그림을 그려오지 않은 아이들이 대부분이었기 때문에, 그 아이들은 이제 그림을 막 그리기 시작했다. 그들의 도화지에는 탱크가 등장하고, 미사일이 날아다니고, 총알이 오고갔다. 그랬다, 내가 생각하고 있던 것도 저런 것이었다. 북한, 통일 하면 생각나는 이미지는 전쟁이었다. 그렇기 때문에 어머니가 그려주신 금강산과 뛰어노는 사람들은 낯설었고 이해할 수 없던 것이었다. 난 이내 어머니가 정성스레 그려주신 밑그림을 전부 다 지워버렸다. 그리고 그 자리에 반으로 갈라져서 서로를 무섭게 노려보며 서로에게 총을 쏘고 칼을 휘두르는 그림이 생겼다. 한쪽에는 배경이 파랗게 칠해졌고, 다른 쪽에는 배경이 빨갛게 칠해졌다. 굉장히 오래 전, 초등학교 저학년 미술시간에 있었던 일이다. 하지만 아직도 이렇게 세세한 부분까지 생생히 기억하고 있는 것을 보면 내겐 굉장히 충격적인 사건으로 자리잡은 것임에 틀림없다. 아이들은 어른들의 거울이라고 한다. 그 당시, 학교에서 가정에서 보고 들은 북한에 관한 어른들의 의견과 설명이 확연하게 반영된 결과라고 생각한다. 그 이후로 좌파정권이 10년 동안 들어섰다. 수많은 현물들과 금액이 북한에 지원됐고, 개성공단에 우리나라 기업들이 들어갔으며, 금강산에 남한사람들이 관광을 갔다. 김대중 대통령은 노벨평화상까지 받았다. 그 영향으로 초등학교 고학년, 중학생 시절의 나는 10년 정도만 지나면 손쉽게 통일될 것이라고 생각했던 것 같다.

고등학교에 진학한 뒤에 나는 학교에서 근현대사를 심도 있게 배울 수 있었고, 분단될 당시 이념의 차이와 현재 한반도를 둘러싼 남한과 북한을 제외한 제3국가들의 이권이 너무나도 복잡하게 얽혀있다는 사실도 깨달았다. 우리만 좋다고 할 수 있는 것이 아니라는 것도, 다른 국가들의 적극적인 협조 없이는 불가능한 일이라는 것도 깨달았다. 이 시기에는 내가 생각했던 것 보다는 시간이 좀 더 걸릴 수도 있겠다고 생각했다. 그리고 시간이 좀 흐른 뒤 우리나라 군함이 침몰 당했고, 연평도가 포격 당했으며, 북한의 국방위원장은 선전포고와 다를 것 없는 말들을 내뱉었다. 통일이 아니라 전쟁이 일어날 것만 같았다. 번개라도 자주 치는 날이면 포를 쏘아대는 것 같았다. 지금도 크고 작은 북측의 무력도발이 일어나고 있다. 그때마다 사람들의 입에서는 "전쟁 나는 거 아냐?"라는 말이 자주 흘러나오고 있다.

대학교에 들어온 지금은 통일을 주제로 토론도 해보고, 이렇게 글도 쓰고 있다. 학교에서 토론을 하거나 인터넷 게시판 상에서 다양한 의견들이 작성된 글을 읽으면서 통일하는 것을 반대하고 싫어하는 사람들도 많이 있다는 것을 알았고 많이 놀랐다. 만약 통일이 되면 엄청나게 빈곤한 북한을 돕기 위해 천문학적인 금액이 필요하다는 이유도 있었고, 오랜 시간 서로 분리되어 있었기 때문에 문화차이가 심할 것이라는 이유도 있었다. 이미 북한사람들은 모두 세뇌 당했기 때문에 절대 신뢰할 수 없다는 사람도 있었으며, 심지어는 모두 다 쫓아내 버리거나 죽여 버려야 한다는 사람도 있었다. 나는 통일이라는 것을 국가적인 거대한 개념으로만 생각했었지 실질적으로 개개인에게 영향을 끼치는 것이라고는 생각하지 않았었다. 통일을 하게 되면 어느 나라는 정치적·경제적인 이득을 얻으며 어느 나라는 경제적으로 큰 타격을 입을 수도 있을 것이라고 생각했었다. 그 국가 안에 있는 실질적인 사람들에 대한 생각은 거의 해본 적이 없던 것이다. 통일을 하면 세금을 얼마나 더 많이 내야하는 것인지, 북한쪽 영토의 치안에는 문제가 없을 것인지 남북한 사람들 간의 문화차이나 차별과 같은 문제들이 생기지 않을지 이런 것들에 대한 문제는 전혀 생각지 못했다.

어릴 때는 통일이라는 단어에 대해 명확한 개념도 없었다. 내가 크면 다 알게 될 줄 알았지만 오히려 그 때보다도 더 불분명한 것 같다. 내 성격이나 이념이 극단적인 것은 아니다. 최대한 많은 사람들이 만족하고 서로 합의할 수 있는 방법을 찾아보는 것이 난 좋다. 그렇기 때문에 이 사람 이야기를 들으면 이것이 맞는 것 같고, 저 사람 이야기를 들으면 저것도 맞는 것 같다. 하지만 통일에 관해서는 세부적인 이견차를 제외하고 큰 그림을 볼 때 우리나라 국민의 대다수가 같은 생각과 바램을 가졌으면 좋겠다. 보통 중요한 일을 할 때는 최대한 이성적으로 생각하는 것이 옳지만, 통일에 관해서는 감정적으로 생각했으면 한다. 너무나도 오랜 기간 동안 한민족이 분단되어 있었다. 가족들이 강제로 찢어져서 서로의 생사도 확인하기 힘들게 되었고 고향 땅을 밟을 수도 볼 수도 없는 상황이 되어버렸다. 한국전쟁 당시 찢어진 이산가족들은 이제 대부분이 사망했다. 그나마 그분들이 그토록 그리던 모습을 기억하는 우리 세대에 통일을 이루지 못한다면, 북한은 같은 동포가 아닌 단지 휴전 중인 적국으로 밖에 인식이 남지 않을 수도 있다. 나는 아직 통일에 대해 한참 모른다. 얼마나 많은 장애물이 있는지 감도 잡히지 않는다. 하지만 그래도 나는 통일을 염원한다. 우리도 북한에 있는 동포들도 한 마음으로 통일되길 바란다면 결국에는 이루어질 것이라고 믿는다. 초등학생 때 어머니께서 그려주신 것처럼 내 생에 꼭 금강산에서 가족들과 친구과 함께 소풍을 가보고 싶다.

# 일기로 써보는 친구와 나눈 통일 담론

사회복지학부 강성구

오늘 친한 친구를 만나서 가볍게 술을 한 잔 했다. 이 친구는 평소에 시시껄렁한 이야기보다 진지하고 제법 무게가 있는 이야기를 하는 것을 좋아한다. 그래서 난 이 친구를 만날 때마다 서로 속 깊은 이야기를 나누거나 교육, 정치 등 거대담론에 대해 이런저런 이야기를 나누곤 한다. 거대담론을 이야기 하다보면 광범위한 주제에 대해 서로의 생각을 죽 늘어놓게 된다. 이 과정에서 내가 미처 생각하지 못한 새로운 점을 발견할 수 있어서 좋다. 내 생각의 빈틈을 발견하는 것은 참 신선하고 즐거운 일이다. 이 친구를 만나러 가는 길에 과제가 떠올라 오늘은 이 친구와 통일에 대해 이야기를 해볼 생각을 하며 약속장소로 갔다. 서로의 일상얘기를 하고 난 뒤 내가 먼저 화제를 던졌다.

"과제로 통일에 대한 글을 써야하는데, 넌 통일에 대해 어떻게 생각해?"

친구의 입에서 나온 대답은 내가 생각했던 것보다 충격적이었다.

"통일? 미친 짓이지."

나는 무척 놀라면서도 한편으론 '오늘 하루 종일 이야기할 수 있겠다' 라는 생각이 들어 기쁘기도 했다. 난 왜 통일이 미친 짓이라 생각하는지 이유를 물었다. 친구의 대답은 이렇다.

"통일이 되면 우리나라 경제 상황이 극도로 나빠질 거야. 너도 우리나라 재정이 이미 오래전에 파탄 난 건 알고 있지? 우리나라 사람들의 늘어나는 복지 욕구를 맞춰주기 위해 정부가 이런저런 정책을 쏟아냈지만 결국 돈이 없어서 실천하지 못하고 있잖아. 이런 상황에 통일이 되면 북한경제 원조비로 또 수천억이 나가겠지. 어쩔 수 없이 나가야하니까. 통일이 되면 북한국민들을 끌어안기 위해 그들을 지원하는 것이 최우선순위가 되지 않겠어? 그런데 그걸 남한 사람들이 옳다구나 하고 정부가 그 짓 하는 걸 보고 있겠어? 당장 나도 먹고살기 힘든데? 남한에서도 반대의 목소리가 나올 거고 이게 커지면 폭동으로까지 이어질 수 있어. 결국 통일은 남한에서 지지를 못 받고, 북한의 기대도 충족하지 못하기 때문에 결국 어느 쪽에서도 환영받지 못하겠지. 통일이 되려면 온 국민이 통일에 대한 공감대를 형성하고 나에게 경제적인 피해가 오더라도 감수하겠다는 각오가 되어있어야 하는데 이건 현실에서 이뤄질 수 없어. 전혀 합리적이지 않거든. 통일은 이상적인 것이지 현실적인 것이 아니야."

친구의 말도 일리가 있었다. 국민 대다수가 경제적 문제가 가장 큰 문제라고 생각하는 것이 현실이니까. 이번엔 나의 생각을 친구에게 말했다.

"물론 너의 말도 맞아. 하지만 너무 단기적으로만 생각하는 거 아니야? 나도 예전에는 너처럼 생각했었어. 통일이 되던 안 되던 나의 생활에는 큰 변화가 없을 텐데 내가 왜 경제적 부담까지 끌어안으면서 통일을 외쳐야하지? 난 전혀 바라지 않는데. 난 지금도 좋아. 이렇게 말이야. 그런데 역사를 공부해보니까 생각이 달라지더라. 우리나라는 단군조선부터 오랜 역사를 가지고 있잖아. 이처럼 오래된 역사를 간직한 나라는 세계적으로 많지 않아. 역사는 우리의 자산이고 정체성이고 무엇보다 큰 가치가 될 수 있어. 이렇게 생각하는 사람이 많지 않다는 것이 문제지. 오랜 시간 동안 함께 살던 한 민족이 분단 된지 이제 반세기가 조금 넘었어. 긴 역사적 안목에서 보면 이건 정말 잠깐의 분단인거야. 그것도 강력한 외세에 의해서. 결코 우리민족의 뜻으로 분단된 것이 아니지. 그렇기 때문에 국민적 합의를 통해서 통일을 이룰 필요가 있어. 통일은 빠르면 빠를수록 좋아. 사람들이 통일을 거부하는 이유는 나의 살림살이가 힘들어질 것을 염려하기 때문이지 통일 자체를 거부하는 건 아니잖아? 경제적 문제는 부차적인 것이라 생각을 해. 잠깐 동안은 상황이 악화되겠지. 그렇다고 나라 전체가 망할 정도는 아니잖아? 길게 보면 통일이 된 이후에 성장가능성이 더 커질 수도 있어. 독일의 사례에서도 볼 수 있잖아. 결국 경제적인 문제는 하나의 걸림돌이 될 뿐이지. 이걸 두려워해서 훨씬 더 큰 과업인 통일을 거부해서는 안 될 거라 생각해. 남한의 인프라가 있기 때문에 통일이 되도 망하진 않아. 그리고 언제까지 이 좁아터진 땅덩어리에서 살거야. 북한 가서 개발하고 살아야지. 중국이랑 러시아도 걸어서 놀러 가보고."

친구와 이야기를 하면서 여러 말들이 오고 갔다. 다 쓰기엔 양이 너무 많아서 정리하자면 친구는 경제적 측면에서 통일을 바라보았고 나는 역사적 측면과 국가의 먼 미래를 중점으로 통일을 생각했다. 결국 통일을 어떤 관점에서 보느냐에 따라 가치의 순위가 달라지고 그에 따라 의견이 나뉘는 것 같았다. 이야기를 한참 더 나눈 끝에 통일에 대한 담론은 끝이 났다. 서로의 가치관이 다르기 때문에 의견 차이는 여전히 존재했지만 자신이 생각해보지 못한 부분에 대해서 이야기를 들을 수 있어서 매우 좋았다. 마무리를 지을 때쯤 나는 친구에게 역사를 공부해 볼 것을 권유했고 친구는 나의 제안을 받아들여 역사공부를 시작하며 통일을 역사적 측면에서 새롭게 생각해보겠다고 했다. 나 역시 남한과 북한의 경제상황에 대해서 좀 더 조사를 해서 현실적으로 통일을 위해 부담되는 비용을 자세히 알아보고 통일에 대한 국민 여론 자료를 살펴보기로 했다. 우리 둘 다 간과하는 부분이 있었을 것이고 미처 생각하지 못한 부분이 서로에게 있었을 것이다. 오늘 대화를 나누면서도 많은 부분을 느꼈고 기존의 생각을 바꿔 다른 면에서 깊게 생각을 해볼 수 있는 시간을 갖게 되었다. 친구와 공감과 소통을 할 수 있어서 술자리는 굉장히 즐거웠다. 하지만 난 여전히 통일이 하루라도 빨리 이루어져야 한다고 생각한다. 이 생각은 쉽게 바뀔 것 같지 않지만 타당성을 높이기 위해서라도 더욱 다양한 자료를 찾아보고 다양한 사람들의 의견을 들어봐야 할 것 같다. 사람들이 통일에 대해 관심을 갖고 통일에 대한 공감대가 국민적 차원에서 높아졌으면 좋겠다. 더 이상 통일에 대한 찬반을 논하는 것이 아니라 통일이 되고 난 뒤 대책 마련을 머리를 모아 함께 고민하게 되었으면 좋겠다.

# 미래를 준비하는 우리의 자세

화학공학과 진솔

“우리의 소원은 통일 꿈에도 소원은 통일 이 정성 다해서 통일 통일을 이루자”. 어릴 적부터 익히 들어온 ‘우리의 소원’ 이라는 노래이다.

2014년을 살아가고 있는 20대는 나와 별반 다르지 않을 것이다. 통일에 대해 생각하고 느끼고 교육받아온 것들이 비슷할 것이고 자신이 주장하는 가치관이 다를 뿐 동일한 의견이 많을 것이므로 나는 그냥 내 이야기를 하려고 한다. 아마 20대의 표본이라고 생각해도 좋을 것이다

유치원과 초등학교 시절 나는 학교를 아무런 문제없이 잘 다녔고 시험 성적이 우수했으며, 학교 수업내용을 곧 잘 따라가던 아이였다. 학교에서 도덕시간에 선생님께서 통일의 중요성에 대해서 이야기하셨다. 나는 그것이 정말 옳은 것이라고 생각했고 그렇게 배워왔다. 음악시간에도 ‘우리의 소원은 통일’이라는 노래를 외우며 불렀고, 소고를 연주하며 부르기도 했다. 10여년이 지난 지금도 노래가 기억날 만큼 많이 불렀다.

선생님께서 바른생활이나 슬기로운 생활시간에 오시면 항상 통일에 대해서 강조하셨다. 우리는 한민족이고 분단의 아픔을 치유해야하며 이산가족의 눈물과 고통을 알아야하며 통일 후 경제발전과 그 가치를 생각해야하며……. 통일의 이점을 정말 많이 배웠다. 그 시절 착한 아이가 되기 위한 몸부림은 일방적인 가르침과 교육에 바로 반응하는 것이었다. 누군가가 ‘통일이 꼭 돼야 하는 건가요?’ 라고 질문을 하면 나쁜 아이, 공부 안 하는 아이, 공부 못하는 아이라는 시선으로 바라보았다. 학교의 의견과 교육과정의 내용이 다르면 배척 되었다. 통일을 해야 한다 하지 말아야 한다는 주장은 무의미했고 통일의 옳고 그름도 아닌 그저 ‘통일이 정답이다.’

라는 것을 당연시 알고 있던 때였다.

중·고등학교 시절은 사춘기를 겪고 교복을 입으며 자신의 가치관이 형성되어가는 과정이었다. 무분별하게 들어오는 정보를 잘 걸러내기도 하며 정보를 거부하기도 했고 누군가는 정보를 맹신하고 그것이 하나의 표상이 되어 따라 하기도 했다. 나의 중·고등학교 시절 통일이라는 것은 책에나 나오는 지루한 이야기였고 누군가가 '통일이 되면 세금이 증가하므로 나는 통일이 안 되었으면 한다.' 라는 식의 출처가 불분명한 정보가 많았다. 통일을 반대하는 목소리를 내는 것이 멋있어 보였고 유식해보였고 따라하고 싶었다. 그렇게 통일에 대한 의견이 엇갈리기 시작했고 자신의 의견인지 누군가의 의견인지는 모르지만 획일화되지 않은 통일에 관심을 가졌다.

2010년, 20살이 된 후 대부분의 인격이 완성되었고 다양한 정보로 미래를 구성, 예측 그리고 대비해나갈 나이가 되었다. 언제부턴가 통일을 논하는 사람들은 적어졌고 눈앞에 있는 입시와 전공 시험만이 급급할 뿐이었다. 입시와 전공시험이 끝나도 우리에게는 여행이 중요했으며 텔레비젼에 나오는 예능 프로그램을 찾아 다녔다. 졸업하는 사람들은 취업만을 걱정하고 취업한 사람들은 일하는 순간만을 걱정했다. 더 이상 통일이 맞네 틀리네로 싸우지도 않고 목소리를 내지도 않는다.

분단 된지 60여년이 지난 지금, 광복의 기쁨을 누리던 사람도 사라져가고 분단의 아픔을 느꼈던 사람도 사라지고 있다. 이산가족의 애틋함과 슬픔을 겪은 사람을 찾기 어려울 만큼 많은 시간이 지났다. 그렇게 나에게도, 20대들에게도 통일은 멀어져갔다.

통일이 정답이라고는 말하지 못하겠다. 그렇다고 아니라고도 말하지 못하겠다. 그러나 지금의 상황에서 중요한 것은 그저 통일을 말하는 것이다.

20대들에게 그리고 나에게 묻고 싶다.

"우리들의 미래의 통일은 안녕한가?"

# 통일, 분단 그리고 나의 적용

사학과 조희진

통일이라는 주제로 토론을 하게 된 날 집에 가서 엄마와 함께 통일에 대해 이야기를 나누었다. 식탁 머리에서 그냥 지나가는 식으로 얘기가 나온 것인데 나의 예상과는 반대로 엄마는 통일에 대해 반대하는 편이셨다. 그 이유는 현재 남한과 북한의 경제적 차이가 너무나도 크고 통일의 좋은 예로 동독과 서독이 있긴 하나 처음에는 극복해 나가는 과정에서 경제적인 부분이 많이 힘들었기 때문이라고 하셨다. 그리고 통일 당시 동독과 서독의 경제차보다 현재 남한과 북한의 경제적 차이가 더 크기 때문에 북한 사람들이 갑자기 남한으로 몰리게 되는 현상이 생기면 많은 것들이 정체되고 이를 회복하기에 오랜 시간이 필요할 것이라고도 하셨다.

사실 나는 찬성, 반대 딱 둘로 나뉜 입장이 아니라 중간적인 입장이라서 엄마의 말에도 수긍이 갔고 토론시간에 얘기를 나눴던 각 패널들의 주장도 이해가 갔다. 그렇게 생각해보던 중 통일을 내 입장에 적용해 보면 어떨까? 어떻게 생각해 봐야 내가 좀 더 통일과 분단에 대해 깊게 와닿을 수 있을까? 라는 생각이 들어 최근의 내 환경 또는 상황 내의 통일 및 분단에 대해 따져보았다. 최근에 변동이 생긴 교회 생활이 떠올랐다. 우리 교회에서는 청년들을 어느 정도의 규모로 묶어 셀 단위로 운영하고 있다. 한 셀은 거의 변동 없이 1~2년 이상 운영되는데 두 달 전 일이 생겨 우리 셀이 없어지게 되었고 셀 구성원들은 각각 다른 셀들로 나뉘어 흩어지게 되었다. 이 사건이 나에겐 통일과 분단으로 생각이 이어졌다. 셀의 변동 및 해체가 구성원들의 의지에 의해 일어난 일이 아니었고 해체될 당시 사람들 간에 오해가 있었으며 이런 오해가 해소되지 않은 상태에서 서로 다른 곳으로 떨어지게 된 모습이 남한과 북한의 모습 같다고 생각되었다.

처음 셀이 흩어지게 된 당시에는 너무 당황스럽고 무기력 했었다. 비록 오해와 함께 좋지 않은 결과를 초래했지만 서로 떨어진다는 사실과 우리가 함께했던 공동체가 사라진다는 것이 너무나도 마음 아팠다. 그리고 새로운 셀에서의 적응은 더욱 힘들었다. 새로운 사람들은 잘 대해 주었지만 그 전의 사람들이 계속 눈에 밟혔고 셀이 해체된 원인에 나도 어느 정도 책임이 있다는 죄책감에 사로잡혀 있었다. 그래서인지 더욱더 옛 셀 사람들에게 연락을 하지 못했다. 그 외의 상황을 자세히 서술 할 수는 없지만 한동안 정말 어둡고 끝이 보이지 않았었다. 하지만 두 달이 지난 지금 현재에 적응하며 내 상황을 이렇게 적용해 볼 만큼 좋아졌다. 상태가 좋아지다 보니 옛 사람들이 그리웠고 연락을 하기 시작했다. 그러자 하나의 결론이 나왔다. 전 셀의 모든 사람들이 겉으로는 밝은 모습이었지만 모두 힘들어했다는 것이다. 힘든 마음을 극복하고 먼저 손을 내미는 사람도 있지만 지금도 심리적으로 극복하지 못한 사람들이 있으며 먼저 손을 내미는 것이 두려운 사람들도 있다. 하지만 이 모든 사람들이 가진 공통점은 누군가가 먼저 손을 내민다면 다시 그 손을 맞잡을 준비가 되었다는 것이다.

최근 들어 남한과 북한의 관계는 점점 더 악화되는 양상을 보인다. 이런 모습을 보면 우리는 더 이상 서로를 한 가족, 한 민족이라고 생각하지 않는 것 같다. 실제로 한국전쟁이 일어난 지 60년 이상이 흘렀다. 그래서인지 통일에 대한 열망도 사그라지고 서로를 이해하는 것도 어려워지는 것 같다. 하지만 내 생각에는 더 이상 미뤄서는 안 된다는 느낌이 든다. 사실 지금도 많이 늦었다고 생각한다. 우리가 한 민족에서 나뉘게 되었을 때 누군가라도 먼저 손을 내밀었다면 지금의 상황까지 오지는 않았을 텐데. 하지만 우리는 그렇게 하지 못했고 그 골이 점점 더 깊어졌으며 현재의 모습까지 오게 되었다. 우리는 북한과 소통하는 과정에서 한 가족의 느낌이 아닌 어느 한 외국과 외교를 하듯이 하고 있다. 서로가 온전히 정책적으로만 다가간다. 그 안에 담긴 애환과 그리움들은 다 내려놓은 채 말이다.

감정만을 내세우는 것이 좋은 것도 아니며 이성, 정책만을 내세우는 것도 좋은 것이 아니다. 그 둘을 적절하게 적용해 통일의 문제에 다가서는 방식이 필요한 것 같다. 한국전쟁으로 북한이 힘들었어!, 남한이 힘들었어! 니 탓이다! 내 탓이다!라는 문제가 아니다. 서로 모두 힘들었고 각자의 입장에서 극복방법을 찾은 모습이 현재의 남한과 북한이다. 북한도 남한도 모두 통일에 임하는 태도와 자세가 바뀌어야 하겠고 많은 노력이 필요하겠지만 이 모습을 어느 정도 인정하며 다시 손을 잡아야 한다. 늦었지만 지금이라도 말이다.

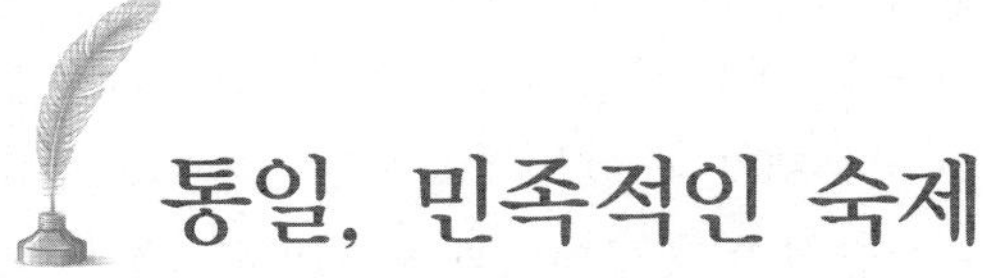

# 통일, 민족적인 숙제

평생교육학과 방나영

TV를 잘 시청하지 않는 우리 아빠가 꼭 챙겨 보시는 프로그램이 있다. 바로 채널A의 간판 프로그램인 '이제 만나러 갑니다'이다. 이 프로그램은 탈북 여성들이 출연해 북한 사회의 실상과 남한 사회와 북한 사회와의 차이점을 토크쇼 형식으로 풀어내는 프로그램이다. 아빠는 우리가 볼 수도, 알 수도 없지만 통일을 위해서는 꼭 알아야 할 북한에 대해서 조금이라도 이해하고 소통할 수 있기에 '이제 만나러 갑니다'라는 프로그램을 꼭 시청한다고 했다. 또한 이번에 내가 수강하는 '다문화교육론'이라는 수업에서는 다문화 사회의 구성원 중 탈북자를 우리 사회가 꼭 품어야 할 구성원으로 보기도 했다. 그리고 크게는 우리 학교의 슬로건이 '통일시대의 창의적 지도자' 이기도 하고, 더 크게는 대한민국의 현 대통령인 박근혜 대통령도 '통일은 대박'이라는 말을 할 정도로 '통일' 은 우리 사회에 멀지 않은 존재로 다가와 우리 사회에 조심스럽지만 무겁지 않은 주제로 스며들고 있다.

하지만 한국 사회 여기저기에서는 여전히 통일에 대한 반대 혹은 불만의 목소리들이 끊임없이 나오고 있다. 그들은 통일은 장기적으로 봤을 때는 너무나도 큰 이득이지만, 단기적으로 봤을 때는 우리가 감수해야 할 부분이 너무 많다고 말한다. 현 경제 상황도 좋지 않은데, 이 상태에서 통일을 한다면 우리가 북한 주민들을 위해 세금을 더 내야 하고, 문화나 언어 등 차이가 큰 부분을 극복하기에는 사회 자체가 혼란스러워질 것이기 때문이다.

우리나라가 통일을 이뤄내기 힘든 이유는 이렇게 많지만 나는 그 중에 큰 부분을 차지하는 이유는 '정치인들의 태도' 때문이라고 생각한다. 우리나라는 정권이 바뀔 때마다 그에 따라 통일에 대한 입장도 바뀌어 왔다. 김대중 정부는 경색된 지난 50년간의 대북관계를 변화시키는 '햇볕정책'을 시행했다. 이에 따라 6.15 남북공동성명과 첫 남북정상회담이 이루어지기도 하는 성과를 거두었다. 노무현 정부 또한 김대중 정부의 평화정책을 발전적으로 계승하여 대북사업을 지원, 확대했다. 하지만 이명박 정부 때부터 이러한 대북 지원 정책을 삼가는 '대북 강경책'이 주를 이루었다. 따라서 북한에 대한 지원을 최소화했고, 이는 남북 간 관계를 다시 냉랭하게 얼어붙게 했다. 그 후 박근혜 정부는 '통일은 대박' 이라는 말을 했고, 이명박 정부와 다르게 통일을 긍정적으로 바라보는 시각으로 돌아섰다. 정권이 네 번 바뀌는 동안 북한과 통일에 대한 태도는 여러 번 바뀌었고, 대한민국 국민 그리고 더 나아가 북한조차도 5년마다 달라지는 정책 탓에 한국 정부를 신뢰하지 않게 되었다. 진정 이렇게 자주 바뀌는 정책이 통일에 한 발짝 앞서나갈 수 없는 이유 중 가장 큰 이유인 것 같다.

"대북 통일정책은 어떠한 경우에도 정파와 정권의 정치적 득실관계에 갇혀선 안 됩니다. 정권과 정파를 뛰어넘어 국민적 단결을 통해 진행되어야 합니다." 라는 안희정 충남지사의 말처럼 이해득실 관계 이전에 통일이라는 것을 먼저 생각하는 정부의 태도가 우선 확립돼야 한다고 본다. 한편 통일을 반대하는 수만 가지 이유가 존재하기도 한다. 하지만 작고, 빽빽하게 들어찬 나무들을 신경 쓰기에는 큰 숲으로 이루어질 우리의 통일시대의 모습이 너무나도 아름답다. 따라서 이러한 작은 나무들 때문에 통일을 미루고 반대하는 것은 근시안적인 생각이 아닌가 생각한다.

통일을 미루지 않아야하는 첫 번째 이유는 이산가족들이 많이 남아있는 현재에 통일을 하는 것이 우리가 우리의 조상들을 위하여 대신 해줄 수 있는 숙제이기 때문이다. "우리의 소원은 통일, 꿈에도 소원은 통일." 이라는 노래를 목청껏 부르던 세대가 물러나고 있고 점차 사라지고 있는 현실이다. 이산가족들이 모두 돌아가시고 나면 같은 민족이라는 동질감은 물론이고 '통일을 해야 한다', '우리나라와 북한은 같은 나라다'라는 생각 자체도 없어져 통일은 더욱더 힘들어질 것 같다. 지금 얼마 남아 있지 않은 이산가족마저 사라지면, 더 이상 통일을 원하고 강력히 주장하는 사람들은 없어질 지도 모른다. 자신의 의지가 아닌 분단이라는 외부적 상황 때문에 어쩔 수 없이 헤어진 분들의 마음은 우리가 절대 헤아릴 수 없을 만큼 슬플 것이다. 통일을 찬성하는 첫 번째이자 가장 먼저인 이유는 바로 이러한 사람들을 위해서이다.

두번째로 많은 사람들이 경제적인 이유로 통일을 반대하기도 한다. 하지만 통일이 되어 군사적 대치 상황을 해소한다면 우리나라는 군사비용을 수조 원이 감축할 수 있고, 통일로 인해 땅이 넓어지고 인구가 많아지면 더 많은 사람한테서 세금을 걷을 수가 있기 때문에 경제적인 문제는 장기적인 관점에서 봤을 때 차츰 나아질 것으로 예상한다. 통일을 찬성하는 세 번째 이유는 바로 문화적인 발전 때문이다. 북한은 외부와 철저하게 단절된 나라이기 때문에, 독자적이고 독특한 문화가 형성되어 있을 가능성이 크다. 따라서 이를 살려 관광자원으로 개발한다면 이로 얻는 수익 또한 엄청날 것이며 이는 두 번째 이유와 연관되어 일석이조의 효과를 거둘 수 있다.

물론 아직도 우리나라와 북한이 통일하기엔 경제적, 문화적, 언어적 차이가 엄청나게 크기 때문에 바로 통일을 한다면 생길 수 있는 문제는 굉장히 많다. 하지만 통일은 우리 민족이 풀어가야 할 큰 숙제라고 생각한다. 북한과 우리나라가 합쳐졌을 때의 기술력, 또한 그로 인해 얻을 수 있는 복지, 토목, 건축, 건설, 관광에서의 이득은 상상할 수도 없을 만큼 우리에게 큰 이득을 가져다준다는 것을 알아야 한다. 또한 통일로 인한 피해가 과연 전쟁으로 인한 피해보다 클지도 생각해봐야 하는 문제이다. 하지만 무조건적으로 바로 통일을 하기 보다는 여러 가지 혼란을 최소화하기 위해서 충분한 시간을 두고 흡수통일을 이루는 게 가장 이상적인 방법이 아닐까 생각한다. 이런 이상적인 방법을 위해서는 우리나라 정부, 국민들뿐만 아니라 북한의 지도층들이 모두 세계에 대한 이해와 함께 통일에 대한 긍정적인 태도 변화를 가져와야 할 필요가 있을 것이다.

"프란치스코 교황이 지난 17일 바티칸 교황청에서 박근혜 대통령과 단독 면담을 갖고 남북관계에 대해 "가족은 때때로 다툴 수 있지만 언제든 화해하고 다시 하나가 될 수 있다"고 남북 화해 및 한반도 평화통일에 대해 긍정적인 메시지를 던졌다" 라는 기사를 본 적이 있다. 이런 기사를 보면 남북통일이 세계 평화를 위해 나아가는 가장 크고도 중요한 발걸음이 아닌가 생각해본다. 우리가 한 민족임을 잊지 않고, 통일을 당연히 해야 하는 일이라고 여긴다면, 또한 반만년동안 우리 땅이었고 나라를 되찾으려는 수많은 조상님들의 노고를 알아차린다면 통일은 더 이상 찬성, 반대로 나누어 진행하는 우리의 토론 시간에 나오는 주제가 아닌 언제 해야 적정한 시기인지를 고민해야 할 주제가 되지 않을까?

# 지금 우리는 진정 '행복'한가?

화학과 이진희

흔히 관광객들은 말한다. 한국 음식이 정말 맛있다고. 또는 한국 사람들은 진짜 세련되었다고. 또한 그런 말이 있다. 뷰티, 패션관련 사업이 한국에서 성공하면 외국에서의 성공은 불을 보듯 빤하다고. 그만큼 현 시대의 한국에 대한 이미지는 새 페인트로 낡은 칠을 덮듯 새로운 모습으로 외국인들에게 다가가고 있는 듯하다.

예전만 하더라도 한국을 알지 못하는 세계의 젊은이들은 넘쳐났다. 우리가 해외여행을 하고 있다고 가정해보자. 여행을 하는 도중에는 우연하게 알게 된 인연과 얘기를 하다, 혹은 식사를 하다 묻지 않는다는 게 더 어색할 만큼 당연하게 이런 질문이 오갈 것이다. "Where're you from?" 그럼 우린 이렇게 대답을 한다. "I'm from Korea." 대화를 하던 상대방이 한국을 잘 모른다고 가정하자. 그럼 고개를 갸우뚱하며 "Korea?"라고 반문하다 이윽고 생각이 난 듯 외칠 것이다. "Oh! South Korea?" 마치 아르키메데스가 목욕을 하다 유레카를 외친 것처럼 말이다. 그 말을 들은 우리는 당황할지도 모른다는 생각이 든다. 왜냐하면 그동안의 삶을 생각해보자. 20년간 혹은 그 이상을 '나는 한국 사람이야.'라고 생각을 해왔지, '나는 남한 사람이야.'라고 말하고 다니지 않았을 것이 아닌가?

어찌 보면 당연한 일인데 우린 외국인의 그 한 마디로 다시 한 번 세계 유일의 분단국가라는 점을 깨닫게 될 것이다. 이처럼 우리는 자신과 직접 연관된 문제가 아니고는 인지를 못하는 경우가 많다. 통일 같은 크고 어려운 문제가 아니더라도 말이다. 예를 들어 우리는 요즘 옆집에 누가 살고 있는지, 또는 옆집 사람이 무슨 일을 하는 사람인지 잘 알지 못한다. 새로

이사 와서 여기저기 초인종을 누르며 떡을 돌리는 풍경 그리고 그걸 받은 이웃사람들의 따뜻한 답례와 웃음소리가 이젠 더 이상 들리지 않게 되었다. 혹 옆집 사람이 독거노인으로 살아가고 있다하여도 '무슨 일 생기겠어?'라는 생각으로 시작도 하기 전에 관계를 단절해버리곤 한다. 이런 주변의 사소한 문제에도 관심을 주질 않는데 하물며 통일의 경우엔 어떻겠는가? 물론 나는 이해가 간다. 6.25 전쟁을 겪지 않은 세대로서, 휴전선이 생기고 분단국가 체제가 성립된 이후에야 이 세상에 나왔으니. 이 상황을 당연시하고, 또한 이산가족이 없고 가족들 모두 나의 곁에 있으니 큰 불편함을 느끼지 않을 것이다.

그럼 우린 통일을 왜 해야 하는 것일까? 분단비용 절감을 위해서? 아님 북한의 지하자원으로 인한 경제 활성화 효과가 엄청나기 때문에? 모두 맞는 말이다. 그렇지만 나는 이런 사회적이고 경제적인 부분에 대해서 통일의 이유를 찾고 싶지 않다. 우리가 통일을 해야 하는 이유는 - 최소한 나는 이렇게 생각 한다 - '우리의 진정 행복한 삶을 찾기 위해서'라고. 그럼 사람들은 말할 것이다. 그게 무슨 뜬구름 잡는 소리냐고, 그런 거창한 소리는 어울리지 않는다고 말이다. 현재의 우리는 편안한 침대에서 잠을 자고 따뜻한 밥을 먹고 온통 불평거리라곤 학업문제, 취업문제, 연애문제로 가득한 삶을 보내고 있다. 이 말은 우리가 미래를 걱정하며 앞으로의 생활을 내다보고 살아가고 있다는 것을 의미한다. 하지만 지금 우리의 하루가 북한 사람들에겐 어떠하겠는가? 우리가 바라보고 있는 내일이 무색할 정도로 하루하루를 힘겹게 보내고 있을 것이다. 한 번 주변을 천천히 살펴보아라. 생각보다 봉사활동을 하는 사람들이 많다. 내 친구의 경우에도 한 달에 한 번 꼬박꼬박 아프리카 아이들에게 후원금을 보내곤 한다. 좋은 일이다. 칭찬 받아야 마땅한 일이지만 그 마음을 반만이라도 북한 시민들에게 나눠줄 순 없는 것일까?

우리 민족은 1910년부터 무려 36년간 일제식민통치를 받아 왔다. 일제에 의한 강제병합 이후, 해방과 전쟁, 산업화, 군사독재와 민주화 운동의 시기를 거치면서 일본식과 미국식의 여러 복합문화를 계획 없이 수용하는 숨 막히는 과정을 겪어왔다. 지금 우리에게 주어진 자유는 남쪽과 북쪽에 갈라져 살고 있는 우리 민족이 함께 이루어낸 결실이라고 볼 수 있다. 이웃끼리 콩 반쪽이라도 서로 나눠먹는 관계가 되라 하였다. 하물며 이웃보다 더 가까운 관계인 북한과 우리 사이에는 어떻겠는가? 분명 한 민족이고 함께 자유를 누릴 권리가 북한 시민들에게도 분명 있는 것인데, 쾌적한 공간에서 첨단 기기인 노트북으로 글을 쓰고 있는 지금 나의 마음 한구석에는 불편한 마음을 지울 수가 없다. 우리의 자유는 함께 나누었어야 했고 지금의 행복도 서로가 함께일 때 이루어졌어야 했다.

여기서 다시 한 번 묻고 싶다. "여러분은 진정 지금 행복한 삶을 살고 있다고 자신할 수 있습니까?" 나는 사람들이 자신의 행복을 떳떳하게 받아들이지 않았으면 좋겠다. 자신의 행복을 찾기 이전에 '우리'의 행복을 찾는 사람이 되었으면 하는 바람인 것이다. 초등학교 시절, 사회 교과서에 남한 말과 북한 말을 비교해놓은 페이지가 아직도 기억이 난다. 그 당시에도 나를 포함한 아이들은 처음 보는 북한말에 대한 거부감이 들기는커녕 오히려 재미있다고 따라하면서 웃곤 했었다. 그리고 심지어는 통일이 되면 어떨까 가정해 보면서 옆의 짝꿍과 역할극도 해보고 통일을 해서 북한 친구를 사귀는 것에 대해 내심 기대를 했던 때가 있었다. 하지만 너무 커버린 지금, 우리는 북한 친구들과 무엇을 공유를 할 수 있을까? 남북이 함께 얘기할 수 있는 영화 한 편, 함께 부를 수 있는 노래 한 곡이 없다는 것이 정말 안타까운 일이 아닐 수 없다. 분명 한 뿌리는 맞지만 서로 다른 시간의 삶을 살고 있는 듯하다. 지금의 우리나라는 통일에 대한 필요성과 열의만 가득한 채 통일의 본질적 의미는 잊고 있는 것은 아닐까?

통일에 대한 경제적 이익은 당장의 결과로 보여 지는 것이 아니다. 그렇기 때문에 정부가 원하는 경제적 성장을 위해서라도 남북한 사람들의 조화의 중요성을 하루빨리 깨닫고 이를 위해 발 벗고 나서는 노력이 필요할 것이다. 지난 수십 년 간 만들어진 휴전선을 경계로 다른 땅을 밟으며 살아왔던 시간 속에서 서로에 대한 기대는 무너져가고 불신만 커져간 것이 아닐까. 지난 토론수업 때 다루었던 논제가 머릿속에서 아른거린다. 김정일 정권에 대한 실체와 북한 사람들의 인식을 일깨워주기 위한 대북 전단 살포가 한국 사람들에 대한 불신을 키우는 계기가 되지는 않았을 런지. 또한 북한의 수도 없이 많은 도발로 인해 남한 사람들이 북한 시민들에게까지 앙심을 품었으면 어쩌나 하는 오만가지 생각들이 머리를 스쳐간다.

앞서 말했듯이 서로 공유할만한 소재가 하나도 없다는 것은 그만큼 서로의 입장에서 서로를 이해하고 받아들이기 힘들다는 것을 의미한다. 남북 사람들에겐 보이지 않는 마음의 휴전선이 똑같이 생겨버린 것이다. 그렇기 때문에 내가 생각하는 통일의 방향은 우선적으로 사람과의 관계를 올바르게 성립하는 것이다. 일차적으로 서로의 '마음의 장벽'을 허물고 사람간의 소통과 상처의 치유 속에서 통일을 준비해 나가야 한다. 흔한 예로 몇 십 년 만에 친구를 만난다고 생각해보자. 어색함을 허물기 위해 한 공간에 가둬놓고 둘 만의 시간을 유도하더라도 변하는 것은 아무것도 없다. 즉, 내가 말하고자 하는 것은 환경과 상황은 우리를 바꿔놓지 못한다는 것이다. 다만 어느 쪽이든 먼저 다가가서 내미는 손길이 있어야 한다. 반대편에서 그 손을 잡을 수 있도록 말이다. 그렇다면 그 손길이 '내'가 되면 어떠할까? 나뿐만 아니라 자신만의 행복을 누리고 있는 사람들 모두 그 손길의 주인공이 되어야 하지 않을까?

사랑을 받아본 사람만이 사랑을 줄 수 있다는 유명한 말이 있다. 이처럼 좀 더 나은 환경에서 사랑을 받고 자유를 누리고 행복이라는 사치까지 겸하고 있는 우리가 이 따뜻한 마음을 느끼도록 해주자는 것이다. 추운 겨울이 지나면 언젠간 꽃 피는 봄이 오듯, 이 어두컴컴한 밤에도 언젠간 해가 뜨고 아침이 올 것이다. 하지만 아무런 준비가 없다면 뜨겁고 눈부신 햇빛 아래 다들 속수무책으로 당하고 말 것이다. '내일은 무슨 일이 일어날까?'하는 기대 속에서 아침을 맞고 싶지 아니한가? 아직도 불신과 미움에 휩싸여 있다면 그것들을 과감히 버리고 손을 내밀자. 이 얼마나 멋진 일인가?

# 통일이란 우리에게 무엇일까?

법학과 전재만

요즘 대중매체에서는 북한에 관한 소재를 많이 다룬다. 얼마 전에 종영한 '닥터 이방인'이라는 TV드라마와 감명 깊게 본 '베를린'과 '용의자'라는 영화를 예로 들 수 있다. 소재자체가 재미있고 흥미로운 북한과 관련된 이러한 이야기들을 대중매체를 통해 접함으로써 우리들이 북한이라는 것에 대해서, 통일이라는 것에 대해서 다시 한 번 생각을 해보게 되는 계기를 갖게 되는 것 같다.

대체 통일이라는 것은 우리에게 어떤 의미일까? 몇 년 전 우연히 페이스북을 통해서 친해진 외국인 친구와 대화를 하던 중 "한국에는 놀러올 생각이 없냐? 한번 만나자"는 제안을 했을 때 그 외국인 친구가 "한국은 위험한 곳 아니냐? 무서워서 갈수가 없다"라고 말 했을 때 솔직히 속으로 충격을 받았다. 물론 서해안 연평도에서 있었던 일들을 생각해보면 나 또한 그 때 만큼은 오금이 저렸었다. 그러나 시간이 지나고 현재의 삶에 쫓겨 살아가느라고 그때 무슨 일이 있었나 할 정도로 까맣게 잊고 지낸다.

대체 우리나라에 대한 세계가 바라보는 시선, 언제든지 전쟁이 발발할 수 있는 가능성이 있는 위험한 곳이라는 인식은 언제까지 갈 것인가 생각해 보았을 때에 혼자서 좌절감에 빠지지 않을 수 없다. 이러한 인식과 시선들을 탈피하기 위한 그 답은 하나 바로 "우리의 소원" '통일'인데 대체 우리들은 어떻게 해야 통일을 이루어 낼 수 있을 것이고 통일은 우리에게 어떤 의미인가 이 기회를 통해 생각을 해보게 된다.

통일하면 나에게 가장 먼저 떠오르는 것은 역시 독일의 사례이다. 동독과 서독의 통일을 보면서 우리나라는 왜 통일을 하지 못하는 것일까? 독일의 통일을 이끌었던 위인과 같은 지도자는 우리나라에는 없는 건가라는 생각도 해보게 된다. 우리나라에서 노벨평화상을 수상한 김대중 전 대통령도 북한에게 햇볕정책을 펼침으로써 북한과의 소통을 이뤄냈던 것을 알고는 있지만 그것을 통해 우리가 얼마나 통일에 한발 짝 다가가게 되었는지 지금의 현실을 보면 의문이 생긴다. 김대중 대통령 이후 지속적이지 못했던 우리나라의 북한에 대한 정책은 물론 북한 정권의 교체 또한 우리에게 변수가 되었던 것 같다.

이러한 상황 속에서 통일이 우리에게 필요한 이유는 무엇일까 생각을 해보면 먼저는 이산가족에 대한 부분을 생각해 볼 수가 있었다. 가족과 떨어져서 만날 수 없는 현실 속에서 하루하루를 살아가면서 얼마나 그리움과 외로움에 힘이 들까? 비교할 수 없는 것이지만 나 또한 사랑하는 사람과 헤어지고 산다는 것이 얼마나 외롭고 힘든 것인가를 경험해보았기 때문에 이산가족 분들이 얼마나 고통스러운 것인지 조금이나마 공감할 수 있다. 국가는 국민을 위해서 존재하고 국민을 지켜주는 곳이므로 국민 개개인의 이러한 아픔 또한 어루만져줘야 한다고 생각을 한다.

어떤 이들은 통일이라는 것을 단순히 이산가족 문제로만 보기에는 너무 작다라고 하고, 또한 이제 이산가족분들은 세상을 떠날 나이가 되었다라고 이야기하는 이들도 있다. 하지만 그렇게만 볼 것이 아니다. 이산가족의 당사자는 죽었다고는 할지라도 살아생전에 그 분의 손자 손녀들이 할아버지나 할머니로부터 우리에게 잃어버린 가족이 있다는 것을 항상 들어오며 자랐다고 한다면, 손자 손녀들은 북한에 있는 가족들과 또 그 분들의 자제들을 보지는 못했더라도 그분들을 마음속에 항상 담고 있지 않을까? 그리하여 통일이 되었을 때 이산가족의 당사자분들은 세상을 떠났을지라도 그 후손들은 자신의 조상의 잃어버린 가족들을 마음에 담고 꼭 기다릴 것이라고 생각을 한다. 조상에 의해 후손들에게 지식이 전달되고 역사가 전달된 것처럼 조상의 정서도 이렇게 후손에게 전달 될 것이다. 국가는 이러한 사실을 고려하여 국민 개개인의 아픔과 슬픔 고통을 덜어줄 수 있는 입장을 취해야 한다고 생각 한다.

또 한 가지 생각해 볼 것은 어찌 되었건 우리는 한 민족이라는 사실이다. 역사적으로 보나 다른 무엇으로 보나 우리는 한 민족인데, 한 민족끼리 사상이 다르다고 해서 아예 교류도 하지 않고 서로 싸운다는 것이 너무나도 우습고 창피한 일이 아닌가 싶다. 원래 한 가족이었고 하나였다면 이런 분쟁과 아픔이 있다고 서로 벽을 쌓고 안보는 것이 아니라 어떻게든 하나가 되기 위해서 노력을 해야 하는 것이 아닐까?

물론 어떤 부분에서 북한의 행동을 보면 참으로 도발적이어서 아주 당황스럽고 어이없는 것이 사실이긴 하지만, 가족의 경우로 비유를 하자면 동생이 철없는 행동을 할지라도 형은 보듬어 주고 이해해주어야 한다고 생각한다. 동생이 못나고 잘못된 행동을 한다고 해서 그 동생을 버리는 형은 이 세상에 과연 있을까라는 생각을 하며, 만약 그런 형이 있다면 그 형도 잘못하는 것이 아니겠는가? 그러니 통일을 바라볼 때 우리는 이처럼 가족의 관점에서 생각을 해서 국가에서 꼭 나서줘야 하는 것이라고 생각한다.

그럼 우리나라에서 통일을 위해서 무엇을 할 수 있을까? 솔직히 외교에 대해서 정치에 대해서 아무것도 모르긴 하지만 우리의 작은 목소리 하나 하나를 통해서 이 세상이 바뀌어 간다는 희망에서 내 자신의 생각을 정리해보고자 한다.

먼저는 형으로서 동생에게 주는 관심과 사랑이 중요하다고 생각이 든다. 김대중 대통령이 햇볕정책을 펼쳤던 것처럼 우리가 북한에 대한 지원과 관심이 계속 되어야 한다고 생각한다. 물론 우리의 지원적인 부분이 빈민에게 가는 것 보다 북한의 전쟁무기 개발을 위해 더 쓰인다고 해서 할 필요가 없다라는 말도 나오지만, 지원물자의 오용을 막고 어떻게든 빈민들에게 물자가 전해질수 있게 하는 방법을 찾아봐야 하지 않을까 싶다.

그리고 북한의 체제를 어떻게 하면 바꿀 수 있을지 또한 생각해볼 필요가 있을 거 같다. 북한 체제의 문제점으로 지금 현재 북한에서 죽어가는 빈민들이 많다는 것을 우리는 잘 알고 있다. 그러한 체제의 심각성을 우리는 북한의 사람들에게 더 나아가서는 상부 층에 깨우쳐 주는 방법을 모색해볼 필요가 있을 것이라 본다.

그들이 현재 처한 현실이 얼마나 잘못되어 있고 어려운 상황인건지 우리가 이야기해준다고 해서 해결되는 것은 아닐 것이다. 가족 사이에서도 형이 동생의 잘못을 직접 얘기 할 수 없고 깨우쳐 줄 수 없는 경우도 있지 않는가? 그럴 때 억지로 알려주고 가르쳐 준다고 해서 바뀌는 것이 아니기 때문에, 부모님이나 다른 사람을 통해서 그 잘못을 알려주고 깨우쳐 주는 것이 한 방법이니, 다른 나라를 통해서 북한의 모습, 문제점, 심각한 현실을 알려주고 자신들의 문제점을 고칠 수 있는 방법을 스스로 찾게 하는 것이 좋을 것이라는 생각이 든다. 또한 북한의 도발적인 행동들도 우리가 참기만 하는 것이 아니라 국제사회의 분위기를 몰아서 북한이 얼마나 잘못된 행동을 하고 있는지 깨닫고 잘못을 바로잡게 해야 한다. 나아가 북한과 우리나라 둘만의 외교만 잘하는 것으로 끝나는 것이 아니라 우리나라가 미국 일본 중국 등 많은 나라와의 외교적으로 우호관계에 있어야 하고 소통이 잘되어야 북한과 우리나라의 소통도 원활할 것이라는 점은 간과해서는 안 될 것이다.

가족끼리 더 이상 싸우고 토라져서 대화도 안하는 그런 상태가 아니라 우리나라가 형의 입장으로서 어떻게 하면 동생의 생각을 바꿔주고 동생의 행동을 고쳐주고 그리고 다시 가족의 품으로 돌아오게 할 수 있을지 고민을 하면서 한 민족이 나뉘어 있는 이런 모순적인 상황을 국가가 꼭 해결해나가야 한다고 생각한다.

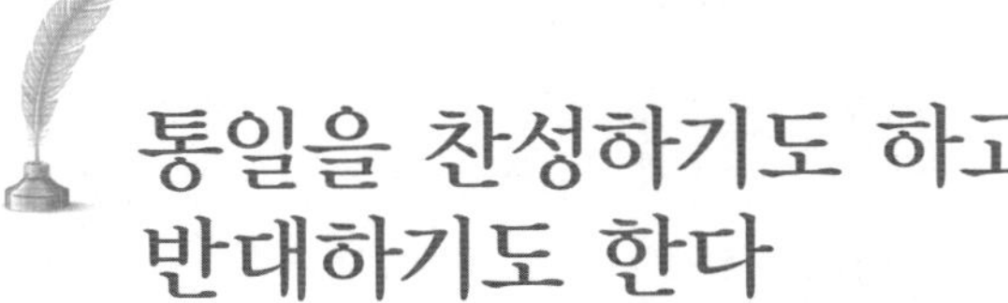

# 통일을 찬성하기도 하고 반대하기도 한다

의생명시스템학부 최희윤

'통일' 참 와 닿지 않는 말이다. 일상생활을 하면서 생각할 기회가 있는 것도 아니고 일부러 생각을 하려고 해도 어떤 방향으로 생각해야 할지 모르겠다. 게다가 잘 아는 것도 아니다. 통일을 하면 어떤 점이 좋을까? 넓어지는 영토? 많아지는 인구? 늘어나는 자원? 아니면 통일을 하게 되면 어떤 점이 좋지 않을까? 벌어지는 빈부격차? 맞추기 힘든 문화적 차이? 경제적 문제? 어렴풋이 유추해 볼 수 있는 문제들은 있지만 하나하나 자세히 아는 것은 없다. 이렇게 아무것도 제대로 아는 것은 없지만 확실하게 알 수 있는 점 한 가지는 통일을 하게 되면 장점 못지 않게 단점도 많다는 것이다. 장점이나 단점 둘 중 어느 한 가지가 일방적으로 머리에 떠오르는 것이 아니라 이것 저것 생각나는데, 그것들을 종합해 보건대 통일은 이득이 되는 점도 많지만 그만큼 손해가 되고 위험한 점도 많다.

통일에 대해 우린 어렸을 때부터 수도 없이 들어 왔다. 통일 글 짓기, 통일 표어대회, 통일 포스터 만들기 등등 10살 정도되는 나이 이후로부터 대한민국에서 초등학교를 다닌 사람이라면 한 번씩은 모두 통일과 관련된 활동을 다 해봤을 것이다. 그 때는 아무 것도 모르는 채 선생님께 배운대로 통일은 되어야 한다며 글을 썼고, 표어를 썼으며, 포스터를 그렸다. 그 때 이후로 10년 정도가 지난 지금에서야 의문을 품게 된다. 아무것도 모르는 아이들에게까지 통일은 되야 한다 라고 주입식 교육을 할 만큼 통일은 정말 되어야 하는 것일까?

통일에 대한 이러한 작은 반발적인 의문에서 출발한 탓인지 통일이 마냥 좋게 만은 보이지 않았다. 우리 나라가 너무 손해 본다라는 생각이 강했다. 기본적으로 북한과의 경제적 차이가 매우 클뿐더러 우리가 전적으로 손해를 보며 북한 개발에 힘을 쏟아야 그 차이를 조금씩 좁힐 수 있다. 또한 서양의 문물을 거의 받아들이지 않는 북한과 대부분 서양화가 되어버린 한국의 문화적 차이도 좁히기 힘들 것이다. 이미 발전한 문화를 퇴보시킬 수는 없으니 북한의 문화수준을 끌어올려야 할 것이다. 우리는 별것 아니고 쉬운 일이라 생각할 수도 있으나 이미 억압받고 자유롭지 못한 생활과 환경에 익숙해진 북한 사람들에게 남북한의 문화적 수준차이를 극복한다는 일은 엄청난 고통이 될 것이다.

이와 같이 통일을 단순하게 나라와 나라가 이어지고 합쳐진다 라고 생각하기에는 북한과 한국의 격차가 너무 심해져 버렸다. 경제, 문화, 사회, 의식, 생각 그리고 심지어 언어마저도 우리와의 차이가 크다. 통일이란 나누어진 것들을 합쳐서 하나의 조직, 체계 아래로 모이게 하는 것을 이른다. 나누어진 것들은 억지로라도 합칠 수는 있겠지만 과연 하나의 조직, 체계 아래로 모이게 할 수 있을까? 현 북한의 정권과 현 한국의 정권, 북한의 공산주의와 한국의 민주주의. 과연 정 반대의 두 가지가 하나가 될 수 있을까? 하나가 된다 함은 이 둘 중 하나를 선택해야 할 것이다. 그렇지 않으면 하나의 조직, 체계 아래로 모이게 되지 않는다. 하나로 합쳐지지 않은 채 분단 선만 없애고 영토만 잇게 되면 그것이 진정한 통일이라고 할 수 있을까? 아니라고 생각한다. 그 것은 선만 없어진 한 땅덩어리 안의 국경 없는 두 나라라고 해야 할 것이다.

이렇듯 통일에 대하여 이성적으로 합리적으로 생각했을 때 통일이 무작정 옳다고만 할 수 없다라고 생각한다. 그러나 이런 생각이나 의견들을 다 제치게 하는 것이 이산가족 문제이다. 아무 것도 따지지 않고 이산가족만 두고 보았을 때 통일은 인간이 숨을 쉬며 살아가는 것과 같이 너무도 당연한 일이 되어야 한다. 분단되었을 당시의 어느 한 가족은 이 나라에 나서 살아왔다는 이유 하나로 피눈물을 흘리며 부모, 자식, 형제들과 생이별을 해야 했다. 한낱 미물이라고 무시하는 개미도 동족애가 있으며 가족이 있어 서로를 챙기는 모습을 볼 수 있는데 그런 미물에게도 있는 그 마음이 하물며 사람에게는 얼마나 크겠는가? 그 찢기는 마음을 나는 감히 알 수도 가늠할 수도 없다. 그런 찢긴 마음을 가지고 50년이 훨씬 넘는 세월을 살아온 사람들 앞에서 어떻게 감히 이성적으로 생각하라는 말을 하며 통일을 반대할 수 있을까?

그래서 나는 이 통일을 반대하기도 찬성하기도 한다. 이성적으로는 반대하며 감성적으로는 찬성한다. 이성적으로 생각하거나 감성적으로 생각하거나 둘 중 하나를 선택 할 수는 있지만 나는 어느 것 하나에도 옳고 그른 것은 없다고 생각한다. 우리는 사람이기에 이성적이지만 또한 사람이기에 감성을 따르기 때문이다.

# 통일, 그 참을 수 없는 짜릿함!

## - 통일이 지루해? 통일기업을 준비하는 한 청년의 이야기

경영학부 김진평

### 첫번째 이야기 - 공허했던 나날

#### 됐나봐! 됐어!

"최종 선발팀은.. 평양카페입니다"

나를 포함한 4명의 팀원 모두 1년동안 그토록 원하던 상황이었음에도 불구하고, 마치 약속이라도 한듯 아무런 말도 할 수 없었다. "우리 된거야?", 떨리는 목소리로 조심스레 서로 물었다. "됐나봐! 됐어!", 심장이 터질 것만 같았고, 나와 우리 팀원은 같은 말만 반복할 뿐이었다. "됐나봐! 정말 됐어!"

2012년 5월, 3개월동안 쏟았던 우리의 노고는 3000만원이라는 상금으로 보상받았다. 대학 캠퍼스 안에서 문화카페의 형태로 대학생들에게 북한과 통일에 대한 정보를 공유하고 관심이 생기도록 돕는 것을 목표로 창업을 준비하던 우리 '평양카페'의 첫 성과였다!

#### 붕어빵이 보여준 세상

'평양카페'의 이야기를 나누기 위해, 2008년 1월, 어느 추운 겨울에 있었던 이야기를 먼저 소개 해야겠다.

사업을 하시던 아버지의 영향이었는지, 초등학생 때부터 나의 장래희망은 늘 사장님이었다. 그 소망은 고3까지 변함없이 이어졌고, 수능이 끝나고 2주 뒤, 그토록 염원하던 사장이 되었다. "할아버지, 오늘은 좀 늦으셨네요! 붕어빵 네 개에 호떡 두 장 맞으시죠?", "응 그렇게 주어. 오뎅국물 좀 마실게잉?" 입김이 훅훅 번지는 겨울, 사람 만나는 재미에 푹 빠져 하루하루를 살았다. 매일매일 어묵 팔천원씩 사가던 예쁜 간호사 누나들과, 호떡 오천원씩 꼬박꼬박 사셨던 통통한 아주머니, 만원 짜리 내시고 거스름돈은 절대 받지 않으셨던 천사 같던 할머니, 나에게 간장 세례를 받은 뽀송뽀송 흰털잠바를 입은 여성 손님까지, 수많은 사람들과의 가지각색의 일들이 있었다. 그 수많은 만남 중에서, 어느 할아버지와의 만남을 소개하려고 한다.

당시 무릎수술을 받아 재활 중이셨던 그 할아버지는 일주일에 두번씩 꼭 오셔서 한 손에 어묵국물을 들으시고는 붕어빵을 오물오물 드시며 나에게 이런 저런 이야기를 해주셨다. 그 할아버지는 예전에 하셨던 부동산 사업이 잘되서 지금까지도 그때 모은 재산을 관리하며 살고 계신다고 하셨다. 좋은 자동차와 보유한 건물도 있다고 하셨다. 하지만 이상하게도 대화의 핵심은 늘 인생무상이었다. "돈? 그거 다 필요 없어. 건강이 최고여." "월마다 임대료가 얼마씩 들어오는디 그거 다 부질없어." 하시는 이야기마다 결국 끝에는 '허무', '공허', '부질없음' 등, 돈과 편안한 삶이 만족을 주지 않는다는 식의 말만 했다. 물론, 나는 조금도 새겨듣지 않았다. 돈 많은 할아버지의 자랑섞인 이야기겠거니 생각했다. 무난한 가정사에 건강문제도 크게 나쁘신 것은 아니셨기에, 할아버지의 푸념은 사실 배부른 소리로 들릴 수밖에 없었다. 그러던 어느날, 평소처럼 붕어빵을 드시던 할아버지가 이상한 말을 하셨다.

"돈이라는 건 말야, 이 붕어빵이랑도 같어. 먹을때는 좋은디 먹고나면 먹었나 싶어. 그리고 얼마 지나면 또 먹고 싶고… 돈은 말여, 딱 이 붕어빵 같어. 자네는 꼭 하고 싶은걸 하고 살어. 돈을 벌던 못벌던 그게 결국 더 행복혀. 자네 인생 남을 위해서도 한 번 살고."

분명 한쪽 귀로 빠져 나와야 하는데, 두개의 문장이 빠져나가지 못하고 머릿속을 맴돌았다. '하고 싶은걸 하고 살어?', '남을 위해서도 한 번 살어?' 먼저는 이랬다. 돈을 그토록 많이 버셨는데 하고 싶은 걸 하고 살라는 말이 도무지 이해가 안 됐다. 돈을 벌면 장땡이지 무슨 하고픈 일을 하며 살라는 건지 몰랐다. 두번째 문장은 좀 더 어려웠다. 남을 위해 산다는 것. 단 한번도 생각해보지 못한 말이었다. 포장마차를 한 것도 나를 위함이었고, 앞으로의 인생 목표와 경로도 모두 '나'에게만 초점을 맞췄기 때문이었다. 그렇게 살다보면 돈도 많이 벌거라고 생각했고, 그게 바로 내가 하고 싶은 일이리라 생각했었다. 과장이 아니라, 그날 이후로 대학생이 되는 그 날까지 '하고 싶은 걸 하며 살고, 남을 위해서도 산다'는 말에 대해 참 많은 생각을 했었다. 그리고 그 의문은 대학생이 되고 나서야 조금씩 풀려나갔다.

## 두번째 이야기 - 나만 몰랐던 이야기, 통일!

### 충격적인 사실

2008년 3월, 총장님의 축사와 함께 정식으로 숭실인이 되었다. 초등학생 시절부터 품어왔던 사업가의 길을 가고자, 닥치는 대로 공모전에 응시하고 다양한 경험을 쌓고자 동아리도 5개나 들었다. 학점은 3.5 근처를 배회했지만, 꽤 많은 공모전에서 수상할 수 있었다. 특히 주요 관심사였던 사업계획서 관련 대회에서 획득한 금액만 4천만 원에 이를 정도로 열심히 참여했다.

2학년이 되면서 본격적인 창업을 준비하고 싶은 마음이 생겨 사회적 이슈와 경제적 수요의 접촉점을 찾아 봤다. 당시 남한에 적응하지 못하고 탈북을 후회하는 북한 이탈 주민의 상황이 사회적 이슈로 주목받고 있었다. 언젠가 이뤄질 통일에 대한 저조한 준비와, 탈북 주민들을 품어주려는 노력에 비해 너무나도 빈약한 자립시스템을 기회로 포착했다. 때마침 정부에서 사회적 기업을 적극 지원하는 좋은 기회가 겹쳤기 때문에, 30초만에 '평양카페'라는 이름을 확정하면서 속전속결로 아이템을 구체화 해나가기 시작했다.

먼저, 대학생들이 북한과 통일에 대해 어떻게 생각하고 있는지를 조사하기로했다. 사전에 준비한 250개의 선물과 설문지를 들고, 학생들이 제일 많이 이동하는 건물의 로비에서 반나절 동안 15개 정도의 문항으로 설문을 진행했다.

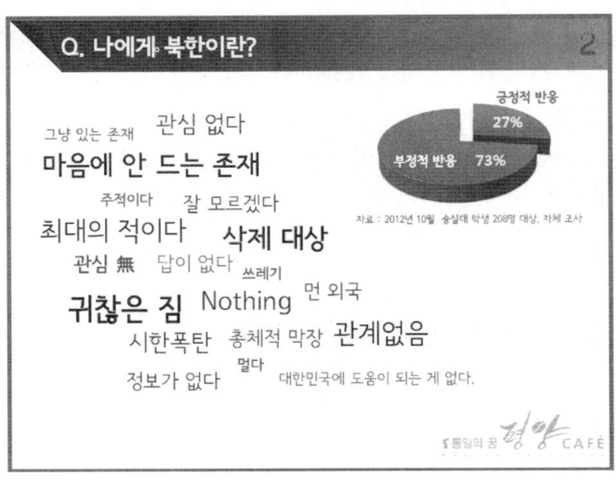


그런데 상당히 당황스러운 결과가 나타났다. 위의 참고사진에서도 볼 수 있듯이, 거의 대부분의 학생들이 북한에 대해 막연한 불만과 적대의식을 갖고 있다. 북한이 어떻게 생겼는지, 북한의 주민은 어떻게 생활하는지, 남한으로 탈북한 사람들은 어떻게 살고 있는지, 조금도 알지는 못하는 학생들이었지만, 북한은 쓰레기였고, 총체적 막장이었다. 그때서야 왜 탈북민들이 적응에 힘들어하는지 조금 알았다. 남한 사람들이 '북한'을 그렇게 바라보니까, 탈북민도 쓰레기에서 나온 쓰레기라고, 시한폭탄에서 빠져나온 화약이라고 자연스레 생각하는 것이다. 그렇게 생각해보니 모든 것들이 이해됐다. 남한 사람들에게 탈북민은 친구도, 직장동료도 아닌 그저 화약으로 느껴졌을 것이다. 그랬기때문에 탈북민은 아무 이유없어도 조심해야하는 경계의 대상이 된 것이다.

가벼운 마음으로 진행한 설문이었지만, 그 결과가 너무 당황스러웠다. 힘들게 탈북한 북한주민들 입장에서는 얼마나 당황스럽고 서러웠을까. 무슨 잘못이나 실수라도 하고 그런 대우를 받았다면 이해하고 개선하려 노력이라도 할텐데, 아무런 이유도 없이 북한에서 온 사람이라는 이유만으로 그렇게 힘들어야 한다는 사실이 참 안타까웠고, 또 미안했다.

## 설아가 들려준 북한이야기

설문의 충격이 도저히 머리에서 떠나지 않았다. 탈북민을 고용하고 카페 아이템과 프로그램을 기획하는 등의 기계적인 수순을 진행하려 했지만, 자꾸 눈앞에 힘들어하는 탈북민들이 아른거렸다. 일단 북한에 대해 더 공부해보고 탈북민들과 많이 만나봐야겠다는 생각이 들었다. 곧바로 인터넷에 검색해보니 '북한이탈주민지원재단'에서 탈북한 아이들중, 대학 입학생을 대상으로 하는 오리엔테이션이 있었다. 다행스럽게도 남한 멘토를 모집하고 있어서 평양카페를 함께 준비하던 동료와 함께 지원했다.

처음 오리엔테이션 장소에 갔을 때에는 너무 당황스럽고 이질감이 심했다. TV에서만 보던 북한아이들이 이곳저곳 돌아다니고, 극장 음향시설 마냥 서라운드로 들려오는 북한말도 너무 어색했다. 무척 긴장됐다. 오리엔테이션이 시작되고, 먼저 멘토 소개가 있었다. 애써 태연한척하며 자기소개를 마치고 떨리는 마음으로 1박2일동안 함께 할 여섯 명의 아이들과 함께, 정해진 테이블에 앉았다. 그런데 웬걸, 아이들은 매우 활기찼고 웃음도 수줍음도 많은 순박한 시골아이들 같았다. 온갖 사투리와 방언이 오갔지만, 대화도 어렵지 않았다. 안도의 한숨을 내쉬고, 레크리에이션 강사의 진행에 따라 열심히 뛰어다니면서 게임도 하고, 서로의 얼굴도 그려주며 즐겁게 시간을 보냈다. 여섯명의 아이들 모두 하나 같이 이름도 특이하고 성격도 털털해서 친해지는데 그렇게 많은 시간이 필요하진 않았다.

저녁식사를 마친 뒤에는 조금 정적인 프로그램이 진행됐다. 세미나실의 모든 불을 끄고 조별로 테이블에 앉아 미리 올려놓은 촛불만 의지해서 서로 나지막한 목소리로 지금까지 살아오면서 힘들었던 일, 행복했던 일을 이야기하는 시간이었다. 멘토였던 내가 먼저 이야기를 꺼내봤다. 가장 힘들었던 일은 중학교 2학년때, 어머니가 급성 뇌출혈로 쓰러지셔서 9시간동안 수술을 받고 3일간 의식이 없으셨던 일을 이야기 했다. 행복했던 일은, 약간의 가식을 담아 지금의 대학생활이 행복하다고 했던 것 같다. 아롱거리는 불빛 덕분이었는지 분위기가 참 따뜻하고 정겨웠다. 내 순서가 끝나고, 다음은 내 옆에 앉았던 설아였다. 지금도 설아의 그 순박한 모습이 아른거린다. 쑥스러움을 많이 타서 항상 부끄러운 듯 한 미소를 달고 다녔던 순박한 아이였다.

하지만 설아의 이야기가 시작되면서 내 얼굴에 있던 흐뭇한 아빠미소는 조금씩 사라졌다. 도저히 말로 다 풀기가 어려울 정도로 영화보다 더 영화 같은 이야기가 설아의 입에서 흘러나왔다. 동네 아저씨가 어느 아이를 잡아먹은 이야기, 탈북을 함께 하던 친구들의 죽음, 한국에 오기까지 겪었던 수많은 서러움과 외면들, 천국으로 알고 있던 남한사회의 차가운 모습까지. 정말 말 그대로 할 말이 없어서 멍하니 있었다. 어떻게 스무 살도 되지 않은 이토록 순수한 아이가 이런 삶을 살아야 했을까. 비현실적인 현실을 살아 낸 설아의 순박한 얼굴이 당황스럽고 신기하기도 하고, 뭔가 말할 수 없는 감정까지 마구 솟구쳤다. 다시금 순박하게 미소 짓는 그 아이를 향해 내가 할 수 있었던 건 무엇이었을까.

내 삶이 북한의 눈물과 고통에 본격적으로 귀기울이기 시작한 것은 그때부터였다.

### 이제는 통일기업이다!

두 번의 큰 충격을 겪어서였을까, 부자가 되기 위한 하나의 과정으로 생각했던 '평양카페'에 임하는 우리 팀의 자세가 조금씩, 조금씩 달라졌다. '평양카페' 사업에 투자받은 돈과 함께 쏟은 우리의 시간이 무의미해질 것에 대한 두려움보단, 지금 이순간 북한 주민이 받을 고통과 처절함에 어떠한 도움도 주지 못한다는 두려움이 커져갔다. 잘나가는 대학생 벤처기업이 되어 언론으로부터 조명 받는 것보다 북한에 있는 주민들의 삶이 더욱 조명 받길 원하는 마음이 커져갔다. 사업의 성패와 비즈니스적인 요소들보다 북한에 대한 본질적인 관심이 점점 커갈 무렵, 우리 팀은 두 가지 미션을 설정했다.

**대학생 통일 인식 전환**

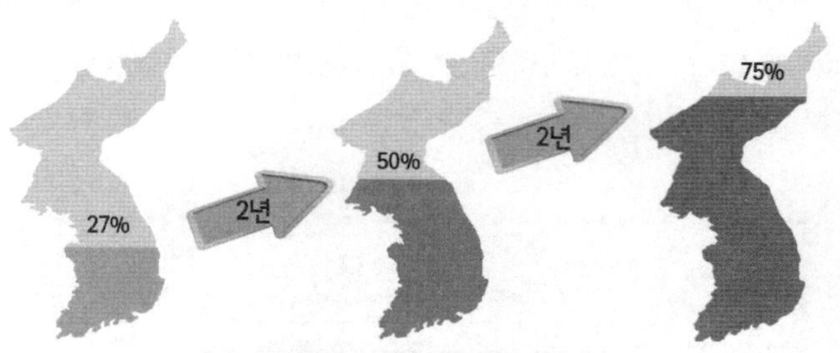


평양카페를 통해,
북한과 통일에 대한 긍정적 인식을 현재 27%에서
75%까지 올릴 목표로 달려갑니다. (카페 이용고객대상 / 매 학기 조사)

먼저는, 대학생들에게 북한의 실상과 객관적인 정보를 수시로 전달하여, 모든 사안에 대해 스스로 판단하는 것을 돕겠다는 것이었다. 당시 북한의 핵실험과 서해교전부터 천안함사건, 연평도도발 등으로 인해 북한 정권이건 주민이건 구분 없이 북한 땅 안에 존재하는 모든 것을 증오하고 미워하는 분위기가 남한 사회에 자리하고 있었다. 하지만, 북한주민 역시 북한 정권의 희생양으로 고통 받고 있음을 분명히 전달해주고 싶었고, 더불어 북한의 정치, 경제 등에 대한 이해를 도와 관련 이슈를 보는 안목을 넓히고자 했다.

또 하나는 대학생들의 마음에 통일에 대한 주인의식을 심어주겠다는 것이었다. 북한에 대한 관심과, 통일 준비의 필요성을 절감하는 어른들은 많이 계셨고, 몇몇 어른들은 실제로 조금씩 준비해나가는 분들도 계셨다. 다만, 대학생들은 예외다. 당장 취업하기에도 벅찬 경쟁 속에서 통일을 외쳤다가는 낙오할 것이 당연하기 때문이다. 북한 주민들이 불쌍해 보이지만, 내 인생 개척하기도 버거워 알고도 모른 채 할 수밖에 없는 것이 오늘날 대학생의 처지이다. 하지만 우리가 분명히 알아야 할 것이 있다. 통일은 반드시 오고, 건강한 통일을 이루기 위해서는 청년의 때부터 통일을 고민해오고 통일을 준비해온 사람들이 무수히 많이 필요하다는 것이다. 단순히 업무적인 능력만 가지고 통일을 실행한다는 것은 모순 중의 모순

임이 분명하다. 그렇기에 대학생 시절부터 통일을 공부하고 준비하는 것은 어쩌면 대한민국 국민으로서의 책임이자 의무일 것이다. 우리는 어떤 수단과 방법을 동원해서라도 그 책임과 의무를 청년들에게 전파하고자 노력하겠노라 다짐했다.

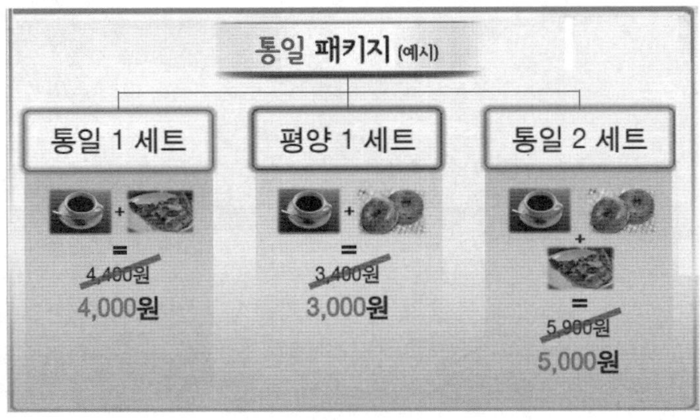


미션을 설정하고, 먼저 각 주제에 대한 대안을 생각해봤다. 북한에 대한 정확한 정보와 사회 이슈에 대한 객관적인 분석내용을 전달하기 위해 카페 게시판과 전단지를 활용하는 일차원적인 방법들도 있었겠지만, 우리가 생각했던 것은 통일과 북한에 대한 인식의 문턱을 먼저 낮춰야 한다는 것이었다. 그래서 제안했던 것이 '통일패키지'였다. 커피와 빵을 묶어 통일세트를 만들고, 다른 음료와 쿠키를 묶어 평양세트를 만들었다. 그렇게 다양한 세트를 만들어 일상에서 통일을 말하고, 평양을 외치며 막연히 굳어있는 마음들을 조금씩 두드려보고자 했다. 더불어 잡지 발간을 위해 기존에 대학생잡지를 발행하던 친구를 섭외해 평양카페 잡지 발행을 준비했었다.

이어서 준비했던 것은, 카페 외부에서 진행될 행사들이었다. 소비를 하는 시점에서 통일에 대한 문턱을 낮춤과 동시에, 외부에서는 북한의 주민을 사랑하고, 통일을 준비하는 일의 보람과 즐거움을 알리는 일이 필요하다고 생각했다. 캠퍼스 거리에서 커피를 판매하면서 모금활동을 진행한다거나, 토크와 음악콘서트를 통한 대중과의 친밀하고 따뜻한 접근을 구상했다.

특히 방학기간에는 남북청년들이 어우러져 전국 각지를 돌아다니며 나눔을 실천하는 봉사대장정에 대한 기획도 치밀하게 준비했다. 북한에서 온 주민들을 수혜의 대상으로만 생각하는데, 탈북민과 남한 주민들이 힘을 합쳐 어려운 분들을 돕는다는 내용이었다. '북한이탈주민지원재단'에서 주최한 프레젠테이션 공모전에 '남북청년 봉사 대행진'이란 주제로 본선 입상하기도 했다.

**제2회 남북대학생 글로벌 평화·통일 프레젠테이션 대회**
**본선진출팀 발표**

"제2회 남북대학생 글로벌 평화·통일 프레젠테이션 대회"에 관심을 갖고 참여해 주신 많은 분들께 감사드립니다. 대회 예선심사결과 다음과 같이 본선진출팀이 선정되었음을 공지합니다.

| 11 | 통일오케스트라 | 통일하모니 |
|---|---|---|
| 12 | 남북청년 봉사 대행진 | 평양숭실 |
| 13 | 남북대학생이 함께 만드는 대안잡지<통일로> | 혜밀 |

구체적인 실행계획을 준비하는 과정은 매 순간 고민과 갈등, 웃음과 희열의 연속이었다. 때론 치열하게 다투기도 하고, 이내 풀려서 다시금 통일의 희망을 이야기하며 꿈에 부풀기도 했다. 어쨌건, 그 당시 치열하게 다투고, 삐지고, 다시 화해하고 기뻐했던 이 모든 일들을 지금 다시 생각해보면 참 많이 행복하다. 각자 인생의 잘됨과 자기 이름이 높아지는 일보다, 내가 아닌 다른 소중한 누군가를 위해 서로 싸울 수 있다는 것. 큰돈을 투자받고 이런저런 언론에 소개된 것보다, 우리가 북한 동포를 위해 싸울 수 있었다는 사실이 더욱 자랑스러웠다. 내가 아닌 다른 사람을 위해 살 수 있어 참 많이 행복했다.

## 세 번째 이야기. 통일을 준비하는 기업 '평양카페'

### 눈물과 미소들

우리팀은 4명으로 구성되어 매일 놀고 일하고 먹고 기도하기를 반복했다. 하지만, 우리 모두 창업 경험이 없었고, 탁월한 사람들이라고 말하기에는 다소 부족한 감이 있는 열정 많은 대학생이었다. 그렇기에 수시로 어려운 문제에 봉착했고, 그 가운데 많은 갈등과 어려움들이 있었다. 포기하고 싶을 만큼 힘들었던 적도 많았지만, 우리가 결국 웃으며 버틸 수 있었던 것은 기도였다. 함께 모여 어떤 일을 시작하기에 앞서 늘 기도했고, 헤어지기 전에도 늘 기도로 마무리했다. 힘들 때에는 잠시 일을 멈추고 함께 기타 치며 찬양하고 기도했다. 서로에게 미안한 마음과 서운했던 마음들, 어느 순간 순수한 사명감보단 일로써 평양카페를 준비했던 우리의 모습들을 고백하며 서로가 서로를 격려하고 위로했다.

지금에 와서 평양카페를 준비하던 시간을 추억할 때, 가장 행복했던 시간은 우리가 함께 예배드리던 때가 아닌가 싶다. 특히, 교내 어느 대기실에서 찬양하고 기도하다가 펑펑 울며 서로에게 고맙고 미안하다는 나눔이 있었던 그 어느날은 평생 잊지 못할 추억이다.

### 꿈처럼 짜릿했던 나날

욕심을 버릴때, 비로소 목표에 가까워질 수 있다고 했던가. 우리가 모든 욕심을 버리고 평양카페에 우리의 순수한 신념과 사랑을 담았을때, 신기한 일들이 벌어지기 시작했다.

우리에겐 한 가지 결정적인 결핍이 있었다. 바로 초기 창업자금. 3000만원이라는 자금을 확보한 상태였지만, 우리가 필요로한 총 자금에는 못 미치는 수준이었다. 관계자들과 미팅을 이어감과 동시에 하나님께 정말 간절하게 기도했다. 간절히 기도하던 어느날, 친밀하게 지내던 분으로부터 뜻밖의 연락이 왔다. 그분이 가깝게 지내는 어느 큰 회사의 회장님을 만나러 가는데 같이 가겠냐는 말씀이셨다. 고민할 것 없이 함께 가기로 약속하고 회장님을 찾아뵈러 갔다. 화려한 빌딩에 세련된 내부 인테리어에 살짝 기가 눌릴뻔 했지만, 정신을 바짝 차리고 평양카페에 대한 순수한 동기와 마음만 계속 떠올렸다. 이어지는 이야기는 예상하는 그 그림이 맞다. 회장님은 재정적으로 여유가 있으셨고, 북한에 큰 관심이 있으신 독실한 기독인 사업가셨다. 입가에 미소가 지어졌다. 조금의 긴장도 없이 사업을 소개해드렸고, 회장님은 자연스레 평양카페의 멘토가 되어주실 것과 필요한 지원을 약속해주셨다. 앉은 자리에서 우리 팀원 모두에게 수강료가 300만원인 장기 교육프로그램에 등록시켜 주시려고 했을 정도이니, 놀라울 뿐이었다.

돌아가는 우리의 발걸음은 무척이나 가벼웠다. 버스 안에서 각자 싱글벙글 웃으며 감사의 기도를 드렸다. 순수한 열정과 패기는 모든 일을 가능케 함을 느꼈다. 마냥 신기하고 놀라웠다.

사무실에 도착하자마자 흥분된 마음을 가라앉히고 차근차근 우리가 해야할 것들을 다시금 정리해보았다. 재정적인 어려움들과 기타 준비해야할 부분들은 큰 문제가 없었다. 다만, 평양카페의 영향력이 너무나 적었다. 그래서 우리는 마지막으로 캠퍼스 안에 있는 학생들, 교수님들, 교직원들, 용역업체 직원들을 비롯한 모든 사람들에게 평양카페의 비전을 전달하고 공감시키고 싶은 마음을 구체적으로 표현하기로 결정하였고, 이내 프로모션 퍼레이드를 시작했다.

〈개강기념 더치커피 나눔 행사〉

〈신입생 환영 야외 음악 콘서트〉

〈토크 콘서트〉

〈북한아동 돕기 콘서트, 신촌〉

〈스승의날 교수님께 감사편지 쓰기 이벤트〉

참 다양한 행사들을 진행했다. 커피와 함께 전단지를 나누는 행사도 진행했고, 음악을 곁들여 우리의 비전을 공유하기도 했다. 유명 인사를 초청하는 등 직접 메시지를 전하기도 했고, 스승의 날 감사편지 이벤트처럼 간접적으로 북한과 통일의 문턱을 낮추고자 애쓰기도 했다. 큰돈은 아니었지만, 조금이나마 기부에 참여할 수 있었고, 교내 많은 분들의 지지와 성원을 경험할 수 있었다.

다양한 행사를 진행하면서 느꼈던 한 가지 마음을 모두와 공유하고 싶다. 바로, 대부분의 대학생들이 기부와 나눔에 대한 간절함이 있고, 더불어 북한과 통일에 대해 큰 관심이 있다는 사실이다. 바쁜 일상과 경쟁 속에서 차마 시간 내어 공부하고 깊이 알아보거나 참여하지 못하는 경우는 많았어도 무관심에 소홀한 경우는 많지 않았다. 행사를 진행하면서 많은 도움의 손길이 필요했다. 당연히 우리 팀원들로는 감당할 수 없는 수준이었기에 주변 선후배와 친구들, 그들의 친구들에게까지 도움을 요청했고, 대부분의 사람들은 요청에 응했다. 그들은 시간을 내고, 기부에 참여하기도 했다.

냉랭한 분위기에 우리의 마음이 굳어져 보이지만, 살짝만 건들어도 대부분 선한 일에 동참하고 싶어 하는 욕구가 있다는 것은 참 기분 좋은 사실임이 분명하다.

## 네 번째 이야기 – '평양카페'가 남긴 마지막 이야기

평양카페는 사실 스승의날 커피 나눔 행사를 마지막으로 공유하기 조심스러운 개인적인 사정들로 인해 마무리 되었다. 물론, 지금까지 운영되면서 좋은 영향들을 끼칠 수 있었다면 더욱 좋았을 테지만, 지나간 우리의 추억들이 오늘을 만들어 가고 있음을 느낀다. 마지막으로는, 평양카페가 남긴 두가지 큰 선물을 소개하고 싶다.

첫 번째 선물은 '남을 위해 살아내는 삶의 풍성함'이라고 표현하고 싶다. 2014년 한국 자본주의 사회에서 살아가는 우리 청년들에게 가장 결핍된 부분이 무엇일까 물어본다면 나는 '서로를 향한 관심'이라고 답할 것이다. 우리는 서로에게 지나칠 정도로 냉랭하며 관심이 없다. 왜? 나 혼자 살아남기도, 살아내기도 벅차기 때문이다. 잠깐 한눈팔면 옆사람이 나를 밟고 올라갈 듯하다. 뒷사람 당겨주다가 내가 떨어질 것만 같다. 그러다보니 정말 친한 친구라고 생각해도 서로간에 깊은 정을 느끼지 못하는 것이다. 하지만, 평양카페는 그 '관심'을 우리에게 다시금 보여줬다. 본적도 없는 아이들을 위해 자기 시간과 용돈을 내어 놓고 잡일도 마다하지 않는 그들의 모습. 다양한 프로모션을 돕고 참여하면서 서로 간에 풍성해지는 교제와 만남들 속에서 이해타산 따지는 일 없이 기꺼이 주고받는 관심들이 있었다.

두 번째 선물은 '통일 마인드'이지 않을까 싶다. 평양카페를 통해 다양한 활동을 진행하면서 자연스레 북한과 통일에 대해 공부하고 서로 생각과 의견을 나누는 과정에서 통일에 대한 소망을 품을 수 있었다. 또한, 평양 숭실을 소망해온 우리 선배들의 순결한 마음과 폐교정신을 더욱 깊이 느낄 수 있었다. 적어도 숭실인이라면 기독교정신에 입각한 확고하고 올바른 통일 정신이 있는 사람이어야 하며, 그것이 가능한 곳 또한 숭실대학교임을 알게 됐다.

다행히도 현재 숭실대학교는 통일교육에 대한 열정과 준비가 탄탄하다. 관련 내용을 필수과목으로 편성하기도 했고, 평화통일연구소를 개원하기도 했다. 평양 숭실을 소망하는 학생들과 교수님들, 교직원들 간의 정겨운 관계와 관심이 쌓여 머잖은 날에 우리가 함께 통일을 노래하고 준비하는 일들이 일어날 것이다. 숭실의 내일이 참 기대된다.

통일을 준비하는 그 길에 우리 모두 함께 하길 소망한다.

제3부

# 통일 대박, 그 이상의 담론 I

## 들머리

이광진 교수(베어드학부대학)

'통일은 대박'이라는 대통령의 발언 덕에 통일이 우리 시대와 세대의 핵심 과제로 떠오르게 되었습니다. 그런데 이 선언 및 그것을 둘러싼 담론에는 명료한 의도와 함께 미묘한 뉘앙스가 담겨 있습니다. 그간 언론매체 등을 통해 이루어진 논의들을 비롯하여, 통일에 대해 서술한 학생들의 글은 대박으로서의 통일을 주장 혹은 논거로, 목적 혹은 수단으로 삼고 있습니다. 우리의 소원은 과연 통일일까요 대박일까요? 우리가 원하는 것은 진정한 의미의 통일도 실질적 차원의 대박도 아닐 수도 있습니다. 우리는 어쩌면 '대박 통일'이라는 이미지 혹은 기표를 다분히 피상적으로 좇고 있는지도 모릅니다. 아무데나 '의리'를 붙여 기계적으로 외쳐대는 말처럼 진정성 없는 울림에 불과할지도 모릅니다. 여기서는 통일이 단순한 대박이 아님을, 대박보다 더 우선적이며 중요한 것이 있음을 정직하게 사유하고 치열하게 고민한 학생들의 글을 만나보겠습니다.

통일은 반드시 이루어져야 합니다. 여기에 토를 다는 사람은 별로 없을 것입니다. 그러나 통일의 당위성을 이유로 통일에 대해 펼치는 상반된 입장들, 차별화된 주장들, 새로운 관점들과 엇갈린 의견들을 간과하거나 경시해서는 안 됩니다. 통일에 대한 자세(통일관)와 통일을 이루기 위한 방법론(통일론)이 누구에게나 같을 필요는 없는 것입니다. 통일에 대한 당위적인 접근이 있다면, 논리적인 잣대도 있기 마련입니다. 통일이 가져다 줄 경제적 효과를 점치는 기대가 있다면, 사회적 불안을 예상하는 우려도 있습니다. 하루 빨리 통일을 해야 한다는 입장이 있다면, 통일이 시기상조라는 주장도 있습니다. 통일이 무조건 필요하다는 사람도 있고, 통일의 조건을 따져야 한다는 사람도 있습니다. 통일의 장점이 나열되다가, 통일의 장애물이 거론되기도 하고, 통일의 부작용 및 후유증이 언급되기도 합니다. 이 문제에 있어서 앞으로의 통일시대를 준비하고 이끌어 갈 젊은 세대의 입장과 주장, 관점과 의견은 어떠한지. 우리는 학생들의 이야기가 궁금합니다. 논리와 명분, 이성과 감성, 이념과 실리, 역사적 사명과 개인적 책임, 시대적 분위기와 세대의 입장 등등. 여기서 학생들의 이야기는 서로 부딪치고 얽히며 겹칩니다. 그럼에도 하나의 뜻이 있고 하나의 마음이 있습니다. 그것을 발견하는 것은 독자의 몫일 것입니다.

〈통일은 대박이 되기 위한 조건〉은 정부의 대북 정책에 발맞추어 젊은이들이 취해야 할 입장과 태도에 대해 이야기합니다. 최동준 학생은 젊은 세대가 대박 통일을 따지기 이전에 통일 주체로서의 역할을 해야 한다고 주장합니다. 이를 위해서 젊은이들은 주인의식, 강인한 의지, 강건한 체력, 공동체 의식 등을 갖추어야 합니다. 다소 국가주의적인 사고로 오해받을 수도 있고, 자신감 넘치는 주장에 비해 논거가 미약하긴 합니다. 그럼에도 통일의 당위성을 확신하는 글쓴이의 관점으로 보자면 통일에 대한 적극적인 사고방식과 넘치는 의욕이 돋보이는 글입니다.

〈'통일 대박' 이전에 놓치고 있는 것은 무엇인가?〉는 민족애 전승이라는 논지를 일관되게 밀어붙이는 글입니다. 양정훈 학생의 어린 시절, 남과 북은 한 민족, 한 핏줄이었고, 분단의 역사는 피부에 와 닿는 가슴 아픈 현실이었습니다. 그러나 그가 대학생이 된 지금, 또래의 청년들이 민족의 분단 상황에 대해 접근하는 방향은 과거와 사뭇 다릅니다. 이 글에서 문제로 삼는 것은 민족의 아픔이 아니라 민족의 정체성이며, 세대의 교체가 아니라 세대의 소멸입니다. 우리 민족의 정체성이 그것을 경험하고 증언할 수 있는 세대가 사라짐에 따라 점차 희미해지고 있다는 것입니다. 양정훈 학생은 이러한 상황을 극복하기 위해 민족애를 전승해야 한다고 주장합니다. 민족애의 전승이 통일을 준비하는 데 근본적 원동력이 되는 까닭입니다. 민족애는 우리 민족의 정체성 그 자체입니다. 중요한 것은 통일을 준비하는 일이 아니라 하나 된 민족의 얼과 사랑이 통일이 될 때까지 전승될 수 있느냐에 달렸습니다. 우리가 포기하지 않는다면 통일은 남의 이야기도 먼 이야기도 아닐 것입니다.

〈통일 꼭 해야 하나요?〉는 분단이 된지 70년이 되는 오늘 한반도 통일의 타당성과 필요성을 주장하는 글입니다. 한덕신 학생은 한반도의 정치적 분단 이후 '고착화된 분단', 즉, 심리적 단절에 대해 이야기합니다. 그는 민족의 분단 역사가 초래한 아픔이 경제적 관점에서 변질되는 상황에 씁쓸합니다. 무엇보다, 반드시 통일해야 한다는 필요를 느끼지 못하는 젊은 세대의 사고방식 앞에서 안타깝습니다. 한 통계자료에 따르면 젊은 세대의 14%만이 북한을 '우리 민족'이라고 답했다고 합니다. 그럼에도 한덕신 학생은 남북이 반드시 통일되어야 한다고 생각하며, 그 이유로 이산가족의 상봉을 듭니다. 1988년부터 2013년까지 등록된 이산가족 상봉 신청자 중 가족을 만난 이들은 20%도 되지 않습니다. 이산가족이 점점 나이 먹어감에 따라, 가족을 해후할 수 있는 가능성은 점점 희박해지고 있습니다. 2040년에는 모든 이산가족이 사망할 것이라 합니다. 한덕신 학생은 이산가족이 이 세상에 존재하지 않는다면 통일의 당위성을 오로지 경제적으로만 생각하는 날이 올까 두렵습니다. 다소 감상적인 접근처럼 보일 수 있으나, 자신이 겪어보지 못한 타인의 아픔을 공감하고 이해하며 나누고 고민하는 마음이 애틋합니다.

김예나라 학생은 앞서 '반드시 통일해야 한다'는 입장에 무조건적으로 긍정하지 않습니다. 〈88만원 세대와 통일〉은 남북통일의 명분에 대한 문제의식을 드러낸 글입니다. 제목에서 보다시피, 이 글은 젊은 세대의 입장과 관점에서 통일의 당위성을 확인하고 분석합니다. 오늘날 대한민국의 청년들은 남과 북이 한민족이기에 언젠가는 통일을 해야 한다고 생각합니다. 다만 통일을 준비하고 이루는 과정에서 직접적으로 혹은 부차적으로 발생하는 경제적 부담으로 인해 통일을 기피하거나 이에 대해 소극적일 수밖에 없습니다. 대한민국의 88만원 세대가 북한 및 통일과 관련된 현안에 기성세대들처럼 깊게 공감대를 형성할 수 있을까요? 젊은 세대는 기성세대에 비해 민족과 국가에 대한 충성심이 상대적으로 낮고, 화합보다는 무한경쟁, 공생보다는 자기생존의 법칙이 지배하는 교육을 받았습니다. 김예나라 학생 역시 통일은 반드시 이루어져야 한다고 생각하며, 젊은 세대의 주도와 개혁 아래에 이뤄질 것이라 생각합니다. 따라서 이들이 통일과 통일 이후의 더 큰 세상을 위해 움직이게끔 하기 위해서는 우선적으로 성장할 수 있는 토대, 도약할 수 있는 발판을 마련해주어야 합니다.

이수연 학생의 〈통일, 평화의 담보인가 결과인가?〉는 매우 차분하고 간결하게 평화 통일에 대한 개인적인 생각을 정리한 글입니다. 글쓴이가 대단히 축약적인 어휘와 문장을 사용하기에, 글의 균형감이나 논지의 전개가 다소 허술하게 보이기도 합니다. 그럼에도 이 글을 쓴 이수연 학생은 통일에 대한 자신의 간절한 마음을 어떠한 감상이나 과장도 보태지 않고, 그야말로 가감 없이 전달하는 데에 성공한 듯합니다.

신한결 학생의 〈기한 없는 숙제를 누가 하겠는가〉는 통일세 도입 문제라는 특정 사안에 대해 매우 현실적인 개인의 입장을 밝힌 글입니다. 이 글의 미덕은 시선을 끄는 도입부, 이어서 짜임새 있게 제시된 명쾌한 주장들에 있습니다. 단정적이거나 극단적으로 보일 수 있는 주장에 직접적인 근거와 수사적인 문장들을 더해 정당성을 확보한 점도 훌륭합니다. 신한결 학생은 통일에 대한 확신이 없는 상태에서 통일세의 도입은 불가하다고 주장합니다. 그에 의하면, 통일세는 국가 조세로서의 성격과 무관하며, 통일 자금 조달에 실질적인 도움이 되지 못하고, 국가적 경제 위축을 초래할 위험이 있습니다. "통일은 아직 미완성된 스케치이며 통일세는 물감이어서, 갈피를 잡지 못하고 지우다 그리기를 반복하는 스케치에 물감을 칠하는 것은 불가능한 일"이며, "천천히 그림의 토대를 잡아나가는 것이 우선적으로 해야 할 순서"라는 성숙한 결론을 얻기까지, 논지에 흔들림이 없습니다. 아울러, "먼 미래의 대박보다는 현재의 대박"을 찾는 것이 더 중요하다는 촌철살인도 놓치지 맙시다.

통일을 숙제에 비유하자면, 오늘의 젊은이들은 주어진 숙제에 대해 그 어떤 반성이나 고민 없이 수동적으로 사고하고 반응하는 '모범생'을 자처하고 있는 게 아닐까요? 조원국 학생은 이러한 문제의식으로부터 통일과 관련한 자신의 주관을 밝힙니다. 〈통일은 숙제가 아니다〉는 앞 선 글과 마찬가지로 통일세 도입에 대해 '숙제'라는 개념을 통해 접근한 글입니다. 이 글의 특징은 매우 간결하고 명료한 문장을 통해 독자의 주의를 환기시킨다는 데 있습니다. 별다른 기교 없이도 독자의 시선을 끌고 독자에게 강한 인상을 줍니다. 조원국 학생은 통일의 필요성이 통일세 도입 여부를 결정할 수 없으며, 실제적으로 두 개의 사안은 서로 무관한 것이라 생각합니다. 때문에 국민이 감당할 수 없는 세금을 부담함으로써 고통 받을 수 있으며, 통일세의 쓰임과 목적이 불명확하고 부당하다고 주장합니다. 끝으로, "통일은 명백히 알고 따져야"하며, "신중히 판단하고 결정해야 할 사안"이라 일갈합니다. 자신의 판단의 틀을 일관성 있게 유지하면서도 억지스럽지 않게 독자를 설득하는 좋은 글입니다.

〈개성공단, 장기적인 시각이 필요한 때〉는 개성공단의 순기능을 밝히면서 남북한 관계의 미래와 가능성을 다양한 측면에서 고찰한 글입니다. 글쓴이는 개성공단이 평화적인 남북관계를 만드는 데 기여하며, 북한의 개혁 및 개방을 촉진시키고, 대내외적으로 유망한 사업이라 주장합니다. 이 글을 쓴 이영태 학생은 벤처중소기업학과에 재학 중으로, 개성공단 사태를 전공영역과 연관지을 뿐만 아니라, 이 사안과 관련된 정치적이고 사회학적인 근거를 요목조목 제시하면서 자신의 주장을 밝힙니다. 다양한 자료를 분석한 바에 의하면, 개성공단은 남북 관계가 일정 수준 이하로 악화되지 않도록 하는 안전장치 기능을 합니다. 또한, 개성공단 사업이 장기화되면 향후 서울, 인천, 개성을 중심으로 한 서해안 지역은 동북아 경제권의 핵심지역이 됩니다. 뿐만 아니라, 개성공단의 유지는 남북한의 시장경제를 활성화 시키고, 개성공단에 진출한 중소기업들은 그 덕을 볼 수 있습니다. 때문에, 단지 몇 가지 문제점을 가지고 개성공단을 반대하는 것은 "빈대 잡으려고 초가삼간 태우는 행위"와 다를 바 없습니다. 글쓴이는 개성공단만의 문제에 머물지 않고, 개성공단 정상화 이후 통일 한국에 이르기까지, 넓고 멀리 보면서 논의를 이어갑니다. 명석한 분석력과 뚜렷한 판단력은 자연히 설득력을 얻기 마련입니다.

때로는 지나치게 신중해 보이는 입장 표명이 극단적인 통일관에 비해 설득력을 확보하기도 합니다. 또한 다소 성급해 보이는 주장이 두루뭉술

한 통일론에 비해 빛을 발할 수도 있습니다. 〈개성공단 정상화, 낙관적이기만 할까?〉는 이미 제목에서 주제와 소재, 입장과 주장을 드러낸 글입니다. 글쓴이 장선우 학생에 의하면, 개성공단의 정상화는 단순히 개성공단의 경제적 가치를 따져 개별적인 차원으로 볼 문제가 아닙니다. 즉, 개성공단 중단 사태 및 재정상화는 개성공단 안에서의 미시적 문제가 아니라, 남북한 서로가 직면한 전반적인 상황으로 인해 발생한 문제의 연장선상에서 바라봐야 합니다. 관점의 문제만 아니라 실제적으로, 개성공단 정상화는 북핵 문제와 같이 남북한이 처해 있는 이른바 '절벽 상황'에 미치는 영향이 미미하다고 합니다. 때문에 글쓴이는 "북한의 태도에 휩쓸리거나 의지하지 않고, 제도적, 물리적 보안 장치를 통하여 남북관계를 긍정적으로 회복해나가야" 한다고 결론을 짓습니다. 다소 강경한 어조로 주장하고 있긴 하지만, 글쓴이 본인이 생각하는 틀과 판단하는 기준을 명확하게 드러낸다는 점은 높이 살만합니다.

〈현실적으로 다가왔을 때의 통일, 우리는 준비가 되어있는가?〉라는 제목은 본문의 내용을 있는 그대로 전달합니다. 이진문 학생은 통일을 준비하기 위한 구체적인 방법과 방안을 제시하지는 않습니다. 그럼에도 막연히 던져진 한 마디 말로서의 통일에 대해 고민한 흔적이 역력합니다. 통일이라는 단어는 그에게 실재하지 않는 말처럼, 먼 나라의 이야기처럼 들렸습니다. 그런데 '통일은 대박'이라는 말 이후, 통일은 그의 생각과 삶의 일부처럼 느껴지기 시작했습니다. 통일을 이야기할 때 언급되는 문제점이나 장점들은 지극히 효용적인 측면에서 계산된 내용에 불과합니다. 통일을 단기적인 계산속으로 접근할 문제로 보는 게 아니라, 보다 장기적인 시야로 준비하자는 것입니다. 그러기 위해서 글쓴이는 교육과 교류라는 해법을 생각해냅니다. 멀리 내다보는 실질적인 통일 교육과 문화적인 격차를 해소하기 위한 남북 교류 외에 당장 할 수 있는 일이 없다는 것입니다.

유태철 학생의 〈대한민국의 블루오션, 통일〉은 경제적인 차원에서 통일을 바라본 글입니다. 글쓴이는 통일이 침체된 대한민국 경제에 활력을 불어넣는 것뿐만 아니라, 사회 다방면에 걸쳐 발전의 원동력이 될 수 있는

'대박 아이템'이라고 생각합니다. 어마어마한 통일비용 때문에 겁을 먹은 사람들에게 글쓴이는 그것이 대한민국이 강대국이 되기 위해 선택할 수 있는 가장 적은 기회비용이라 일갈합니다. 이어서 '코리안 리스크'로 인해 생겨난 막대한 경제적 손실은 통일을 통한 '실물 자본'을 확보하는 방법으로 해결해야 하는 문제라고 이야기합니다. "시간이 흐르는 중에 남북한의 격차는 점점 커질 테고, 그럴수록 통일비용은 점차 증대될 뿐입니다. 이렇게 시간을 허비하다가는 대박인 통일도 부담으로 바뀌게 될 것입니다." 때문에 글쓴이는 하루라도 빨리 통일을 이루는 것이 바로 대박이라고 우리를 촉구합니다.

〈우리가 바뀌야 한다〉의 글쓴이, 정다훈 학생은 다른 학생들과 마찬가지로 통일의 필요성에 대해 이의도 이견도 없습니다. 다만 그가 통일에 대해 고민하는 점들은 다른 학생들과 조금 다릅니다. 통일의 부작용 가운데 그가 문제시 하는 것은 이촌향도 현상입니다. 남과 북의 인구밀도에 대해 미리 계획을 세우고 있는 것입니다. 또한 그는 통일이 순조롭게 이루어지기 위해서는 북한이 아니라 우리가 바뀌어야 한다고 생각합니다. 북한 주민의 의식수준을 걱정하기에 앞서 우리 국민들의 의식부터 개선해야 한다는 것입니다. 그 출발은 지역감정부터 없애는 것이며, 이어서는 북한에 대한 그릇된 시선을 교정하는 것입니다. 비록 주장을 논리적으로 펼쳐내는 데에 서툰 감은 있지만, 통일이라는 대의 앞에서 문제점이 발생한다면 대책을 세우면 된다는 적극적인 자세를 보여준다는 점에서 차별화된 글이라 하겠습니다.

〈통일을 준비하는 우리의 자세〉에서 이석원 학생은 통일을 위해 선행되어야 할 조건에 대해 사유합니다. 그리고 "통일을 이루기 위해서는 우선 국내의 통일 여건을 확충하고 동시에 국제적인 통일 환경을 조성"하는 데 총력을 기울여야 한다고 주장합니다. 그러기 위해서는 지역이나 세대를 뛰어넘는, 보다 큰 틀의 밑그림이 필요합니다. 국민적 합의에 의한 통일국가의 미래상이 바로 그것이며, 이는 상당한 시간과 일련의 과정을 필요로 합니다. 때문에 글쓴이는 현실적으로 가능한 통일 시나리오는 흡수통일임을 인정하고, 정당하고 납득 가능한 흡수통일의 방법에 대해 고민합니다. 해외 북한 동포, 국내 탈북 주민에 대한 각별한 관심과 인권 보호가 그 첫걸음이 될 수 있습니다. 아울러 북한정권에 의한 대남압박에 합리적으로 대응하고, 흡수통일 이후 정책에 있어 취해야 할 입장을 구체적으로 구상해두어야 합니다. 물론 글쓴이는 통일국가의 미래를 준비하면서 민족의 정신적 통합을 이루기 위한 노력을 간과하지 않습니다. 다소 보수적이라거나 지나치게 현실적으로 보일 수 있는 글입니다. 그럼에도 통일을 준비하는 가장 예리하고 치열한 시나리오 중 하나임에는 분명합니다.

한편, 〈우리는 통일을 공부해야 한다〉는 다분히 진보적이며 대단히 학구적인 글입니다. 박유정 학생은 우리가 반드시 알아야 할 통일 관련 역사와 지식을 공부한 뒤 이 글을 작성했습니다. 그는 “정부의 지배 이데올로기에 통일 정책이 좌우되는 것은 매우 위험한 일”이라고 주장합니다. 통일은 정치 및 외교의 문제이기 이전에 민족의 사안이기에, 통일 정책에 있어 일관된 방향성과 독자적인 노선이 있어야 합니다. 통일은 정부가 주도한다고 해서 이루어지는 일이 아닙니다. 통일에 관련된 국가적 사안들이 국가의 차원에서만 다루어져서도 안 됩니다. 언론 역시 통일을 위해 앞장서서 해야 할 임무가 있습니다. 언론은 통일 문제를 이념과 사상의 문제로 쟁점화 시켜서는 안 되며, 국민의 안전과 한반도의 평화를 위해 제 역할을 다 해야 합니다. 아울러 글쓴이는 “통일에 대해 아는 것이라고는 초등학생 때 표어 만들기나 글짓기 대회가 전부인 세대”인 20대 청년들에게 통일에 대해 공부하라고 주장합니다. 통일 공부와 교육은 선택의 문제가 아니라 우리의 의무이기 때문입니다. 단지 우리가 한민족이라는 파토스에 기대어 그 당위성을 강조하는 게 아닙니다. “북한에서 아이스크림을 얼음보숭이라고 부른다는 것을 아는 게 통일 교육이 아닙니다. 우리가 왜 분단이 되었는지, 그 이후의 우리 민족의 삶이 어떠했는지, 우리가 통일을 위해 어떤 노력을 해 왔는지, 지금은 무슨 노력을 하고 있는지, 독일은 어떻게 통일을 하게 되었는지, 그리고 분단시대에 우리들의 역할이 무엇인지” 정확한 정보와 이성적 판단에 의거하여 통일을 논의해야 한다는 것입니다. 진중하면서도 다분히 선동적인 글입니다. 사용하는 어휘나 어조가 다소 강경하지만, 이는 자신의 논지를 견고하게 하기 위한 하나의 전략이라 볼 수 있겠습니다.

윤소희 학생의 〈안정적인 통일 한국을 위한 법제통합〉은 매우 공을 들인 논문입니다. 통일한국을 대한민국의 헌법과 북한의 사회주의 헌법의 통합을 통해 가늠하고 준비하려는 시도가 방대하고도 신선합니다. 남한이 주도하고, 북한이 협의하는 통일을 전제로, 글쓴이는 통일한국의 헌법을 구상합니다. 통합헌법은 자유민주주의 헌법을 기반으로 일부 사회주의적 요소를 첨부하는 형태로 이루어지며, 이를 제정하기 위한 단계는 기본원칙, 전문, 영토조항, 기본권, 국가원리 등의 순으로 이루어집니다. 통일과 관련하여 남과 북의 헌법을 공부한 것만 아니라, 관련된 자료들을 꼼꼼히 조사하고 날카롭게 분석한 과정이 여실히 드러납니다. 사유의 깊이와 폭에 걸맞은 연구 결과라 하겠습니다. 이 논문의 결과는 단지 주제와 소재, 방법론의 조화만으로 이루어질 수 있는 것이 아닙니다. 통일과 같은 거대 담론을 학술적으로 탐구하다 보면, 대상에 접근하는 글쓴이의 주관과 태도가 드러나기 마련입니다. 윤소희 학생은 안정적인 통일을 대비해야 하는 절실한 필요성을 인식하고, 장기적으로 현실성 있는 대책을 마련하고자 제 나름의 노력을 하고 있는 것입니다. 통일한국을 준비하는 지성으로서 그야말로 부족함이 없습니다.

# 통일은 대박이 되기 위한 조건

금융학부 최동준

2014년 첫 신년 기자회견에서 언급된 박근혜 대통령의 '통일 대박론'은 이후 수많은 찬반여론을 낳으면서 세간을 떠들썩하게 했다. 이날 대통령은 대한민국이 도약하기 위한 필수적 단계로 통일을 지목하고, 대북 인도적 지원을 강화하는 한편 민간교류를 확대하겠다는 등의 의지를 보였다. 나는 이렇게 정부의 지원이 강화되어 가는 만큼 통일을 대박으로 만들기 위해 우리가 취해야 할 태도 있다고 생각한다.

첫째, 통일은 내가 만든다는 생각으로 주인의식을 갖는 것이다. 현대인들의 문제점 중 하나가 '대중화'다. 익명성 속에 자기 자신을 숨긴 채 무책임하게 살아가려는 특징이 나타난다. 내가 하기 싫다고 타인에게 미룬다면 타인도 이것을 싫어할 것이다. 어려운 일도 해보려는 도전 정신과 의욕을 갖도록 노력하고, 이 세상은 '내가 주인'이라는 의식을 가진다면, 어려운 문제도 쉽게 해결할 수 있다. 만약 열심히 노력해도 안 된다면 주변 사람들에게 도움을 받아 성취하려는 자세도 필요하다. 통일 문제에 있어서도 우리가 주인으로서 우리의 문제라는 인식을 갖고 해결하려는 자세가 필요하다. 남과 북의 모든 민족 구성원은 남의 문제가 아닌 우리 자신의 문제인 통일에 보다 깊은 관심과 애정을 갖고 통일에 접근해가야 한다.

둘째, 강한 의지력을 키워한다. 공부하는 사람들을 보면 끝까지 최선을 다하는 사람이 있는가 하면, 처음부터 "나는 공부를 잘 못하니까" 하면서 자포자기하는 사람이 있다. 최선을 다하는 사람들의 경우, 온갖 인상을 찌푸리며 안간힘을 다 쏟는 우리 모습에서 진한 감동을 느낄 수 있다. 구경을 하던 많은 친구들이 박수를 보내고 응원의 함성을 지를 때, 그 학생은 드디어 "생애 첫 턱걸이를 했다"라는 인생의 성취감을 느끼게 될 것이다. 이것이 청소년의 진짜 모습이 아닐까? 대부분 청소년들은 스스로 문제를 해결하기보다는 부모님께, 선생님께, 친구에게, 심지어 모르는 사람에게까지 기대려고 한다. 이는 자신감과 의지가 부족해서이다. 통일문제도 우리 세대에 반드시 이루겠다는 강인한 의지력을 갖는다면 어떠한 어려움이 있어도 성취될 것이다. 통일에 대한 강한 의지는 어떠한 장애도 극복할 수 있기 때문이다.

셋째, 강인한 체력을 바탕으로 건전한 정신을 갖자. 입시, 취업 과정에 찌들어 있는 우리들의 체력은 체격에 비해 균형이 맞지 않는다고 한다. 즉 몸은 비대하고 키는 컸지만, 기본적인 체력은 자꾸만 하락하고 있다는 것이다. 국가의 장래는 청·장년층들의 건강한 신체와 건전한 정신에 달려 있다. 청·장년층들은 건강한 신체의 단련을 위해 많은 노력이 필요하다. "건강한 신체에 건전한 정신이 깃든다"는 말에서도 우리는 건강의 중요성을 다시 한 번 깨닫게 된다. 통일은 분명 우리의 사명이다. 청·장년층들은 통일국가의 주역이 되는 세대이다. 통일국가가 우리 모두에게 과거보다 더 발전된 미래상을 보여 주려면 그 주역 세대인 우리 청·장년층들이 강인한 체력, 건전한 정신을 가지고 통일에 접근해야 한다. 건강한 청·장년층이 있는 한, 우리의 미래는 밝고, 통일에 그만큼 빨리 다가설 수 있을 것이다.

마지막으로, 나보다는 국가, 사회, 가족의 소중함과 미래를 생각하는 젊은이가 되자. 우리는 '하나, 둘, 셋, … 아홉, 열', 이런 식으로 순서를 정한다. 보다 큰 숫자는 작은 숫자를 이미 포함하고 있는 것이다. 국가라는 거대한 조직 사회는 가정, 직장, 학교 등 모든 조직을 다 포함한다. "나라의 발전이 내 발전의 근본이다"라는 식의 말은 지나치게 권위주의적이거나 국가중심적인 발상이 아니다. 오히려 공동체적인 삶의 중요성을 이야기하는 말이다. '나' 하나보다는 우리 이웃, 학교, 사회, 국가라는 보다 많은 사람이 모여 사는 큰 집단의 미래를 생각해야 한다. 현명한 사람이란 미래를 내다보고, 미래의 변화에 대비하며, 능동적으로 미래를 개척할 수 있는 사람이다.

통일은 결국 우리나라의 문제이고, 꼭 해결해 나아갈 문제이다. 따라서 우리는 통일에 대해서 항상 책임감을 가지고 있어야 한다. 또한 책임감을 가지고 우리의 현 상태에서 할 수 있는 것들을 이행해야 한다고 생각한다. 그리하면 결국 통일이 대박이 될 수 있을 것이라고 생각한다.

# '통일 대박' 이전에 놓치고 있는 것은 무엇인가?

철학과 양정훈

## 세대의 소멸

남과 북이 남북전쟁의 정전협정을 맺은 지 어언 60의 세월이 흐른 지금, 많은 것이 바뀌었다고 말할 수 있다. 나는 1990년생이다. 이제 만으로 스물넷인 내가 초등학생이던 2000년대 초반, 텔레비전에서는 남북이산가족 상봉으로 떠들썩했다. 나이 많으신 할머니 할아버지들이 남과 북으로 서로 떨어졌다가 몇 십 년 만에 만나 부둥켜안고 엉엉 울며 해후하던 모습을 볼 수 있었다. 초등학생이던 나는 그저 '아 많이 보고 싶었나보다. 서로 가족인데 저렇게 오랜 기간 떨어져 있었다니…' 생각하곤 했다.

어린 내 곁에는 개성 출신으로 피란을 겪으신 할머니와 큰아버지가 계셔서 전쟁 중에 흩어진 친지나 친구에 대한 이야기를 해주기도 하셨다. 나야 물론 어렸기에 어렴풋이 짐작할 뿐이었다. 그렇지만 텔레비전에서 보는 사람들과 할머니의 말씀을 함께 들으며 한 가지 분명한 것을 느낄 수가 있었다. 텔레비전 속의 북녘 사람들은 생판 남이 아니라는 것이다. 북녘 사람들은 내 곁에 있는 할머니나 큰아버지가 항상 그리워하던 우리 가족이었고 다시 만난 것이 기뻐 울고불고 얼싸안는 같은 민족이었다. 대한민국은 냉전시대 이념의 대립에 의해 남과 북으로 잠시 분단된 것뿐이었다. 어린 내 주위엔 직접 분단을 겪은 어른들을 비롯하여, 사회 구성원의 대다수가 이 민족 분단의 아픔을 공유하고 있었다. 내가 어릴 적엔 분단이 이렇게 피부로 느껴지는 현실이었던 것이다.

내가 대학생이 된 지금, 내 또래나 청소년층을 보면 분단이 의미하는 바는 사뭇 다른 것 같다. 금강산 관광이 5년 넘게 중단됨은 물론, 이산가족 상봉에 대한 관심도 줄어들었다. 남과 북이 한민족이었다는 사실을 되새김질 하려 해도, 각종 매체를 통해 접하는 내용과는 현실적으로 맞닿아 있지 않다. 이는 현재 남북관계가 예전만 못한 영향도 있을 것이다. 그러나 그보다 더 큰 영향을 끼친 근본적 문제는 바로 세월의 흐름, '세대의 소멸'이다. 6.25를 몸소 겪은 세대의 다수가 정전 60년의 세월이 지나면서 사망하였고, 이제 남은 이들도 생을 얼마 남겨두지 않았다. 우리 사회에서 남북이 한민족이고 한 핏줄이었다는 것을 몸소 증언해줄 세대가 점점 희미하게 사라져버린 것이다.

이러한 세대의 소멸과 흐름을 같이 하여 우리 주위의 북한에 대한 인식 또한 굉장히 많이 변화하였다. 최근 청소년을 대상으로 한 설문조사 동향을 살펴보면, 청소년들은 중장년 세대에 비해 통일에 대한 필요성을 느끼지 못하며 북한을 한 핏줄로 생각조차 않는 것이 여실히 드러난다. 한민족이 아니라 오히려 남한에게 놓인 부담스러운 짐, 세계평화를 해치는 이상한 집단이라는 인식이 강하다. 분단중인 우리 민족의 정체성과 민족애가 그것을 경험하고 증언할 세대의 소멸과 함께 점차 희미하게 사라지고 있는 것이다. 이는 지금의 청년층이 사회의 주 활동층으로 역할하게 될 10년, 20년 후를 바라본다면 더욱 심각한 일이다. 앞으로 이들은 남북의 통일을 추진해야 할 세대다. 혹시나 가까운 미래에 통일이 이루어진다면 이들이 곧 통일 세대가 될 것이다.

## 우리는 무엇을 놓치고 있나

이와 같이 분단 역사를 경험한 세대는 사라지고 있고 대북 인식은 변화하고 있다. 이 상황에서 우리가 할 수 있는 최선의 노력이자 해법은 바로 다음 세대에 민족애를 전승하는 것이다. 민족애의 전승이 통일을 준비하는 데 근본적 원동력이 되는 이유는 다음과 같다.

첫째, 민족애는 우리 민족의 정체성 그 자체이기 때문이다. 남과 북은 한반도 내에서 고조선, 삼국시대, 고려시대, 조선시대를 지나 일제강점기까지 반만년의 유구한 역사를 함께 하였다. 우리 민족은 대륙의 중국 및 섬나라 일본과 구분되는 특별한 민족적 정체성을 가지고 있다. 함께 한 반만년에 비하면 60년의 분단은 정말 짧은 시간이다. 비록 세계적 흐름과 이념의 대립으로 인해 반으로 쪼개지긴 하였지만, 우리는 언젠간 역경을 딛고 다시 합쳐져야 하는 한민족임을 알아야 한다. 남북이 하나라는 민족애의 전승은 우리 민족의 정체성을 후대가 이어받아 계승하는 중요한 과정인 것이다.

둘째, 우리 이후에 살아갈 세대가 남북이 한민족임을 피부로 체감할 수 없기 때문이다. 남한과 북한이 실제로 가족이었던 역사의 세대가 완전히 소멸하고 나면 더 이상 남북이 한 핏줄을 지닌 동포라는 사실을 곁에서 증언하고 직접적으로 느낄 수 없게 된다. 북한이 우리와 피를 나눈 동포임을 내 주위에서 체감할 수 없는 가운데 지금과 같은 인식이 계속된다면, 점차 통일을 괘념치 않게 될 것이며 민족의 정체성은 더 희미해질 것이다. 따라서 더 이상 교류의 필요성을 느끼지 못 할 것이며 심지어 종래에는 남북이 한민족이라는 것을 망각하게 될 수도 있다. 직접적으로, 또 간접적으로 민족애를 전승하는 것은 우리가 할 수 있는 최선의 노력이다.

셋째, 북한의 동포와 주민들은 아무런 죄가 없기 때문이다. 북한 정권과 김정은은 김정일 사후에도 공산주의 체제를 포기하지 않고 독재를 고집할 뿐만 아니라 전 세계를 상대로 위협을 가하는 태도를 유지하고 있다. 남북 분단의 원인은 냉전시대 이념의 대립 때문이었을지 몰라도, 지금의 북한 정권은 정신교육과 세뇌를 통해 독재를 이어가고 있다. 하지만 2천만 북한 주민은 죄가 없다. 북한 주민들은 집권 세력과 당의 억압을 받고 있는 죄 없는 우리의 동포이다. 현재 우리나라의 젊은이들은 북한의 거듭된 전쟁 위협과 도발로 인해 북한 전체에 대해 공격적인 인식을 가지고 있으며 북한의 매우 궁핍한 경제적 상황 때문에 우리가 짊어져야 할 짐과 같이 여기고 있다. 이런 생각을 갖고 있는 젊은 세대에게 민족애를 전승하여 올바른 이해를 도와야 한다. 죄 없이 희생당하고 억압당하고 있는 북한 동포들은 한민족으로 품을 수 있는 마음의 힘을 길러주어야 하는 것이다. 따라서 민족애의 전승은 어떤 통일 준비보다 중요하다.

넷째, 통일이 언제 이루어질 수 있을지 모르기 때문이다. 통일은 생각보다 빠른 순간에 찾아올 수도 있으며 앞으로 시간이 필요할 수도 있다. 만약 지금 세대에서 어떠한 방법으로 통일을 이룩하더라도 60년간 벌어진 인간적, 사회적, 정치적, 경제적 간극을 메우는 남북공존의 책임을 직접적으로 지고 갈 세대는 우리 이후의 세대가 될 것이다. 물론, 통일이 지금보다 먼 미래에 이루어질 수도 있다. 남북통일은 국내외적으로 첨예한 이해관계가 얽혀있어 결코 만만히 봐서는 안 될 민족의 숙명이다. 따라서 남북이 통일되는 데에는 세계적 흐름을 동반할 수도 있고 시간이 더 필요할 수도 있다. 시간이 지난 후에도 민족의 숙명을 계속해서 추진할 수 있으려면 우리 후대가 끝까지 통일을 추구할 수 있는 원동력으로서 민족애를 전승해야 한다.

## 어떠한 상황에서도 통일의 원동력

그렇다면 민족애를 전승하기 위한 방법에는 어떤 것이 있는가? 우리가 궁리한다면 다양한 방법을 찾을 수 있을 것이다. 가령 금강산 관광을 재개하여 수학여행지로 활용한다면 어떨까? 금강산은 민족의 명산으로서 이산가족 상봉이 이루어지는 장소라는 상징성을 가진 곳이다. 금강산 관광은 북한을 방문하여 분단된 현실을 눈으로 보고 직접 체감하는 체험학습이 될 수 있으며, 이로부터 북한이 멀고 이질적인 나라가 아니라는 학습효과도 얻을 수 있다. 실제로 2000년대 중반 정부의 지원으로 금강산 관광이 수학여행지로 활용된 적이 있었다. 직접 북녘 땅을 밟고 온 학생들의 80%가 관광 후 금강산 관광이 통일교육으로서 의미가 있었다고 응답한 것으로 보아, 민족애 전승의 한 방편으로 효과적이라고 생각된다.

작년 이때쯤, 북한은 "이 땅에서 전쟁이 일어나겠는가 말겠는가가 아니라 오늘 아니면 내일인가 하는 폭발 전야의 분분초초를 다투고 있다"고 폭탄선언을 하며 남한을 위협했다. 반면에 올해 초 박근혜 대통령은 '통일 대박' 발언을 하며 통일을 준비하고 있다. 남북한이 이렇게 다른 태도를 보이지만 그럼에도 통일을 주장할 수 있는 것은 우리가 한민족이기 때문이다. 혹자는 통일한국을 남북의 첨예한 대립 끝에 불행하게 맞을 비극으로 보기도 하고, 혹자는 통일한국을 세계로 도약하는 장밋빛 미래로 보기도 한다. 통일을 위해 고려해야 할 사항은 매우 복잡하며 무궁무진할 것이다. 먼저 통일한 독일, 베트남, 예멘 등의 사례도 꼼꼼히 따져보아야 하며, 통일에 드는 비용과 남북의 경제적 간극을 메우는 경제적 문제, 통일이 불러올 엄청난 사회적 혼돈도 생각해봐야 할 것이다. 하지만 가장 중요한 것은 이렇게 통일을 가정하고 예측하며 준비하는 일이 아니라 우리 민족의 얼인 민족애가 통일이 될 때까지 전승이 되느냐는 것이다. 통일을 위한 준비의 기저에 한민족의 정체성을 기본으로 한 동포애와 민족애가 없다면 그 준비는 허울뿐인 것으로 조그만 변화에도 속절없이 무너지고 말 것이다. 민족애는 전승되어야 한다. 민족애는 한민족의 정체성으로서 어떠한 상황이 닥치더라도 끝까지 남북의 통일을 포기하지 않게 하는 힘이기 때문이다.

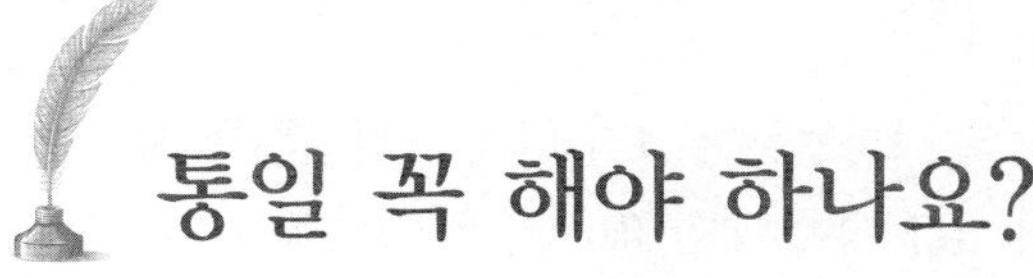

# 통일 꼭 해야 하나요?

경제학과 한덕신

1945년 8월 15일, 일본의 항복과 함께 북위 38도선을 중심으로 미군과 소련군이 각각 분할 점령을 하였다. 대한민국 정부가 수립되고, 같은 해 9월 9일 조선민주주의인민공화국 정부가 수립됨으로써 정치적으로 한반도는 분단되었다. 그리고 6·25전쟁을 치루면서 서로를 적대시하게 되면서 우리는 '심리적으로' 분단되었다. 1953년 6·25전쟁의 종결을 위한 한반도 휴전 협정의 체결과 함께 한반도는 북위 38도선이 아닌, 새로이 설정된 비무장 지대를 경계로 해서 분단이 고착화되었다. 우리가 의도하지 않았던 분단은 우리에게 아픔만을 가져다주었다. 올해로 분단이 된지 70년이 되는 상황에서 '통일을 꼭 해야 하는가?'에 대하여 생각해볼 필요가 있다.

박근혜 대통령은 통일을 '대박'이라고 표현하면서 잠잠하였던 통일의 불씨에 불을 지폈다. 대통령이 남북통일을 대박이라고 표현한 이유에는 중국의 급속한 성장과 강대국들의 치열한 경제전쟁으로 인하여 경제성장률이 지속적으로 하락하고 있는 한반도에 경제적 이득을 안겨줄 것이라는 생각이 깔려 있다. 그럼에도 불구하고 국민의 54%만이 통일에 대한 대통령의 구상을 지지하는 것으로 조사되었다. 국민들이 정부의 통일론을 지지하지 않는 이유는 생각보다 간단하다. 북한 체제의 붕괴 및 여타 사유로 인해 단시일 내에 통일이 이뤄질 경우, 치러야 할 비용이 막대하다는 인식이 팽배하기 때문이다. 설문에 따르면 한국 국민의 17%는 통일 기금 마련을 위해 추가적인 세금을 낼 의향이 없다고 답했다. 또 38%는 100달러 미만의 세금을 부담할 의향이 있다고 답했다. 이 결과는 모든 연령층과 각각 다른 정치적 성향을 지닌 응답자들 사이에서 대체로 일관되게 나타났다. 현 상황에서 민족이 분단이 되어있는 아픔을 치유하기 위해 통일을 구상하는 것이 아니라 경제적 관점에서 통일을 바라보고 있는 모습이 씁쓸하기만 하다.

경제적 관점으로 통일을 살펴보는 것보다 더 씁쓸한 상황이 있다. 바로 세월이 흐를수록 통일의 필요성에 대한 인식이 약화되고 있다는 점이다. 오랜 세월 우리가 '한 핏줄'이라는 의식은 흔들린 적이 없다. 이 신념을 근간으로 통일은 시간의 문제일 뿐 반드시 이뤄야 한다는 사고가 유지되었다. 그러나 최근 젊은 세대 사이에서는 통일의 필요성에 대한 의문이 제기되고 있다. 2014년 3월에 실시된 설문에서는 20대 응답자의 22%가 현상유지를 선호한다고 밝혀 다른 연령층보다 높은 비율을 나타냈다. 이는 40대 응답자의 3배에 육박하는 수치다. 20대 응답자들 사이에서는 북한을 이웃국가(27%)이라고 보거나 적국(28%)이라고 보는 비율이 거의 동등하게 나타났다. 14%만이 북한을 '우리 민족'이라고 답했다. 한국 젊은이들에게 북한은 이제 우리의 민족이기보다는 이웃국가나 적국으로 보고 있다. 이러한 상황 속에서 다시 한 번 '통일을 꼭 해야 하는가?' 묻고 싶다.

나는 통일을 꼭 해야 하는 중요한 이유로 이산가족의 상봉을 말하고 싶다. 대한민국이 일본으로부터 해방되고 나서 대부분의 사람들은 한 민족이 둘로 나누어지는 분단이라는 아픔이 기다리고 있을 것이라고는 상상조차하지 못했을 것이다. 그렇게 상상할 수 없는 일이 광복이라는 기쁨 앞에 어둠처럼 펼쳐지게 되었고, 그로인해 이산가족이 생기게 되었다. 만약 당신이 자신의 의지와는 의도치 않게 가족들과 떨어져 지내게 되었고 만날 수조차 없다면 어떤 마음이 들겠는가? 분명 가족에 대한 유대감을 가지고 있는 사람이라면 가족들과 다시 만나기 위하여 수단방법을 가리지 않았을 것이다. 그러나 1988년부터 2013년까지 등록된 이산가족 상봉 신청자는 12만 9천 264명이지만 해후를 한 사람은 불과 2만 5천 명에 지나지 않는다. 게다가 이산가족 고령화로 더욱 심각한 상황이다. 건강상의 이유로 상봉을 포기하는 경우가 나오고, 상봉 과정에서도 치매 등으로 혈연을 알아보지 못하는 안타까운 사례도 발생하고 있다.

**이산가족 생존-사망자 변화 추이**

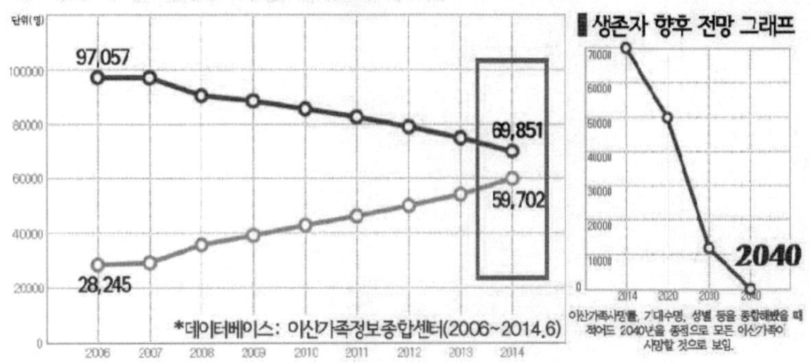


분단의 세월이 흐를수록 이산가족의 수는 점차적으로 줄어들고 있다. 위의 표는 이산가족 생존자와 사망자의 통계자료를 나타낸 것이다. 표에 따르면 2040년에는 모든 이산가족이 사망할 것이라고 전망하고 있다. 이 예상대로라면 지금으로부터 약 25년 후 이산가족들은 이 세상에 존재하지 않게 된다. 이산가족이 이 세상에 존재하지 않는다면 통일을 해야 하는 타당성을 오로지 경제적인 관점으로만 생각하는 날이 올지도 모른다. 따라서 나는 이산가족이 세상에 있을 때 하루 빨리 통일을 이루었으면 하는 바람이다.

분명 통일을 하면 많은 부작용이 발생할 수 있다. 우리보다 먼저 통일을 한 독일의 경우 통일비용 부담으로 경제성장률이 후퇴하였고 재정적자가 늘어났다. 이러한 경제적 요인뿐 아니라 사회적 후유증도 발생하였다. 동독 주민들의 경우 과거 체제를 백지로 돌리고 새로운 체제에 적응을 하는데 큰 어려움을 겪었다. 서독주민들도 통일비용 조달을 위해 각종 세금이 지속적으로 인상이 되어 불만이 생기게 되었고, 또한 복지와 치안의 문제 등에서 안정 기반이 흔들리게 되어 미래에 대하여 불안감을 가졌다. 이러한 부작용들은 동독주민들과 서독주민들의 갈등을 심화시켜왔으며 사회통합을 이루어 내는 데 장애물이 되었다. 그럼에도 나는 이러한 문제들이 발생할 수 있다는 것을 알고 '타산지석'할 수 있다고 생각한다. 무엇보다 나는 가족과 원하지 않는 이별을 해야 했던 분들의 슬픔을 자신의 일로 생각하는 '역지사지'의 자세로 통일을 준비한다면 한반도에 있는 모든 국민들이 슬기롭게 모든 장애물들을 헤쳐나갈 수 있을 것이라고 생각한다.

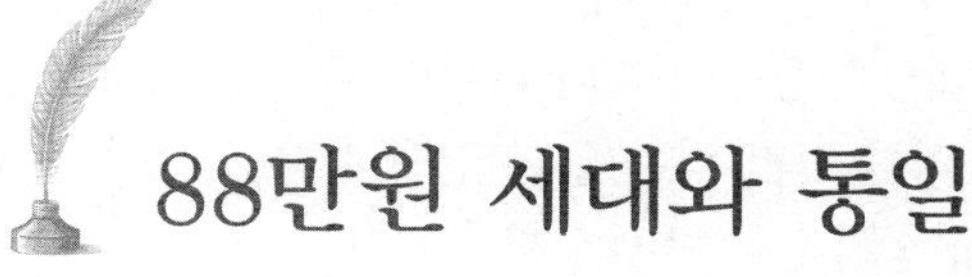

# 88만원 세대와 통일

문예창작학과 김예나라

어린 시절 불렀던 노래, '우리의 소원'이라는 노래는 애국가, '독도는 우리 땅' 등과 더불어 전국민이 아는 몇 안 되는 노래일 것이다. 이 노래가 '우리의 소원은 통일'이라는 동일한 제목으로 북한에서도 불린다는 것을 아는 사람은 얼마나 될까? 1948년 발표되어 한국에서만 불리던 이 노래는 1989년, 임수경에 의해 북한에 전해지며 널리 퍼졌고, 김대중 전 대통령과 김정일이 6.15 공동선언에 서명한 후 손을 맞잡고 이 노래를 부르기도 했다.

그렇다면 정말 우리의 소원은 통일인 것일까? 2014년 9월부터 10월까지 통일연구원이 전국의 19세 이상 성인남녀 1000명을 대상으로 한 '북한과 남북통합에 관한 인식' 조사에 의하면, 국민 10명 중 7명은 통일이 필요하다고 응답한 것으로 드러났다. 그러나 2013년 말에 실시된 다른 여론 조사는 통일연구원의 이번 조사와 사뭇 다른 국민 정서를 보여준다. '남북통일이 빨리 와야 한다'는 응답은 20년 전에 비해 절반으로 줄어든 반면, '통일보다 현재가 낫다'고 답한 사람들은 두 배로 늘었다.

21세기를 사는 20대, 88만원 세대라 불리는 오늘날의 청년들은 어떻게 생각할까? 이 조사에서 20대는 4명 중 1명 꼴로 분단체제를 선호한다고 답했다. 현대경제연구원 분석을 보면, 통일의 필요성과 관련하여 연령이 낮을수록 통일에 대한 공감대가 떨어졌다. 특히 사실상 통일세대가 될 20대 중 31.6%가 '통일을 할 필요가 없다'고 피력했다. 통일연구원의 조사에 의하면 통일을 해야 하는 이유에 대해 '같은 민족이니까'라는 응답이 가장 많았고, 개인의 효용성을 묻는 질문에는 66%가 '이익이 되지 않을 것이다'라고 답했다. 즉 우리 국민들은 한민족이기 때문에 통일을 해야 한다고 생각은 하지만, 통일의 경제적 부담으로 인해 통일을 기피하는 경향을 갖고 있다고 볼 수 있다. 이런 양상은 민족과 국가에 대한 충성심이 상대적으로 낮고, 사회에서 자리를 잡기 힘든 무한 경쟁 시대를 살아가는 오늘날의 20대들에게서 더욱 심화될 수밖에 없다.

오늘날 대한민국의 청년들은 고달프다. 기성세대는 요즘 젊은이들이 배고픔을 몰라 근성과 끈기가 없다고 고달픈 삶의 책임을 떠넘기려 하지만, 이들 88만원 세대는 기성세대와 출발부터 달랐다. 내 어린 시절을 회상해보면 학원을 다니지 않는 애는 '별종'으로 취급됐으며, 초등학교 때부터 선생님들의 입소문과 눈빛으로 암암리에 아이들끼리 등수가 꼽히곤 했다. 다니던 중학교가 우열반 시범학교로 선정되어 성적으로 친구들과 반이 갈리기도 했고, 반 등수부터 전교 석차까지 나오는 성적표를 받아든 날이면 비슷한 성적의 친구들과 우애를 다지기도 했으며, 나보다 한참 앞서 있는 친구를 향해 복수를 다짐하기도 했다. 고등학생 때는 월 단위, 주 단위의 공부 계획도 모자라 분 단위, 초 단위까지 쪼개는 시간 관리를 선배에게 전수받으며 우리는 수능을 준비했다.

이렇게 12년간의 학교생활을 거쳐야만 대학에 갈 수 있었다. 청소년들의 자살률은 전체 사망률의 30%를 넘는다. 전쟁이라 불리는 입시를 거쳐 대학에 들어와도 전쟁이 끝나는 것은 아니다. 상대평가로 인한 학점 경쟁은 물론이고, 등록금, 치솟는 물가로 인해 아르바이트와 각종 근로를 병행하고, 토익, 대외활동 따위와 같은 스펙의 압박에 시달린다. 이 모두를 무사히 넘겨 졸업하면 청년실업률 8.5%의 사회 속에서 무한 경쟁의 취업난에 시달려야 하는 게 88만원 세대의 현실이다.

학창시절이라는 어두운 터널 속을 자살하지 않고, 또 도태되지도 않고 빠져나와 경제활동을 하는 독립적인 성인이 되기까지는 이토록 힘들고 어렵다. 청년들은 통일에 대한 장밋빛 전망이 실은 늘어나는 세금과 희생해야 할 권리들이라는 것을 알고 있다. 20대의 통일 지지율은 급격히 떨어질 수밖에 없었던 것이다. 5,000만 국민 중 하나로 사는 것도 이렇게 힘든데, 우리보다 훨씬 가난하고 교육수준도 떨어지는, 얼굴 한 번 보지 못한 북한 주민들을 '도와주며' 살아야 하는 미래를 어떻게 마냥 긍정적으로 평가할 수 있을까.

선행되어야 하는 것은 경제 성장이다. 위로의 양적 성장이 아니라 옆으로의 질적 성장이 필요하다. 일자리 창출과 부유층 세수 증가를 통해 부의 양극화를 줄이고, 고통을 분담해야 한다. 통일에 대한 당위성이나 책임감은 이미 국민적 공감대가 형성되어 있다. 하지만 내가 타고 있는 배가 세계화의 풍랑과 디플레이션이라는 해일에서 안전하지 않은데, 더 많은 인원을 이 배 위에 올리겠다고 하니 스스로의 안전이 걱정되는 상황일 수밖에 없다.

우리 세대에서 통일이 이루어질 것이라는 예측이 점점 현실화 되는 것 같다. 김일성, 김정일, 김정은으로 3대 세습이 이어지는 동안 북한 사회의 통치기반과 김씨 일가의 정당성이 예전 같지 않다는 탈북자들의 진술이 계속되고 있고, 유엔의 북한 인권 결의안 등 국제사회의 움직임도 북한을 압박하고 있다. 대내외적으로 북한의 근간이 약해지고 있는 것은 분명해 보인다. 이제 우리나라에서도 실제적인 통일 준비를 위한 국가적인 움직임이 필요한 시기다. 수신제가치국평천하, 이 말이 이 상황에서 쓰일 수 있을 것 같다. 한민족이기는 하나, 북한과 우리는 60년이 넘는 세월을 나눠져 살아왔다. 강산이 여섯 차례 변하는 동안 경제규모나 국민정서, 문화적 바탕 등 삶을 구성하는 모든 것이 서로 다른 나라처럼 변했을 것이다. 그렇다면 우리는 우선 우리부터 바꿔야 한다. 아직 대한민국도 나아가야할 길이 멀다. 우리 국민의 살림살이가 좋아지고 정부와 사회에 대한 믿음이 우선되어야 남을 돌볼 마음도 생길 수 있을 것이다.

지금 인터넷 포털사이트에서 '한반도의 밤'이라는 단어가 인기검색어 순위에 올라있다. 대낮처럼 밝은 한국의 야경과, 칠흑같이 어두운 북한의 야경이 한반도에 함께 있는 나사의 사진이 로이터 올해의 사진으로 공개되었다고 한다. 어릴 때부터 이메일과 핸드폰, SNS 따위가 일상인 우리 88만원 세대가 통일과 한민족, 분단국가와 이산가족 등과 같은 북한과 관련된 현안에 기성세대들처럼 깊게 공감대를 형성할 수 있을까? 통일은 물론 이루어져야 한다. 그리고 시기상 그 통일은 88만원 세대의 주도와 개혁 아래에 이뤄질 것이다. 20대인 우리가 '수신'을 할 수 있도록 기성세대가 그 발판을 마련해주어야 한다. '치국'과 '평천하'는 그 이후에 이뤄질 것이다.

# 통일, 평화의 담보인가 결과인가?

국제법무학과 이수연

'좋은 전쟁이란 있어 본 일이 없다. 또한 나쁜 평화라는 것도 있어 본 일이 없다.' 미국의 정치가이자 과학자였던 벤자민 프랭클린이 한 말이다. 전쟁이라는 것이 어떻게 긍정적으로 평가될 수 있겠으며, 평화라는 것이 어떻게 부정적으로 인식될 수 있겠는가? 어떠한 명분에서든지 전쟁은 절대로 정당화될 수 없다. 또한, 평화는 인류가 영원히 추구해야 할 보편적 가치다. 따라서 좋은 전쟁이란 없고, 나쁜 평화 역시 존재하지 않는다는 프랭클린의 말은 당연하게만 느껴진다.

전 세계 200여개가 넘는 국가들은 이질적인 민족과 인종을 토대로 하며 복잡한 역사적 배경을 간직하며 존속하고 있다. 그럼에도 그 국가들은 통일된 국가로 인정받고 있으며, 이질성보다는 동질성을 바탕으로 국가적 전통을 유지해오고 있다. 이 점이 우리에게 시사하는 바가 무엇인가? 남한과 북한 사회는 진정 동질의 국가사회로 역사적 전통을 지켜왔음에도 불구하고 아직 평화통일을 이루지 못한 채 분단국가로 잔류해 있다. 따라서 앞서 평화통일을 실현한 독일 등의 전례를 토대로 우리도 평화적인 통일국가를 이룩해야 한다.

요즘의 젊은 세대들은 통일에 대해 막연한 생각을 가지고 있는 경우가 대부분이다. 그럴 만도 한 것이 젊은이들은 통일에 대해 경험한 바가 없을 뿐만 아니라, 제대로 된 역사 교육을 받지 못하였고, 이에 따라 통일에 대한 역사적 인식이 부족하기 때문이다. 이와 관련하여 필자인 나도 상식 이상의 지식이나 정보를 갖고 있다고는 할 수 없을 것이다.

또한, 분단 상황이 지속되면서 통일의 필요성 혹은 당위성은 점차 상실

되고, 통일이 우리와는 상관없는 일처럼 여겨지기 시작하였다. 요즘엔 오히려 통일에 대해 부정적이고 회의적인 인식이 확산되고 있는 느낌마저 든다. 그러나 통일 문제에 대한 논의는 국가적 차원에서 대두되어야 하며 다양한 논의를 통해 통일에 한 걸음 더 다가가야 한다. 국가적 차원으로서의 통일에 대한 논의가 확대될 때 개인의 관심과 열의를 일으킬 수 있기 때문이다.

먼저 통일을 이룩한 독일의 사례에 비추어 우리가 그려볼 수 있는 가상의 통일 세계를 상상해보자. 분명 독일은 통일 한국의 지향점을 제시한다. 분단국가의 정치적 안보의 상황은 매우 암담하다. 게다가 경제적인 문제 등을 이유로 통일 직후의 한반도 미래가 오히려 암울해 보일 수도 있다. 그러나 지금 우리는 불완전한 평화를 누리고 있을 뿐이라는 점에서, 하루 빨리 통일 이후의 불안정한 상황을 해소해야 한다는 점에서, 우리는 더더욱 통일의 필요성을 역설할 수 있다. 지금이 진정 남북한 통일을 이야기할 때이다. '우리의 소원은 통일, 꿈에도 소원은 통일', 빤한 이 노랫말이 모두의 마음속에 간절한 염원으로 메아리치길 바란다.

# 기한 없는 숙제를 누가 하겠는가

평생교육학과 신한결

초코파이의 유통기한은 20160715, 라면의 유통기한은 20170222, 심지어 과제의 마감일도 20150301로 존재한다. 그렇다면 생각해보자. 통일은 기한이 있는가? 아마 모른다거나 없다고 할 것이다. 통일은 아무도 예측할 수 없다. 이러한 상황에서 '통일세'라는 플러스 상품까지 곁들여져 있다면 아무도 앞날을 가늠할 수 없다.

우선, 통일에 대한 확신이 없는 이상 통일세의 도입은 불가하다. 통일을 어떻게 해야 하는지, 이를 위해 어떠한 방법이 필요한지 실제적인 문제에 대해서는 아무도 정답을 내지 못했다. 통일이라는 의미 자체가 너무 막연하고 추상적이기에 통일의 필요성만 막연히 인지하고 있을 뿐이다. 때문에 통일이 된다는 확신 역시 가질 수 없는 것이다. 한 연구 조사에 따르면 '통일 가능성이 낮다'고 답한 사람이 전체 응답자의 59.3%라 한다. 즉 10명 중에 6명이 통일 가능성에 대해 부정적인 시각을 가지고 있는 것이다. 이러한 상태에서 북한이 계속적으로 도발의 제스처를 취한다면 남은 4명의 긍정적인 인식마저 바뀌게 될지도 모른다. 이렇듯 그 누구도 통일의 가능성이 있다고 확신할 수 없는 가운데 통일세를 걷는다고 한다면 어느 누가 당연하다는 듯 받아들일까.

둘째, 통일세는 조세의 성격과 맞지 않는다. 조세는 국가가 필요한 경비로 사용하기 위해 국민으로부터 강제로 걷는 것을 의미한다. 조세는 필요한 경비가 정해져 있기 때문에 내야할 돈이 명확하다. 하지만 통일세는 필요한 경비가 어느 정도인지 가늠하기 힘들기 때문에 걷어야 할 돈을 측정하는 것이 사실상 불가능하다.

셋째, 통일세를 거두어도 그 많은 통일자금을 조달 할 수 없을 것이다. 독일이 통일을 하는 데 3,000조 원이 들었다. 학자들에 의하면 우리나라는 그보다 더 많은 양의 자금이 필요할 것이라는 분석이다. 극단적이지만 통일자금의 양을 비유하자면, 갓난아기부터 5,000만 명이 20만 원씩 내도 10조 원이다. 3,000조 원 이상을 감당하기에는 역부족이다. 더 큰 문제가 있다. 사람들은 통일 관련 자금을 내는 것에는 찬성하지만, 그 가격은 1만 원 이하를 희망한다(50.8%). 국민의 자금 조달 능력은 미비하고, 모아야 할 돈은 막대한 상황이다. 이는 처음부터 불가능을 의미하는 것은 아닐까 생각해본다.

마지막으로 경제적 어려움이 발생하게 된다. 통일세를 거두면 어쩔 수 없이 국민의 소득에서 일정부분 떼어내야 한다. 이러한 상황이 지속될 경우 거시적으로 경제가 위축될 수밖에 없다. 국가 부채가 국내총생산(GDP)의 40%에 달하며 공공기관의 부채가 65%이다. 경제가 나빠지고 부채가 증가하는 것을 감수하면서까지 통일세를 부담하려는 국민은 없을 것이다.

추가적으로 한 가지 더 언급하자면, 통일세는 보물과 같은 것이라고 생각한다. 보물 상자를 믿고 보물을 주었지만 보물의 행방이 안전하지 않다면 그 누구도 보물 상자 안에 보물을 집어넣으려 하지 않을 것이다. 이처럼 통일세를 낸 들 무기한으로 축적만 하고 안전하지 않은 불안한 상황에서 어느 누가 통일세를 선뜻 낼 수 있을까.

통일은 아직 미완성된 스케치이며 통일세는 물감이다. 갈피를 잡지 못하고, 지우다 그리기를 반복하는 스케치에 물감을 칠하는 것은 불가능한 일이다. 천천히 그림의 토대를 잡아나가는 것이 우선적으로 해야 할 순서라고 생각한다. 통일은 많은 이득을 가져다 줄 것이라는 믿음을 좇아 통일세 도입을 주장할 수 있다. 하지만 먼 미래의 '대박'보다는 현재의 '대박'을 찾는 것이 더 중요하다고 생각한다.

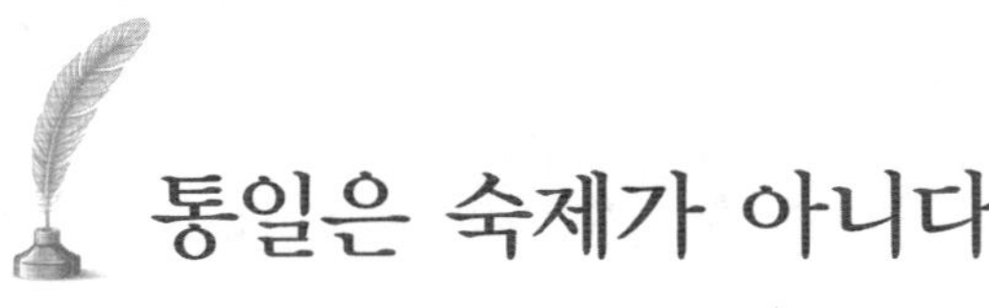

# 통일은 숙제가 아니다

평생교육학과 조원국

어린이들의 울음을 그친 것은 호랑이였습니다. 그러나 어른들의 울음을 그친 것은 세금이었습니다. '가혹한 세금은 호랑이보다 무섭다'는 속담이 있습니다. 맹호 통일세가 우리 앞에 있습니다. 하지만 호랑이 굴에 들어가도 정신만 차리면 산다고 했습니다. 정신 한 번 똑바로 차려봅시다.

대한민국의 통일을 위하여 본국의 주도하에 마련하는 비용. 이것이 바로 통일세입니다. 통일세는 도입되어서는 안 됩니다. 먼저, 국민의 세금 부담이 커집니다. 기존 세금 항목에 통일세가 새로이 추가되는 것입니다. 그만큼 국민들이 순수하게 부담해야 할 액수는 커집니다. 그러나 통일세를 걷는 주체는 오로지 통일을 외칠 뿐, 그 세금으로 고통 받을 사람들의 입장은 고려하지 않습니다.

물론, 통일 후에 세금이 오르지 않는다면 통일세는 도입되어야 마땅합니다. 하지만 이는 그 누구도 보장해주지 않습니다. 통일이 다가올수록 국민의 허리띠를 조른다면 그것이 과연 '평화' 통일인지 궁금합니다. 통일을 하여도 세금이 계속 오른다면 이것이 정말 '대박'인지 궁금합니다. 우리는 주로 독일을 통일의 모델로 언급합니다. 독일조차 막대한 통일 비용을 만회하기 위하여 부가가치세를 지속적으로 인상하였습니다. 1968년 10%였던 독일의 부가세는 2007년 19%로 올랐습니다. 통일 전 10년간 연간 100억 달러를 모았다는 독일조차 세금 인상을 피할 수 없었습니다.

무엇보다, 통일세의 쓰임이 불명확합니다. 본디 세금이란 그 쓰임새가 분명해야 합니다. 국가는 운영에 필요한 경비가 얼마인지를 계산하고 국민으로부터 강제로 돈을 걷습니다. 그러나 통일세는 '필요한 경비'가 얼마인지를 알 수 없습니다. 이를 정확히 추산하여 매년 예산안에 반영해야 합니다. 하지만 그만큼 명확하지 않습니다. 통일 자체가 너무나도 추상적인 개념이기 때문입니다. 언제, 어떻게 통일을 이룰지 통일부마저도 반백년을 고민하고 있는 실정입니다.

통일세의 목적도 명확하지 않습니다. 교육세는 교육재정을 위하여 마련되어 목적과 쓰임이 명확합니다. 그러나 통일세는 당위성과 필요성만을 내세웁니다. 이는 국가가 권위를 이용하여 '권력에 호소'하는 오류를 범하는 것입니다. 그런데도 무작정 세금 조항을 신설하고 징수하는 것은 어리석은 짓입니다. 하물며 4대강 사업으로 인해 발생한 손해를 메우기 위함이 아니냐는 풍문이 오갑니다. '통일세 급조론'이 운운되는 이유에는 통일세를 주장하는 측에서 정당하고 합당한 논리를 펼치지 못하였기 때문입니다.

통일세를 걷고 통일을 대비하자는 말은 순서가 틀렸습니다. 먼저 통일 전후를 비교해야합니다. 그리고 통일이 되었을 때 창출된 효과와 이득, 일자리를 비롯한 경제적 명분을 납득시켜야 합니다. 그와 동시에 2천만 북한 동포들의 해방이라는 도덕적 명분을 납득시켜야 합니다. 그 후 국민여론을 얻어야 합니다. 이 모든 것이 해결되고 어우러진 다음에 통일세 도입을 따져야 하는 것입니다.

평생교육학과의 학생으로서 이러한 정부의 접근은 불과 1, 2년 전 교육에 미친 영향을 떠올리게 합니다. 양질의 공교육을 제공하지 못한 정부의 탓을 사교육에 돌려 사교육 제공자와 실수혜자인 학생 모두를 규제하였습니다. 이러한 억지 논리에 우리는 정신을 차려야 합니다.

통일은 숙제가 아닙니다. 통일세 역시 반드시 풀어내야 한다고 선생님이 내준 숙제가 아닙니다. 또한 우리 젊은이는 그런 수동적인 학생이 되어서는 안 됩니다. 통일은 명백히 알고 따져야 하는 것입니다. 그리고 신중히 판단하고 결정해야 할 사안입니다.

# 개성공단, 장기적인 시각이 필요한 때

벤처중소기업학과 이영태

2013년 5월 3일, 북한과의 관계가 악화되면서 대한민국 정부가 개성공단의 근로자를 전원 철수시킨 일이 벌어졌다. 비록 다시 재가동이 되긴 했지만, 이 사건은 그동안 지적된 개성공단의 문제점과 함께 '과연 우리가 개성공단을 유지해야 하는가?'에 대한 논란을 일으키고 있다. 현재 개성공단 폐쇄를 주장하는 측은 과거부터 계속된 북한의 개성공단 폐쇄 압박, 경제성 논란 등을 이유로 '개성공단을 유지하는 것이 대한민국에 득 될 것이 없다'는 주장을 펴고 있다. 그러나 이것은 잘못된 시각이다. 지난 9년 동안 개성공단은 남북한 간의 활발한 교류를 이끌어냈고 경제적인 잠재력은 외국에서도 높이 평가받고 있다. 개성공단은 남북경협 20여년의 역사상 처음으로 남북 상생의 성공적인 모델로 그 역할을 훌륭하게 수행하고 있었다는 말이다. 이러한 성과를 무시한 채, 몇 가지 문제점을 가지고 개성공단의 폐쇄를 논하는 것은 너무나도 안타까운 일이다. 글쓴이는 개성공단이 가져오는 세 가지 긍정적인 효과를 이유로 개성공단 유지를 주장한다.

첫째, 개성공단은 평화적인 남북관계를 만드는 데 기여한다. 본래 개성공단이 자리 잡은 봉동리는 인민군 2군단 6사단이 주둔하던 군사요충지였다. 그러나 개성공단이 조성되면서 4개 보병연대와 1개 포병연대, 탱크대대와 경보병 대대 중 대다수가 후방으로 15Km 이동했다. 결과적으로, 개성공단은 군사 요충지를 경제협력지역으로 변화시키고 군사분계선을 후방으로 이동, 직접적인 군사적 긴장을 완화시킨 것이다. 또한 2010년 천안함 사건, 연평도도 포격 사태 등 남북 관계가 악화될 때도 개성공단은 외교적으로 마지막까지 남북 관계의 끈으로 작용했다. 하와이대학원 정치학 박사 송영선씨는 “북한이 대화를 끌어가기 위한 유일한 근거지가 개성공단이다”라는 주장을 하며, 개성공단이 남북한 관계에 있어 매우 중요하다고 강조한 바 있다. 즉, 개성공단의 존재는 원활한 남북관계를 위한 안전장치 역할을 수행하는 것이다.

둘째, 개성공단은 북한의 개혁 및 개방을 촉진시킨다. 과거 미국 의회조사국은 개성공단에 대해 “북한경제개혁의 교두보이자, 북한 주민들을 시장 지향적 사업과 인센티브에 접하게 하는 사업”이라고 격찬한 바 있다. 더불어 그들은 개성공단에서 남북한 주민이 자연스럽게 접촉하고 소통함으로써 서로의 문화와 가치관을 이해할 수 있게 될 것이라는 희망적인 평을 내렸다. 그리고 국가안보전략 연구소에서는 개성공단 가동 이후, “김정일 전 북한국방위원장이 해외 주요 인사들에게 개성을 보여주며, 자본주의를 배우려 노력하고 있다”고 했다. 이를 통해 우리는 개성공단을 추진하면서 보여준 성과로 인해 북한 정부가 대외 개방에 대한 자신감을 가지고, 개방을 가속화시켰다고 해석할 수 있다. 이 밖에도 현재 정부는 개성공단 사업이 장기화 될 때, 수도권과 연합한 산업집적지로 만들려는 계획을 가지고 있다. 만일 이 계획이 성사된다면, 향후 서울, 인천, 개성을 중심으로 한 서해안 지역은 동북아 경제권의 핵심지역으로 발전할 것이다. 그리고 북한이 완전한 개혁 및 개방의 길로 나가는 것까지 기대할 수 있게 된다.

셋째, 개성공단은 경제적으로 유망한 사업이다. 2010년 지식경제부 자료에 따르면, 개성공단 제1단계 사업은 총 14억 달러를 투입해서 47억 달러의 생산 유발 효과와 14억 달러의 부가가치 효과를 유발한 것으로 나타났다. 그리고 개성공단 운영이 정상화 될 경우 앞으로도 남북한 경제에 긍정적인 효과가 지속적으로 증가할 것이라 예측했다. 입주기업들 역시 8개사 중 6개사가 2007년도에 흑자를 기록했으며, 가동률이 증가하고 제품의 불량품이 감소해 흑자 지속가능성이 높다고 예상했다. 이 중 20개사가 공장증축, 공장용지 추가분양이나 설비증설 등 사업 확장을 위해 추가적인 투자를 단행한 점에서 볼 수 있듯이, 기업들도 개성공단 사업의 미래를 밝게 보고 있다는 것을 알 수 있다. 개성공단의 유지는 결과적으로 시장경제의 활성화와 개성공단에 진출한 중소기업들을 활성화 시킬 수 있다는 점에서 그 경제적 가치는 매우 크다.

전 주한 유럽상공회의소 부회장 한스 베른하르트 메어포르트는 개성공단에 대해 "지금까지 훌륭한 발전을 이루었으며, 동북아 경제중심으로 발돋움할 수 있을 만큼 잠재력이 많은 사업"이라고 평했다. 이처럼 개성공단은 남북 간의 관계를 조정하는 제어판 역할을 하며, 북한의 자본주의 시장 적응을 도울 뿐만 아니라 경제적인 성과도 기대할 수 있는 유망한 사업이다. 이렇게 여러 가지 순기능을 가지고 있는 개성공단을 단지 몇 가지 문제점만을 걸고 넘어져 반대해서는 안 된다. 이는 장기적 이득을 발견하지 못하는 근시안적 시각이며, '빈대 잡으려고 초가삼간 태우는' 행위와 다를 바 없다.

# 개성공단 정상화, 낙관적이기만 할까?

기계공학과 장선우

2013년 개성공단 정상화를 위한 남북 실무 회담이 개최되었다. 완강하고 막무가내였던 북한의 자세가 '회담 5개항'에 합의함으로써 꺾어졌다. 이로써 개성공단은 폐쇄위기를 극복한 것은 물론이거니와 나아가 재가동까지 기대해볼만한 단계까지 올라갔었다. 전문가들은 회담에서 합의된 사항들을 실제로 실천하기까지 복잡한 과정과 절차 그리고 위험이 남아있지만, 개성공단이 회담으로 인해 폐쇄위기를 넘어 재가동될 수 있다고 확신하였다.

2013년 북한이 무책임하고 일방적으로 개성공단을 강제 폐쇄하고 공단의 북한 근로자들을 철수시키고 남한에 대한 악담과 험구를 일삼았다. 이와 반대로, 현시점 북한은 군부의 완강한 주장을 꺾고 "어떤 경우일지라도 공단의 정상적인 운영을 보장한다"고 합의한 것은 극적인 상황 반전이다. 하지만 그렇다고 마냥 낙관적이기만 할까?

이번 협의가 긍정적인 일이라 할지라도 지금까지 남북한 간의 합의나 조약은 대부분 북측의 일방적이고 무책임한 파기로 휴지조각이 되는 사례로 점철되었다. 따라서 개성공단 정상화를 위한 협의 또한 완전한 이행을 보장해주는 제도적, 물리적 장치를 마련하지 않을 시, 불확실하고 안정성이 떨어질 것은 자명한 사실이다. 또한 이를 보안하기 위한 장치들이 마련되기까지는 아직도 가야할 길이 멀고도 멀다.

뿐만 아니라, 실무회담 회담에서 합의된 5개의 조항이 완전하고 정상적으로 실행될 경우일지라도, 이는 개성공단의 기초 모델 수준에 지나지 않는다. "개성공단 근로자 월급 50% 김정일 수중으로", "북한 근로자 어처구니없는 몸값 상승에 임금 10%인상 요구", "남북 경색 기숙사 계획 올 스톱 되다." 매년 새로운 문제나 이익상충이 발생하게 될 것은 '안 봐도 비디오'지만, 과연 문제가 생길 때마다 개성공단 남북공동위원회가 이를 분쟁 없이 효과적으로 해결하고 조정할 수 있을까?

3차 핵실험 이후, 북한은 UN으로부터 강력한 경제적 제제를 받기 시작했다. 이에 2013년 1월 24일, 북한은 전면대결전 선언을 하게 된다. 그 후 2014년 3월 5일, 정전 협정 효력 백지화 선언을 하며, 3월 11일, 판문점 남북직통전화를 차단한다. 2014년 3월 26일, 나아가 1호 전투태세를 발동하고, 3월 29일, 미사일사격 대기지시를 내린다. 거기다 북한은 '최고지도자의 존엄 훼손'을 이유로 2014년 4월 3일, 개성공단 출경을 제한하고 이로써 개성공단 중단사태가 발생했다.

이 일련의 과정을 목도한 뒤, 북한의 일방적이고 무책임한 행동으로 인해 과연 남북관계가 삐걱거리지 않고 남북실무회담에서 체결된 회담 5개 항이 지켜질 수 있는지 의문이 든다. 우리는 개성공단이 개성공단만의 독립적인 문제가 아니라, 여러 가지 문제들 가운데 하나라는 것을 주목해야 한다. 즉 개성공단 중단 사태는 현재 남북한이 직면한 전체적인 상황으로 인해 발생한 문제의 연장선에서 바라봐야 한다는 것이다.

게다가 개성공단 정상화는 북핵 문제와 같은 남북한 간의 '절벽' 상황에 미치는 영향이 미미하다. 북한 측은 남북실무회담을 보도하면서 이를 통하여 남북협력과 평화의 장으로 발전시켜야 한다고 주장하고 있다. 예를 들어, 남북한이 협력하여 개성공단이 잘 작동해야 남북 협력과 평화의 장을 마련할 수 있고, 이를 통하여 현 박근혜 정부가 제시한 DMZ 평화공원도 잘 진행 될 수 있다고 주장한다. 실제로 전문가들은 개성공단 정상화를 통하여 남북 이산가족 상봉이나 금강산 관광 재개로 발전할 수 있다는 전망을 내놓기도 한다. 하지만 이러한 일은 남북협력 사항들 중 매우 기본적인 일뿐이다. 즉, 개성공단 정상화로는 남북관계의 '절벽' 문제를 근본적으로 해결하기에는 사실상 어렵다는 것이다. 게다가 북한은 오히려 개성공단 정상화를 통해 현재 끊어진 미국과의 대화를 재개하고 중국과의 정상회담 개최에 이용하려 하고 있다. "핵무기를 통하여 군사대국이 될 것이다"라고 한 마당에 겨우 개성공단 정상화로 핵문제 그리고 남북 간의 '절벽' 문제를 해결한다는 것은 사실상 무리가 있다.

역사를 돌이켜 보건대, 남북한 간의 일은 북한의 무책임하고 일방적인 자세로 인해 순탄하게 진행된 경우가 드물다. 다시 말하자면 북한은 예측 불가능하다. 따라서 우리는 북한의 태도에 휩쓸리거나 의지하지 않고, 제도적, 물리적 보안 장치를 통하여 남북관계를 긍정적으로 회복해나가야 한다.

# 현실적으로 다가왔을 때의 통일, 우리는 준비가 되어있는가?

경제학과 이진문

1950년 6월25일 전쟁 이후 우리는 남과 북으로 나뉘어 서로에게 적이 되었으며 현재 전 세계 유일 분단국가로서 아직도 그 아픔을 겪고 있다. 서로를 비난을 하며 고통 속에 살아왔고, 김대중 전 대통령 정권 당시 남북의 교류가 있는 듯 했으나, 북의 잦은 도발로 인해 우리들은 서로를 믿지 못하게 되었다. 남과 북 어느 쪽도 통일이라는 단어를 현실적으로 사용하지 못했다. 얼마 전 신문을 보았을 때 박근혜 대통령의 '통일 대박'이라는 말을 인용한 기사를 본 적이 있다. 통일 대박, 어떻게 보면 통일이라는 단어는 머나먼 이야기인 것 같기도 하고 가까운 미래의 이야기 같다. 참으로 아이러니한 말인데 과연 우리는 통일이라는 것을 하고 싶은 것일까? 아니면 우리는 통일이라는 것에서 이득을 찾고 싶은 것일까? 또한 우리는 그에 알맞은 자세가 되어있을까? 이에 대한 의문으로부터 이 글을 시작하겠다.

통일을 하게 되면 과연 어떠한 문제점들이 있는지 생각해보았다. 일단 통일 비용은 우리가 상상도 할 수 없는 만큼 어마어마 하다고 한다. 독일의 통일비용은 정확하게 측정되지는 않았으나, 우리나라의 경우 통일 비용으로 적게는 2,000조, 많게는 5,000조 이상 필요하다는 것이다. 이러한 비용은 아마 세금을 통해 채워야 할 것이며, 이로 인해 국민 경제가 심하게 흔들릴 수도 있다.

그럼에도 통일이 가져다 줄 이득은 상당하다. 실례로, 경제학적인 측면에서 보면 통일을 한 후 인건비 등의 문제가 해결될 수 있다. 그렇게 되면

기업들은 가격경쟁력을 갖게 될 것이며, 전 세계적으로 경쟁력을 획득할 것이다. 또한 북한에는 수많은 천연자원이 있다. 천연자원의 개발이 이루어진다면 시계시장에서 우위를 차지하게 될 것이며, 군사적으로도 훨씬 더 막강한 힘을 갖게 될 것이다. 그런데, 이러한 통일의 장점들은 계산적으로 따져본 것에 불과하다. 계산적인 관점이 아니라 마음에서 우러나오는 통일의 관하여 생각해보자.

현재 우리나라의 경우 통일을 바라는 사람들의 수는 그렇게 많지 않다. 아무래도 6.25를 겪지 않고 전쟁의 아픔을 모르는 사람들은 통일에 대해 관심이 덜 할 것이며, 변화를 싫어하는 사람들은 이대로 통일이 되지 않는 상태에서 살고자 할 것이다. 통일에 있어 가장 큰 걸림돌은 문화의 차이다. 남과 북은 같은 민족이지만 서로 간에 교류가 없었기에 문화의 차이로 상당한 문제가 발생할 것이다. 이를테면, 남과 북은 같은 언어를 사용하고 있지만, 양측의 어휘 및 표현의 차이를 극복하는 데에 시간과 노력이 필요할 것이다. 전쟁 이후 많은 시간이 흘렀다. 10년마다 강산이 변한다는 말이 있다. 10년이라는 세월은 많은 것들을 변화를 시킨다는 것이다. 수 십 년이라는 기간은 결코 짧지 않다. 그만큼 정서상의 차이도 클 것이며 풍습도 다르다. 한민족이기에 통일을 해야 한다니, 젊은 사람들이 이러한 말을 쉽게 받아들일 수 있을까? 의문이 들기도 하며 과연 나도 내가 한 질문에 제대로 된 답을 할 수 있을까 걱정이 생긴다.

앞으로도 시간은 계속 흐를 것이다. 지나갈 세월을 어떤 방식으로 채워나가야 할까? 일단 교육에서 그 해법을 찾을 수 있다. 어렸을 때의 교육은 상당히 중요하다. 사람은 성장해서도 어릴 적 교육을 통해 습득한 가치관의 영향을 많이 받는다. 어려서부터 통일의 관한 교육을 받는다면 통일이라는 말이 낯설게 느껴지지 않을 것이다. 교육만 아니라, 교류를 통한 방법도 있다. 현재 북한은 굉장히 폐쇄적인 국가로 알려져 있다. 그로 인해 남과 북의 문화적인 차이는 점점 심각해질 것이다. 때문에 교류를 통하여 서로에 대한 문화를 익힌다면 서로의 차이점이 조금이나마 줄여나갈 수 있을 것이다. 이 외에도 많은 해결책들이 있을 것이다. 그러나 우리는 아직 무엇을 어떻게 해야 하는지를 모르고 있다. 무엇보다 아직 통일이라는 말은 우리 마음에 와 닿지 않는다. 게다가 북한과의 통일이 언제, 어떻게 이루어질지 어느 누구도 예측을 할 수 없다. 조금씩 준비를 해 나가는 수밖에 방법이 없다.

# 대한민국의 블루오션, 통일

경영학부 유태철

박근혜 대통령의 정부가 실행하려는 정책이 있다. 바로 규제 개혁이다. 많은 반대가 있음에도 현 정부가 규제 개혁 정책을 실행하려는 이유는 무엇일까? 아마 대한민국이 성장 동력을 잃었기 때문이 아닐까 싶다. 경제가 급속도로 성장하던 과거와는 달리, IMF 이후 대한민국은 기업의 투자 감소, 비정규직 증가, 실업률 증가, 양극화 심화 등의 악순환을 겪고 있다. 위축된 경제로 인해 '예전만 못하다'는 소리만 듣고 있는 실정이다. 통일은 이러한 대한민국에 경제 활력을 불어넣는 것뿐만 아니라, 정치, 문화 등 사회 다방면에 걸쳐 강대국으로의 발판이 될 것으로 보인다. 그렇다면 구체적으로 통일을 하면 어떠한 점들이 이득이 될까?

통일에 대해 찬성하고 반대하는 사람들이 근거로 가장 많이 거론하고 관심을 쏟는 것은 경제적 분야일 것이다. 혹자는 남북한 통일의 경제적 효과는 미미하며, 독일의 예를 보듯이 엄청난 통일 비용으로 인해 오히려 경제적 피해를 보게될 것이라 한다. 그러나 이는 잘못된 주장이다. 독일의 경우 준비가 제대로 되지 않은 상태에서 갑작스럽게 통일이 이루어졌다. 통일 비용은 방법, 준비 기간, 시점 등의 다양한 조건에 따라 천차만별이므로 대한민국이 꼭 불가피하게 독일의 전철을 밟으리란 보장은 없다. 통일에 관해 철저한 준비를 하고 국민적 합의를 도출해 낸다면 통일 비용은 대한민국이 강대국으로 발돋움하기 위해서 현재 선택할 수 있는 가장 적은 기회비용이 될 것이라 생각한다.

그렇다면 대한민국이 통일을 해서 얻는 경제적 이득은 어떠한 것들이 있을까? 통일에는 다양한 비용이 들어가지만 통일이 되면 거의 불모지나 다름없는 북한에 생산 활동을 위한 실물 자본(Physical Capital)을 형성하는 게 필수불가결하다. 그런데 이는 결과적으로 통일한국의 '국부'로 남게 된다(신창민, 『통일은 대박이다』, 매일경제신문사, 2012, 26쪽). 투자의 개념으로 통일비용을 생각한다면 통일비용 자체가 통일로 인해 얻을 수 있는 우리의 이득인 것이다. 또한 현재 우리나라와 북한은 각각 부담하고 있는 군사비에 허덕이고 있다. 우리나라는 국토의 단절로 인해 생겨난 해상·항공 물류비 등을 명시적으로 지출하고 있다. 게다가 군복무로 인한 인적 자원 손해, 남북한의 자원 보완성 이용이 불가능하다는 점 등 불필요한 비용을 지출하고 있다. 암묵적으로 코리안 리스크(Korean Risk)를 감수하고 있는 것이다. 통일이 된다면 이러한 현재 우리가 명시적·암묵적으로 부담하고 있는 분단비용을 더 이상 부담하지 않아도 된다.

또한 경제적 이득 외에도 북한 주민들의 인권 문제 해결, 이산가족 상봉, 국가 브랜드와 이미지 상승을 통한 국제 사회에서의 위상 등등, 통일로 인해 얻을 수 있는 이득은 셀 수 없이 많다. 현재 대한민국은 선진국과 개발도상국 사이에 끼어 중간 위치에 있다고 생각한다. 통일은 이러한 대한민국이 강대국으로 올라 설 발판, 즉 '대박'이 될 것이다. 그러나 현재 대한민국 국민들은 정작 통일 문제에는 관심이 없는 듯하다. 현재 남한만으로도 충분하다는 정체적인 생각과 무관심이 전반적인 분위기다. 시간이 흐르는 중에 남북한의 격차는 점점 커질 테고, 그럴수록 통일 비용은 점차 증대될 뿐이다. 이렇게 시간을 허비하다가는 대박인 통일도 부담으로 바뀌게 될 것이다. 우리는 말로만 혹은 허울만 가득한 통일을 외쳐댔지만, 사실상 구체적인 행동을 한 적이 없다. 행동 없이 무조건 반대할 게 아니라, 범정부적인 준비와 국민들 개개인의 의식 함양이 대박 통일로의 길이 아닐까 생각한다.

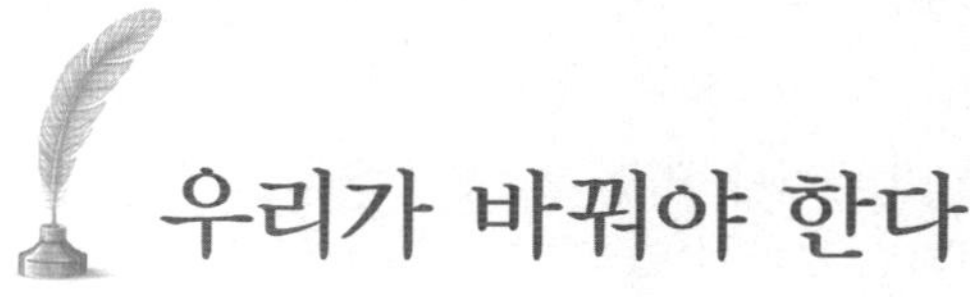

# 우리가 바뀌어야 한다

경영학부 정다훈

1945년 8월 15일 한반도가 일본의 지배에서 해방되는 날, 남한에는 미국, 북한에는 소련이 자리 잡았다. 서로 다른 이념과 사상의 국가들이 한반도 안에 주둔하게 되었고, 이후 한반도에는 6.25 전쟁이 발발하고, 결국 38선이 생기게 된다. 남쪽에는 대한민국, 북쪽에는 조선민주주의인민공화국이 각자의 정부를 수립하면서 한반도는 분단국가로 전락하게 되었다. 남북은 각각의 이념과 사상대로 각자의 노선을 취했으나, 한 하늘 아래 남과 북 사이에는 많은 일들이 있었다. 특히 북한에서는 고단한 삶에 지쳐 자신의 나라를 버리고 목숨을 걸고 남한으로 내려오거나 중국으로 도망가는 탈북자들이 늘어났다. 남한에서는 북한에서 도망쳐 나온 탈북자들을 위해 많은 지원을 하고 있지만, 탈북민들이 우리나라에서 생활하는 데는 큰 어려움을 따르고 있다.

불과 십여 년 전까지만 하더라도 북한에는 뿔 달린 사람들이 살고 있다는 등 북한 주민들을 비하하는 소문이 있었다. 하지만 인터넷 등의 매체가 발달하면서 우리는 조금씩 북한에 대한 편견을 바로잡기 시작했다. 분단 당시 가족과 뿔뿔이 흩어져 수십 년 간 가족을 그리워하며 가슴 아프게 지냈던 이산가족들의 교류가 재개되기도 했고, 햇빛 정책 등 대한민국의 북한 지원 정책도 꾸준히 이루어졌으며, 남북 정상 회담이 개최되기도 했다. 통일을 우려하는 분위기도 있지만, 국민들의 인식은 하루 빨리 통일을 해야 한다는 추세로 조금씩 바뀌어 가고 있다. 남과 북은 휴전 상황에서 평화를 지키고 각자의 이념을 지키고 있었다. 그러다 몇 년 전 북한의 연평도 도발 사격 사건이 발생했다. 그 사건으로 인해 연평도 주민들이 상당한 피해를 입었고, 우리나라는 북한에 대해 좋지 않은 감정들을 다시금 갖게 되었다. 통일을 바라보는 국민들의 인식이 부정적으로 바뀌게 되었고, 통일의 꿈은 조금 더 멀어질 수밖에 없었다.

그럼에도 통일은 하루 빨리 되어야 한다. 물론 통일이 된다면 독일의 경우처럼 사회가 혼란스러워지고 문제가 많이 발생할 수 있다. 하지만 통일로 인해 얻을 한반도의 이익은 헤아릴 수 없을 만큼 크다고 생각한다. 우선, 가족과 떨어져 살아가는 이산가족들의 아픔을 치유할 수 있고, 다양한 관광 산업을 개발하여 수많은 일자리들을 창출할 수 있다. 현대 사회에서 문제시 되고 있는 청년 실업 문제나 일자리 부족 현상을 해결할 수 있다. 또한 남한 사회의 고령화 문제를 북한의 인구 문제와 접목시켜 해결할 방안을 찾을 수도 있다. 이를테면, 북한에 거주하는 수많은 젊은 청년들의 노동력과 남한의 발달된 기술과 자본으로 경제 강국으로 발돋움 할 기반을 다질 수 있을 것이다.

현재 대한민국은 북한과 휴전을 맺은 상태이다. 언제 전쟁이 나더라도 이상하지 않을 나라에 위험을 감수하면서까지 투자를 하는 외국 투자자들은 많지 않다. 통일은 현재 우리나라의 가장 큰 위험인 전쟁의 위협으로부터 벗어나게 할 유일한 해방구다. 더욱 우리가 전 세계적으로 많은 투자와 지지를 받을 수 있는 가장 효과적인 방법이다. 또한 남한과 북한이 통일된다면 동북아시아 중앙에 위치한 한반도의 지리적 이점을 이용하여 여러 나라들의 무역 중심지가 될 수 있다. 러시아 및 중국으로 곧바로 통하는 철도 및 고속도로를 건설하여 유럽 대륙의 국가들과 직접적인 교류를 할 수도 있다. 이러한 철도 및 도로망은 다양한 산업에 큰 영향을 미칠 것이며, 전 세계와 소통할 수 있는 발판이 될 것이다. 또한, 북한에 아직 개발되지 않고 묻혀 있는 수많은 지하자원들을 개발할 수 있다. 다른 나라와의 무역에 크게 의존하지 않고 필요한 자원과 물자를 우리나라 스스로 자급자족할 수 있을 것이다.

물론, 통일이 되어도 좋은 점만 있지는 않을 것이다. 천만 명이 넘는 인구가 서울에 집중되어 있다. 현재 우리나라는 자식들이 더 좋은 교육을 받을 수 있고 더 좋은 환경에서 자라도록 하기 위해서 고향을 떠나 대도시로 몰리는 이촌향도 현상이 심각하다. 남한과 남한이 통일된다면 열악

한 환경 속에서 살아가는 북한 주민들이 북한에 비해 발전된 남한으로 대거 이주를 하는 현상이 발생할 것이다. 그렇다고 해서 해결책이 없는 것은 아니다. 예컨대, 북한의 넓은 땅을 개발하고 인구가 집중되어 있는 대도시의 인구를 조금씩 다른 지역으로 분산시킬 수 있도록, 인구밀도가 낮은 지역으로 이주하는 사람들에게는 세금을 줄여주는 등 여러 가지 혜택을 준다면 어떨까? 아직 훼손되지 않은 북한 관광지들을 개발하여 인구 분산을 기획하는 등 지역 평준화를 이루는 방법은 얼마든지 있다.

무엇보다, 통일을 이루기 위해서는 우리 국민들의 의식부터 개선되어야 한다고 생각한다. 현재 우리 사회에는 아직도 지역에 따라 다른 지역에 좋지 않은 감정을 가지고 있는 경우가 많고, 다른 지역 사람들끼리 다툼이 많다. 북한 주민들의 의식 개선도 무척 중요하지만, 먼저 우리나라의 지역 감정부터 없애야 한다. 그러고 나서 북한에 대한 나쁜 인식을 바로 잡고 북한을 우리 한민족으로 바라보는 시선을 갖출 필요가 있다. 또한 북한의 주민들에게 우리나라의 좋은 이미지를 심어주고 물질적, 정신적 지원을 아끼지 않는다면, 통일을 이루는 데 문제가 없을 것이다.

아직은 조금씩 교류하는 정도에 불과하지만, 벌써부터 통일에 반대하는 사람들이 있다. 그럼에도 우리도, 세상도 얼마든지 바뀔 수 있다. 대한민국의 국민이 북한을 가로질러 백두산을 올라가고 북한의 주민들이 부산의 앞바다를 관광할 수 있는 시대가 머지않아 다가올 것이라고 생각한다. 통일에 대한 우리의 인식이 개선되고 남과 북 모두 통일을 간절히 바랄 때, 비로소 온전한 통일이 이루어질 수 있을 것이라 믿는다.

# 통일을 준비하는 우리의 자세

금융학부 이석원

## 상상을 현실로

통일을 반대하는 입장인 사람들은 잘 모르겠지만, 통일을 찬성하는 입장인 나의 경우 통일이라는 거대한 사업에 대해 막연한 환상을 갖고 있다. 어렸을 적, 우리나라부터 시작한 기차를 타고 시베리아를 거쳐 유럽 대륙의 끝을 지나 영국까지 가는 여행을 상상하곤 했다. 이러한 꿈은 현재의 우리 눈앞에서 남과 북을 가로지르는 휴전선을 해결하지 못하면 현실이 되지 못할 것이다. 지금이라도 남북 당국이 힘을 합쳐 통일을 본격적으로 준비해간다면, 분명 통일이라는 목적지에 도착할 것이라고 나는 믿어 의심치 않는다.

하지만 진정한 의미의 통일을 이루려면 우리나라 국민들뿐만 아니라 북한 주민들, 아니 '우리 모두'가 통일을 준비해야 한다. 통일에 대한 자세를 새로이 다지고, 현실적으로 대안을 마련할 필요가 있다. 통일의 성취는 우리 민족의 염원을 실현하는 길이며, 민족구성원 개개인의 장래를 결정하는 과업이기에 무엇보다 신중하게 대처하고 철저하게 준비해 나가야 할 것이다. 반세기가 넘도록 서로 다른 길을 밟아온 남북 간의 체제와 가치관의 차이는 쉽게 접근하기도 해결하기도 힘들 것이다. 뿐만 아니라, 두 차례의 서해 교전에서 보듯, 남북은 아직까지 정치적, 군사적으로 대치된 상태에서 그 긴장감을 완전히 해소하지 못하고 있다. 최근에는 박왕자씨 사건은 남북관계의 경색이 민간인에게도 영향을 미칠 수 있다는 극명한 경고의 메시지로 작용했다. 이 사건은 연평도 사건, 천안함 사태, 서해 교전보다 더 직접적인 이미지로 국민의 뇌리에 박혔을 것이다.

무엇보다 한반도의 통일은 우리 민족만의 문제가 아니며 주변국과의 이해관계가 얽혀, 국제적 성격을 띠고 있다. 따라서 우리가 통일을 이루기 위해서는 우선 국내의 통일 여건을 확충하고 동시에 국제적인 통일 환경 조성에 심혈을 기울여야 한다. 또한 통일을 성급히 이루기보다는 꾸준한 인내를 갖고 체계적인 노력을 통해서 성취할 수 있는 장기적인 과정이라는 것을 염두에 두어야 한다.

## 통일국가의 미래상 확립

첫째, 우리가 통일을 이루기 위해서는 세대, 지역, 집단 간의 갈등을 넘어 통일국가의 미래상에 대한 국민적 합의를 이끌어가는 것이 필요하다. 통일은 우리 민족의 절박한 과제다. 하지만 이 과제에는 시간과 노력이 필요하다. 이를 인식하고 막연한 통일 지상주의나 통일 무관심주의로 가는 것을 경계해야 한다.

그럼에도, 전문가들에 의하면, 통일 여건을 고려할 때 가장 실현가능성이 높은 시나리오는 흡수, 평화, 급진 방식을 통한 독일식 통일이다. 이 문제는 북한 급변사태와 밀접하게 관련되어 있다고 한다. 북한이 내부문제로 인해 국가붕괴 과정으로 진행되고, 허약한 북한체제를 우리 정부가 흡수하여 급진적으로 통일을 완성한다는 시나리오다. 이는 흡수통일의 상황이 발생할 때가 불시에 닥칠지도 모른다는 것을 의미한다. 권위자들의 말을 빌자면, 정부는 앞으로 현 상황에 대한 위와 같은 인식을 바탕으로 하여 다음과 같은 정책을 적극적으로 수행해 나가야 할 것이다.

이 경우 해외에 포진되어 있는 해외 북한 동포에게 남한에 대한 호감이 확산되도록 훈풍을 불어넣을 필요가 있다. 현재 국내뿐 아니라 아시아 각지에 탈북난민 등 북한 동포들이 포진해 있다. 이들은 비공식적으로 북한 내 주민들과 접촉하며 세계의 새로운 흐름을 전하는 전달 통로가 되고 있다. 따라서 정부 및 시민사회의 역량을 동원하여 이들에 대한 배려와 각별한 관심을 기울여야 한다.

또한, 국내의 조선족 및 탈북 주민에 대한 인권보호 및 노동력 활용을 통한 한국사회 적응에 신경을 써야 한다. 조선족, 탈북주민은 미래의 통일한국에서 만나게 될 우리의 동포이다. 그러나 현재 우리나라에서 조선족 및 탈북주민은 매우 홀대받고 있다. 사회 각계의 하층에 포진되어 신자유주의의 냉엄한 폭풍에 가장 먼저 휩쓸리고 있으며, 인권의 사각지대에서 발버둥치고 있다. 우리사회는 더 이상 이들을 제3 세계에서 온 저임금 노동력으로 치부해서는 안 된다. 이들을 통일의 다리로 여기고 이들도 한국사회에서 성공할 수 있다는 가능성을 보여줘야 한다. 먼저 한국사회에 유입된 조선족, 탈북자들이 성공적으로 한국사회에 뿌리내릴 수 있어야 한다. 그래야만 이들의 입소문을 통해 북한 주민들도 한국사회에서의 성공신화를 꿈꿀 수 있으며, 자유민주주의, 시장경제국가로의 흡수통일을 적극적인 마인드로 받아들일 수 있을 것이다. 조선족 및 탈북자의 인권 수호에 앞장설 뿐만 아니라 그들의 노동력을 창조적으로 활용하는 방법을 강구해 나가야 한다.

아울러, 북한정권에 의한 대남압박에 합리적으로 대응하여야 한다. 북한의 붕괴가 외부의 압박이 아닌 북한정권 내부의 '자중지란'으로 말미암을 수 있도록 사태의 방향성에 가닥을 잡아야 한다. 이를테면, 통일의 과정에서 지도부에 대한 문책 및 숙청이 남한세력에 의해 이루어진다면 북한주민의 심리적 반감이 강해질 것이다. 따라서 지도부에 대한 정치력 강화를 꾀하기 보다는 대주민 정책을 펼침과 동시에 북한 청년 리더십의 육성을 도모해야 한다.

더불어, 북한청년 리더십의 육성을 도모해야 한다. 이를 위해서는 통일을 준비하는 교육연구가 선행되는 동시에, 친자유주의 성향의 청년 리더십을 적극적으로 육성하는 프로그램이 연구, 가동되어야 한다. 통일 준비교육의 경우, 자유국가의 2세대와 공산국가의 2세대가 마주칠 때 발생할 시나리오를 치밀하게 연구하여 문제점을 최소화 할 교육정책을 개발할 필요성이 있다. 특히 통일한국의 국사, 국어 등 국가 정체성을 정립하기 위한 기초연구가 선행되어야 할 것이다. 또한 우리나라 자유주의 공고화를 미국 학풍을 따르는 지식인 계층이 선도하였던 것처럼, 시장경제에 기반 한 자유민주주의의 이론적 정당성을 확보하고 북한 청년들을 학문적으로 먼저 강화시킬 필요가 있다.

## 마음의 통합

물론, 우리가 통일을 이루기 위해서는 법적, 제도적 통일 이전에 남북 주민들 간의 마음의 통합을 먼저 준비해야 한다. 즉, 남북한 간의 상호불신과 이질감을 극복하고 서로 이해하는 마음의 통합이 중요함을 인식이 해야 한다. 정부가 시행해야 할 정책으로 제시한 것들 중에도 이러한 중요성을 인식한 방안들이 포진되어 있다.

남과 북은 보다 적극적인 화해협력을 통해 평화와 번영의 민족공동체를 구현해 나가야 한다. 이를 위해 평화를 지키는 데에서 한 걸음 더 나아가 평화를 만들어 나가야 한다. 한편, 우리 청소년들도 민족의 염원인 통일을 이루는 주역에 되어야 한다. 이를 위해 우선 자신이 역사의 주체라는 사실을 인식하고 남북관계나 통일 문제에 관심을 가져야 할 것이다. 청소년들이 통일의 수레바퀴를 움직이는 주체로 나서야 한다. 이는 우리 남한만의 얘기가 아니라 북한에도 해당된다. 북한의 청소년 또한 이러한 준비를 해두어야만 민족의 안정된 통일이 가능할 것이다. 청소년들은 통일에 대비해 '서로 다름을 인정하는 마음'을 지니는 것이 필요하다. 차이를 인정하는 마음이 부족한 상태에서는 한반도 통일이 이루어진다 해도 더 큰 혼란만을 가져올 뿐이다. 따라서 남과 북의 청소년들은 통일시대를 이끌어가는 데서 주도적이고 적극적인 책임의식을 지녀야 한다. 남북한의 국제적 지위, 경제력과 생활수준, 민주주의와 인권보장 등 모든 부문에서 비교해 볼 때 우리가 북한주민을 동포애로 끌어안아야 한다. 북한주민들도 우리를 외부인으로 치부하지 않고 '하나의 우리'라는 틀 안에서 진정한 의미의 통일을 이루어야 할 것이다. 그렇게 우리 모두는 일상생활에서 통일을 준비하는 실천적 자세를 지녀야 한다.

외면할 수 없는 북한의 경제적 어려움은 우리의 짐을 더하고 있다고 한다. 60년 전 함께 뛰놀고, 독립을 위해 함께 피 흘리던 우리의 동포들은 시간이 지날수록 점점 멀어져 가고 있다. 다시 말하지만, 우리는 손 놓고 앉아 북한이 문을 열어주기를 기다리기보다는 북한의 취약한 부분을 적극적으로 찾아 끊임없이 틈새를 통해 접근해야 한다. 아무리 크게 보이는 바위 문이더라도 틈은 있게 마련이고, 틈새에 정을 꽂아 끊임없이 두드린다면 반드시 쪼개지기 마련이다. 문은 열리게 될 것이다. 끈기는 미덕이다. 그리고 결정적 순간을 노려야 한다. 통일은 바위를 내리치는 그 한 방으로부터 시작될 것이다.

# 우리는 통일을 공부해야 한다

국제법무학과 박유정

## 통일정책에 일관성을

대한민국이 본격적으로 한반도 통일 문제에 정책적으로 접근한 것은 박정희 정권의 7.4 선언으로 거슬러 올라간다. 그러나 당시 정권이 반공정책을 펼치게 되면서 통일을 위한 노력은 사그라졌다. 본격적인 정책이 시작된 것은 노태우 정권부터라 할 수 있다. 그렇게 김영삼, 김대중, 노무현 정권을 이어오면서 보수와 진보라는 정당 이념을 떠나, 북한을 적국이 아니라 통일의 대상으로 여기게 된 것이다. 그 정책은 우선 남과 북의 우호적, 평화적 관계를 다지고 유지하는 것에 기초했다.

그러나 이명박 정권이 들어서면서부터 지난 이십여 년의 남북 화해의 분위기에 금이 가기 시작했다. 이 전 대통령은 취임 직후 그간 한반도의 통일문제를 다뤘던 국가안전보장회의(NCS)의 상임위원회와 사무처를 폐하였다. 또한 참여정부 후반기에 세워졌던 대통령비서실의 통일외교안보정책실도 폐하였다. 그리고 통일에 관한 대부분의 업무는 외교안보수석실 산하에 부처로 편입되었다. 이는 정부가 한반도 통일문제를 전면에서 다루지 않을 것이라는 의지의 표현으로 해석되었다. 이후, 이산가족 상봉은 전무하였으며 금강산 관광사업 중단이라는 초유의 사태가 일어났다.

이처럼 5년마다 바뀌는 정부의 지배 이데올로기에 통일 정책이 좌우되는 것은 매우 위험한 일이다. 통일은 정치, 외교의 문제 이전에 민족의 문제다. 국가 차원의 합병 문제는 더더욱 아니며, 민족운명 공동체의 사안이 걸린 일이다. 정부와 집권 정당, 관료 행정, 그 산하에 있는 조직들은 이를 명심해야 한다. 우선, 6.15 남북 공동선언의 정신을 이어 통일정책을 수립하고 이행하는 국가 부처의 재건이 시급하다. 또한, 정부 산하의 부처와는 달리, 통일정책을 담당하는 부처는 독립성을 인정해 주어야 할 것이다. 집권 수내부의 기득권 유지를 위해 통일정책이 이용되는 것을 막기 위함이다. 통일정책에 일관성을 가지고 남북이 한반도의 통일을 위해 점차적, 단계적으로 노력해 나가는 것이 한반도 비핵화와 경제의 안정을 위한 가장 빠른 길이다.

### 메이저 언론의 역할

보수 정치인들과 그에 동조하는 언론이 통일 문제를 '이념'의 문제로 쟁점화 시키는 것을 그만두어야 한다는 것이다. 이념이나 정치색이 아닌 실체적 진실과 정의의 관점에서 해결해야 하는 문제를 논점 흐리기식 여론몰이를 통해 국민들의 통일에 대한 요구를 '눈치 보이게' 만드는 것은 그야말로 그릇된 행위이다. 이러한 여론몰이는 해당 정권의 지배 체제를 위한 수단이 될 수 있으며, 이는 그 정권의 정당성 여부에 직결되는 중차대한 사안이다. 때문에 언론은 보도윤리를 지키며 자리에서 최선을 다하는 모습을 보여야 할 것이다. '그 나라의 민주주의는 언론의 수준만큼 발전할 것(故 노무현)'이라는 말을 잊지 말아야 한다. 통일 문제에 웬 민주주의냐 할 수도 있다. 하지만 통일을 외치는 사람들과 대북관계의 개선을 바라는 사람들을 언론이 '종북'이니 '좌빨'이니, 이념적 차원의 무기로 위협한다면, 민주주의가 후퇴하고 있다는 징후일 것이다. 반공이 국시였던 시절로 퇴보하는 것이며, 그간 남북 간에 공든 탑을 무너뜨리는 것이며, 한반도의 평화, 국민의 안전을 위협할 수도 있는 것이다. 한반도의 위기 상황에서 언론이 제 역할을 다 한 적이 있었는지, 그 물음에 당당하지 못한 언론이 있을 것이다. 언론은 정부의 대북정책의 장, 단점을 고발하고 국제관계에서 남북관계의 이상점을 제시하는 등 제 역할을 다 해야 한다. 또한 언론을 향해 용감해지라고 요구하는 참된 국민과 통일이라는 오래된 염원을 수호하려는 노력이 있어야 한다.

## 20대 청년들이여!

한반도 비핵화와 경제성장 공략을 이행하기 위해 북한에게 인도적 지원마저 중단시킨 정권 하에서 학창시절을 보내고 지금 대학을 다니고 있는 20대 청년들은 통일 문제를 어떻게 생각할까. 한창 고등학교를 다닐 때 북한의 연평도 도발이 있었고, (조심스럽지만) 천안함 사건이 있었다. 어느 순간부터 포털사이트에 북한 관련 기사나 글이 올라오면 '지금은 종전이 아니라 휴전이다', '우리의 주적은 북한이다' 등, 살벌하기까지 한 글들이 올라오고, 그들의 말에 동조하는 사람들도 많다. 포털의 여론을 20대의 여론이라고 일반화 시키는 것이 아니다. 서울대학교 통일평화연구원이 실시한 2011년 통일의식조사 결과에 따르면 통일이 필요하다고 응답한 비율이 20대(19~29세)는 40.8%로, 평균 응답률 53.7%에도 미치지 못했다. 연령별 최저 응답률을 보인 것이다. 게다가 지금의 20대는 자신의 부모 및 조부모의 가족들이 북한에 있었던 세대가 아니다. 20대는 정부 정책에 무관심한 세대로 대표되고 있다. 통일에 대해 아는 것이라고는 초등학생 때 표어 만들기나 글짓기 대회가 전부인 세대가 지금의 20대가 되었다. 통일을 두고 뜨거운 토론을 벌이는 것까지 기대하는 것은 욕심일지 모르나, 그래도 그들에게 '의무감'을 가르치지 못한 것은 잘못이다. 그러나 통일은 선택의 문제가 되어서는 안 된다. 또 누군가가 해주길 기대하며 무관심해서도 안 된다. 20대가 통일에 대해 이야기하기 시작할 때 통일의 제동은 다시 걸릴 것이다. 20대 대학생이 사명감을 가지고 고민하고 토론하고 행동하는 데 애써야한다. 그것이 시대가 요구하는 임무임을 잊지 않아야한다.

## 통일 교육

연평도 사건 및 천안함 사태 이후 국민의 북한에 대한 인식은 많이 바뀌었다. 통일에 대해 무관심해지거나 북한에 대해 적이라고 응답하는 사람들이 늘어났다. 2010년 조사한 북한인식 조사결과에서 북한을 '적'이라고 응답한 비율은 40.3%로 전체 3위다. 비율 1위는 '형제', 2위는 '이웃'

으로, 3위 '적'과 2.4%, 1.4% 밖에 차이나지 않는다. 그리고 우리의 주적은 북한이라고 주장하는 사람들도 늘어났다. 그러나 우리의 주적은 우리에게 주적이 있다고 규명하려 애쓰는 사람들임을 알아야 한다. 휴전 상태임을 강조하며 북한 도발을 우려하며 주적이라 명명하는 세력들은 어쩌면 분단선 이북의 사람들보다 더 무서운 내부의 적이다.

임동원 전 통일부 장관은 지난달 서울대에서 열린 6.15 연석회의 강연회에서 '전쟁은 전쟁이 있다고 믿기 때문에 일어날지도 모른다'며 지속적인 남북 간의 대화와 교류 협력을 강조하였다. 통일에 대한 여론이 분분해지고 '통일은 되어야겠지만 내 살아 생전엔 아니었으면 좋겠다'는 사람들도 있다. 그러나 잊지 말아야 할 것이 있다. 반쪽짜리로 시작한 대한민국의 완전한 자주 독립 통일을 위해 수많은 사람들의 희생이 있었고 자주 평화 통일의 문제는 후대로 넘어왔다. 우리 손으로 넘겨진 공을 또 어디다가 넘길 작정인가. 흡수통일이니 하는 6.15 남북 공동 선언의 정신에 어긋나는 극단적인 주장들에 대해 비판적인 의식을 갖아야 한다. 초등교육부터 고등교육에 이르기까지 전단위에 걸쳐 적극적인 통일 교육이 시행되어야 할 것이다. 북한에서 아이스크림을 얼음보숭이라고 부른다는 것을 아는 게 통일 교육이 아니다. 우리가 왜 분단이 되었는지, 그 이후의 우리 민족의 삶이 어떠했는지, 우리가 통일을 위해 어떤 노력을 해왔는지, 지금은 무슨 노력을 하고 있는지, 독일은 어떻게 통일을 하게 되었는지, 그리고 분단시대에 우리들의 역할이 무엇인지를 정권 교체에 상관없이 지속적이고 일관성 있게 배우고 토론해야 한다. 그것이 통일을 준비하는 자세다.

# 안정적인 통일 한국을 위한 법제통합

## -헌법을 중심으로-

법학과 윤소희

## Ⅰ. 서론

2011년 12월 17일 오전 북한의 김정일 국방위원장의 갑작스런 사망으로 당시 29세의 후계자 김정은에게 세계의 관심이 쏠렸다. 뒤이어 북한의 실세라 불리던 국방위 부위원장 장성택의 실각이 알려지면서, 이 사태가 김정은에게 어떤 영향을 미치는지에 대해 의견이 분분하다. 철옹성 같던 중동의 전제국가들이 '재스민 혁명'으로 하나씩 무너지는 모습, 김정일 사망, 장성택 실각 등으로 북한 내 혼란의 분위기 속에 통일에 대한 기대감이 다시 고조되고 있다. 그러나 막상 통일을 대비해 무엇을, 어떻게 준비해야 할 것인지를 고민하는 단계에 들어서면 생각해야 할 것이 한 두 가지가 아님을 알 수 있다. 통일을 언제, 어떻게 맞이하게 될지 모르기 때문이다.

분명한 것은 우리가 통일을 대비해 장기적이고 일관성 있는 대책을 마련하지 않는다면 '우리의 소원은 통일'이라던 노랫말과는 달리 엄청난 위기로 다가올 것이라는 점이다(김병섭, 임도빈, 2012). 통일이 되었다고 가정해보자. 김탄과 유라헬은 북한에서 북한법에 따라 혼인신고를 마친 부부이다. 김탄은 2009년 2월 경 신의주 의류공장에서 일하면서 알게 된 차은상과 교제를 하다가 2009년 3월 경 수차례에 걸쳐 차은상과 간통을 하였다. 김탄과 차은상은 2009년 4월 경 함께 중국을 거쳐 남한으로 입국해, 두 사람이 부부인 것처럼 취적신고를 하고 서울에서 함께 살고 있다. 유라헬 역시 2009년 8월 중국을 거쳐 남한으로 건너와 김탄과 차은상을 간통죄로 고소하였다.[1]

북한 형법에서 간통은 범죄가 아니며, 헌법 제3조는 북한지역도 대한민국의 영토로 규정하고 있다. 그렇다면 북한 내에서 일어난 남한 형법상의 모든 범죄에 대해서 형사재판권이 미치는 것일까? 또한 남북한 모두가 처벌하는 범죄라도 구성요건이나 법정형이 다른 경우에는 어떻게 처벌하여야 할까? 이처럼 반백년을 넘어 분리된 채 살아온 한 민족이 함께할 때 나타날 혼란은 상상도 못할 정도로 다양하다. 이때, 정부는 혼란을 줄이기 위해서는 어떤 노력을 해야 할 것인가가 매우 중요하다. 특히, 국가를 움직이고 권력을 배분하며 국민들의 생활 등을 움직일 법의 통합이 가장 시급하다고 볼 수 있다. 정치, 사회, 문화, 경제 등의 다른 분야의 통합은 법을 통해 완성되며, 사회 통합을 이루기 위해서는 사회의 기본이 되는 법질서 유지를 위한 법 통합이 우선적으로 이루어져야 하기 때문이다(홍준형, 2012).

법의 통합 문제에서 헌법은 한 국가의 통치조직과 통치 작용, 국민의 기본권을 보장하는 근본 규범이며, 민·형법을 아우르는 최고 상위법이라는 점에서 매우 중요한 의의를 가지고 있다. 현재 남북한은 서로 다른 이념과 체제 아래 각각의 헌법을 보유하고 있으며, 통일한국의 헌법은 남북한 헌법체제의 통합을 전제로 한다. 여기서는 헌법을 중심으로 통합의 기본원칙과 전문, 영토조항, 기본권, 통치 구조를 중심으로 대한민국 헌법과 사회주의 헌법의 각 조항을 비교하고 통일한국의 상황에 더 알맞은 조항들을 각기 선별해 새로운 통일 헌법을 제정해보려고 한다. 남북한의 정치적·법적 통합의 형태는 통일의 시기 및 상황에 따라 달라질 수 있다. 그럼에도 본 논문에서는 남한이 주도하고, 북한과 협의하는 통일의 형태를 전제로 하며, 필자가 제정해보고자 하는 통일한국의 헌법은 자유민주주의를 기반으로 일부 사회주의적 요소를 첨부하는 형태를 갖는다.

1 통일사법정책연구반, 2010, 북한 관련 법적쟁점-사례별 연구, 사법발전재단, 93면.

## II. 본론

### 1. 헌법통합의 기본원칙

법률통합의 대원칙은 남한법의 원칙적 확장적용과 일부법의 적용유보, 일부 북한법 규정의 한시적 효력이 인정되어야 한다.[2] 통일한국의 헌법이 자유민주주의를 기반으로 하는 것에 대해서는 이견이 없지만, 북한의 법률을 전면적으로 부인한 채 그저 남한의 법률을 일괄적으로 북한에 적용하는 경우 오랫동안 북한의 법률에 익숙해진 북한의 주민들에게는 큰 혼란이 올 수 있기 때문이다. 그렇기 때문에 북한의 헌법에서 통일 한국의 체제 및 이념에 맞는 조항들을 선별하여 통일한국의 헌법에 포함하거나 한시적으로 적용할 필요성이 있다.

북한의 헌법 조항 폐지 기준으로는 첫째, 우리 헌법의 기본원리에 부합하지 않는 조항을 폐지해야 한다. 우리 헌법은 "제 1조 대한민국은 민주공화국이다"로 우리나라가 민주주의를 기반으로 하는 국가임을 선포하고 있다. 하지만 북한은 전 세계가 인정하고 있는 폐쇄적인 공산국가로서 북한이 사회주의를 기반으로 하는 국가임을 헌법으로 선언하고 있다. 그 예로 조선민주주의인민공화국 사회주의 헌법(이하 사회주의헌법)의 "제1조 조선민주주의인민공화국은 전체 조선인민의 리익을 대표하는 자주적인 사회주의 국가이다"를 들 수 있다.

둘째, 법치국가의 원리에 부합하지 않는 북한 법령은 폐지해야 한다. 우리 헌법은 법치국가를 명시하고 있지는 않지만, 헌법이 국민의 기본권을 보장하고 있으며, 국가권력이 사법, 입법, 행정으로 분립되어 있다는 점에서 법치주의가 헌법 전반에 걸쳐 구현되고 있다.[3] 하지만 북한은 사회주의 헌법 제5조에서 모든 국가기관이 민주주의 중앙집권제 원칙에 의해 조직되고 운영된다고 말함으로써 법치주의와는 상반되는 체제를 가지고 있다 볼 수 있다.

2 박수혁, "통일한국의 법률통합", 법조 통권 제530호(2000.11), 71면.

3 정종섭, 헌법학원론 제2판, 박영사, 2007, 195면.

셋째, 북한의 정치이념인 선군사상과 주체사상은 배제되어야 한다. 선군사상이란 군대가 국가의 기본이라는 것을 말하며, 주체사상은 사회 전분야를 지배하는 통치이념으로 김일성이 1950년대 중반 정적제거의 명분으로 활용하였다. 특히, 주체사상의 경우, 수령과 인민대중의 관계를 사실상의 주종관계로 규정함으로써 사상이기보다는 정치적 도구로서 통치 이데올로기로 기능한다는 평가를 받고 있다. 현재 사회주의 헌법 제3조에 명시되어 있다. 우리나라의 지도이념은 자유주의와 민주주의가 결합된 정치원리로 요약되는 자유민주주로서 국가권력이 정치적 지도자가 아닌 국민에게 귀속되어 있는 체제로 선군·주체사상과 같은 북한의 이념은 배제되어야 한다.

그러나 자유민주주의에 반하지 않는 사회주의 헌법 조항들은 한시적으로 효력을 인정하거나, 수용되어야 할 필요가 있다. 첫째, 북한 주민의 일상생활과 밀접한 관련이 있어 배제될 경우 혼란을 야기할 수 있는 조항들은 보호받아야 한다. 그 예로 가족법, 상속법 등을 들 수 있다. 둘째, 긍정적으로 평가할 수 있는 법제는 수용되어야 한다. 사회주의 헌법 제 47, 48, 49, 54, 56, 72, 77, 78조의 경우 무상교육, 무상보육, 무상치료, 환경보호, 우리말, 양성평등 등을 규정하고 있는 긍정적인 조항들로서 그 상황에 맞춘 적절한 보완 및 수정으로 통일한국의 헌법에 수용되어야 할 것이다.

## 2. 전문

헌법 전문이라 함은 헌법의 본문 앞에 위치한 문장으로 헌법전의 일부를 구성하는 헌법 서문을 말한다. 헌법전문이 형식적으로 헌법전의 일부를 구성하지만 그 내용이 규범적 효력을 지는지 여부에 대하여는 부정설, 긍정설 등으로 견해가 나뉘고 있으며, 우리 헌법 전문에는 헌법의 제정과 개정과정에 관한 역사적 서술 이외에 대한민국의 국가적 이념과 국가적 질서를 지배하는 지도이념, 지도원리가 구체적으로 규정되어 있다. 헌법 본문의 개별적인 조문과 상호유기적인 관계를 통해 하나의 통일된 가치체계를 형성하고 있으며, 국가권력의 최고의 원리를 규정한 것으로 모든 법령에 대하여 우월한 효력을 가지고 있다. 헌법재판소도 헌법전문의 규범

적 효력을 인정하여 법률이 헌법전문에 위반하는 경우 무효임을 인정하고 있다.[4]

북한의 사회주의 헌법 역시 전문이 존재한다. 사회주의 헌법은 '조선민주주의인민공화국과 조선인민'을 함께 주어로 하여 '주체혁명위업' 완성을 사명으로 규정하고 있으며, 이를 위해 김일성을 '공화국의 영원한 주석'으로 높이 모시는 것과 함께 김일성의 '사상과 업적을 옹호고수하고 계승발전'시키는 것을 규정하고 있다. 헌법 서문의 성격을 언급하고 있는 학술 문헌의 자료는 없지만, 북한 헌법 서문의 내용은 북한이 국가 공동체의 일반구성원들에게 행하는 정치(사회화)교육의 해김 내용을 압축하여 표현한 것이다. 내용 면에서 볼 때 북한에서도 서문의 내용이 북한 헌법의 최고 원리이자 법 해석과 집행에서 기준이 된다고 할 수 있다.[5] 이처럼 남북한 헌법에서 전문은 각 헌법의 해석과 집행의 기준을 의미한다고 볼 수 있으므로 통일 한국의 헌법에서도 전문이 유지되는 것이 바람직하다. 통일한국의 전문에서는 통일헌법의 제정취지, 통일의 민족사적 정당성, 분단과 통일의 역사적 배경과 과정, 통일한국의 제정주체, 통일한국의 목표, 통일헌법의 최고 이념 및 기본원리가 언급되어야 할 것이다.[6]

### 3. 영토조항

대한민국의 영토를 한반도와 그 부속도서로 규정한 현행헌법 제3조는 대한민국이 한반도의 유일한 합법정부이며 북한은 불법집단이라는 시각을 전제로 하고 있다.[7] 이 규정을 그대로 둔 상태에서 북한을 독립된 주권국가로 인정하는 것은 헌법규정과 정면으로 배치된다. 또한 현행헌법의 평화통일조항은 냉전의 종식 등 헌법제정 당시와는 달라진 국제관계의 현실을 반영하는 것이며, 또한 한반도 내 전쟁의 위험을 제거하기 위한 노

4 헌법재판소 1989. 9. 8. 자 88헌가6 결정 [국회의원선거법제33h, 제34조의 위헌심판]

5 권영태, "남북 헌법 서문 · 전문의 차이 – 영태의 북한법 이야기(6)", 통일뉴스, 2009.07.08.

6 박정원, "통일헌법에 관한 골격구상", 〈공법연구〉 제 27권 제1호, 한국 공법학회, 1998, 317~334면.

7 김상겸, 헌법상의 남국관련조항에 관한 연구, 헌법학연구 제10권 제3호, 2004.

력의 산물이기도 하다. 그러나 이 규정은 북한을 불법집단으로 보는 전제 위에 서 있는 헌법 제3조와의 관계에서 많은 해석상 혼란을 야기했고, 그 결과 헌법 제3조와 제4조의 관계는 학설과 판례 등 그 해석에 있어 가장 복잡한 문제 중 하나가 되었다. 헌법 제3조와 제4조의 관계에 관해 '신법 우선의 원칙', '현실 우선의 원칙'을 주장해 제3조를 사실상 사문화 시키는 해석, 또는 양 규정간의 관계를 '일반법과 특별법의 관계'로 이해해 제4조가 우선하는 것으로 보는 견해가 우선시되고 있으나 이와 같은 해석은 헌법 제3조를 무시하는 문제를 일으킨다.

여러 학설과 견해에 대해서는 남북한 UN 동시가입 등 국내법적, 국제법적 사안들이 민감하게 얽혀있으나, 본지에서는 다루지 않도록 하며, 현실적인 문제를 고려하여 입법론적으로는 역시 헌법 개정을 통해 문제의 소지를 제거하는 것이 바람직할 것으로 본다. 2005년 10월에 실시되었던 한국사회여론연구소의 여론조사 결과 국민들의 여론 또한 헌법상 영토조항 변경에 대해 '공감 53.0%, 비공감 38.3%'로 영토조항 개정에 대한 지지가 높은 것으로 나타났다.[8]

제3조의 개정에 관해 삭제론, 전면개정론, 개정불필요론 등이 대립하고 있으나 필자는 단서추가개정론에 입각하여 이를 개정한 조항을 제정하려 한다. 단서추가개정론이란 현행 영토조항의 후단에 통일 전까지는 잠정적으로 우리 헌법의 효력이 미치는 범위를 남한으로 한정한다는 단서조항을 추가한다는 것으로 영토조항을 유지하면서도 국제정세와 남북관계의 현실을 적절히 반영하고 있다.[9] 통일헌법에서는 헌법 제3조의 영토조항을 유지하여도 법적인 문제가 없을 것으로 본다.

## 4. 기본권

우리 헌법은 제10조는 '모든 국민은 인간으로서의 존엄과 가치를 가지며, 행복을 추구할 권리를 가진다. 국가는 개인이 가지는 불가침의 기본

8 한국사회여론연구소, "개헌, 국민들이 느끼는 시급성과 필요 분야," 동향과 분석 제64호, 2006.02.09.

9 도희근, 제3조(영토조항)와 제4조(통일조항), 헌법개정연구 제1분과위원회, 2006.

적 인권을 확인하고 이를 보장할 의무를 진다.'라고 명시하여 인간의 존엄성, 행복추구권, 국가의 기본권 보호 의무를 규정하고 있다. 헌법재판소는 이 규정에서 일반적 행동의 자유권, 인격권, 자기결정권 등이 도출된다고 보고 있으며, 헌법에는 그 외에도 평등권, 신체의 자유, 거주이전의 자유, 직업의 자유, 사생활의 비밀과 자유, 양심의 자유, 언론 출판의 자유 등이 규정되어 있다. 제37조 2항에서 이를 규정하고 있다.

북한의 사회주의 헌법의 경우 제 63조 "조선민주주의인민공화국의 공민의 권리와 임무는《하나는 전체를 위하여, 전체는 하나를 위하》는 집단주의 원칙에 기초한다."로 기본권을 규정하고 있다. 자유민주주의 헌법의 기본권과 외형은 비슷하지만, 사회주의 헌법이 상정하고 있는 인간상은 사회의 한 구성으로서 전체의 공동 목표를 위해 존재하는 '사회적 인간'으로서 국가에 의하여 권리가 인정되고 보장되는 실정권의 성격을 갖는다. 그러므로 사회주의 혁명에 반대하는 인간에게는 기본권이 인정되지 않으며, '인간의 존엄과 가치' 역시 보장되지 않는다. 기본권은 인종·성별·신앙·사회적 신분 등에 구애받지 않고 모든 인간이 보편적으로 누리는 권리다. 인간이 인간으로서 생존하기 위해 누려야 할 인간에게 고유한 권리이지 국가에 의하여 창설된 권리가 아니며, 영구히 보장되고 박탈당하지 아니하는 항구적 권리며 인간이 향유하는 불가침의 권리다.

따라서 국가권력은 국민의 기본권을 가능한 최대한으로 존중하고 보장할 의무를 지며, 기본권의 본질적 내용은 어떠한 경우에도 침해될 수 없다. 하지만 사회주의 헌법에서 개인의 권리는 항상 국가를 통해서만 실현되기 때문에 지도자의 독단성, 자유의 억압 가능성 등의 문제를 가져올 수 있다. 그러므로 통일한국의 헌법은 '인간의 존엄과 가치존중'의 원칙을 최고이념으로 삼아야한다. 이를 위한 구체적인 사항은 다음과 같다. 첫째, 최소한의 문화생활을 보장하는 생존권적 기본권의 강화가 이루어져야 한다. 둘째, 사상의 자유, 생명권, 인격권, 방송·언론의 자유, 알 권리, 정보의 자유 등 자유권적 기본권과 청구권적 기본권 등의 권리를 확충해야 한다. 마지막으로 참정권에 관해서는 정치활동의 폭을 넓히기 위해 선거권자의 연령을 하향 조정할 필요가 있다. 선거권자의 연령은 그 상황에 맞게 조정하여야 하므로, 헌법이 아닌 법률로 정할 필요가 있다.

현재 사회주의 헌법은 선거권연령을 17세로, 우리나라는 만 19세로 규정하고 있다.

## 5. 국가 원리

우리 헌법 제1조 제1항은 "대한민국은 민주공화국이다"라고 규정함으로써 우리나라의 국호가 '대한민국'이라는 것과 대한민국의 국가형태가 '민주공화국'이라는 것을 선언하고 있다. 헌법 제1조 제1항이 대한민국의 국가형태를 '민주공화국'으로 규정한 것은 첫째, 세습적 또는 종신적 군주국을 법적으로 부인하는 것이다. 둘째, '민주공화국'의 모든 규정은 모든 형태의 독재·전제국가를 부인하고, 국민을 위한 '민주적'인 공화국이 되어야 한다는 것을 말한다. 헌법 제1조 제1항은 대한민국의 국가형태를 선언하는 헌법제정권자의 기본적 결단이며, 우리 헌법의 핵으로써 헌법개정의 대상이 될 수 없다.[10]

사회주의 헌법 제5조는 "조선민주주의인민공화국에서 모든 국가기관들은 민주주의중앙집권제원칙에 의해 조직되고 운영된다"고 규정되어 있다. 제5조는 국가기관의 조직, 운영 원리인 민주주의 중앙집권제 원칙에 관하여 규정하고 있는데, 민주주의 중앙집권제원칙이란 사회주의 국가의 모든 국가기관은 민주주의 원칙과 중앙집권제 원칙의 유기적인 통일성에 따라 구성되어야 한다는 원칙을 말한다. 권력분립 원칙을 필수로 하는 자유민주주의 헌법과 달리 사회주의 헌법에서는 권력의 통합을 기본원리로 채택하고 있는데, 이러한 권력 통합의 원칙 아래의 국가기관의 조직·구성·기능의 기본원리가 바로 민주주의 중앙집권제 원칙이다.

이는 북한의 이른바 '당-국가체제'의 특징을 이루는 것으로 국민주체, 대의제, 권력분립의 원리 등이 기본이 되어야 하는 통일 한국의 정치적 기본원리에 합당하지 않다. 북한이 말하는 민주주의란 이른바 인민의 창발성이나 주체성은 무시되고 있으며, 중앙집권이란 노동당의 '유일지배체제'와 '1인지배체제'를 뒷받침하는 것이다. 국가의 주권은 국민에게서 나오지만, 이를 정치적 지도자들에게 위임한다는 통일한국의 기본원칙과 상반

10 정회철, 기본강의 헌법, 여산, 2008.

되는 것을 감안할 때, 이를 통일한국의 조직원리로 받아들일 수 없다. 통일 한국의 기본원칙은 ① 자유민주적 원리의 유지, ② 민주복지사회, ③ 법치국가, ④ 국제평화주의 및 국제법 존중주의 등이 되어야 할 것이다.

## Ⅲ. 결론

통일이 목전에 다가온 지금, 법적인 측면에서의 통일문제에 관한 보다 깊은 관심과 연구가 필요한 실정이다. 특히, 법제도적 통합에 있어서 통일 한국의 체제, 조직, 기타 법률을 구성할 통일 헌법에 관한 문제는 핵심적이라 볼 수 있다. 남북한의 합의 통일은 남북의 체제통합을 전제로 정치·경제·사회·문화 분야에서 합의해야 하는 것인데, 이는 헌법을 통해 정해지는 것이기 때문이다. 50년이 넘는 긴 기간 동안 각각의 헌법을 가지고 살아온 남북한이 하나의 헌법으로 단일화 하는 데에는 많은 갈등과 난관이 있을 것이다. 하지만, '인간의 존엄과 가치 존중', '개개인의 자유 확보' 등의 보편적 가치 아래 서로 양보하고 협의한다면, 분명 합의점이 존재할 것이라 보면, 우리가 이루어낼 통일 헌법의 제정은 다음과 같은 원칙이 필수적이다.

첫째, 통일 국가는 자유와 평등을 기반으로 민주주의 국가를 구현하고 권력분립을 통해 국민의 기본권 보호를 최우선의 가치로 삼아야 한다. 둘째, 남북한이 추구하는 통일국가는 인간의 존엄과 가치가 최대한 존중되고 인간다운 생활의 보장과 삶의 질의 향상을 도모하는 민주복지사회의 건설이다. 셋째, 남북한의 통일은 어느 한쪽의 보복이나 이익을 위해서가 아닌 전체 민족의 평화와 번영을 위한 한민족의 목표여야 한다. 넷째, 통일 국가의 체제는 역사적 경험을 바탕으로 상대적인 우월성을 보인 자본주의 체제로 한다. 다섯째, 남북의 이질적 체제의 결합을 고려하여 다원주의를 기반으로 다양성이 보장되는 것이어야 한다. 여섯째, 통일한국은 국제평화주의와 국제협조주의를 확립하고, 자주적 민족국가로서 대외관계에 있어 상호 주권존중 및 호혜평등에 입각한 대외활동을 수행해야 한다.

한편, 대한민국의 주도로 이루어질 남북법제통합에 있어 북한 헌법의 한시적 적용이나 우리 헌법의 확대적용으로 인해 북한 주민들에게 '정복자의 법', '이질적인 법'으로 다가서지 않도록 세심한 배려를 해야 한다. 통일의 시기가 구체적으로 언제가 될지는 모르겠지만, 지금부터라도 통일을 대비한 법제통합의 연구와 실무적인 방안들이 만들어져야 할 것이다. 이상의 기본 원칙들을 수렴하면, 통일 헌법에는 관련된 조항들이 필수적으로 포함되어야 할 것이다.

## 참고문헌


권영태, 2009, "남북 헌법 서문·전문의 차이 - 영태의 북한법 이야기(6)", 통일뉴스

김상겸, 2004, 헌법상의 남국관련조항에 관한 연구, 헌법학연구 제10권 제3호

김승대. 2010. "헌법개정과 남북한 통일", 〈공법연구〉 제 39집 제2호 한국 공법학회

도희근, 2006, 제3조(영토조항)와 제4조(통일조항), 헌법개정연구 제1분과위원회

박수혁, 2000, "통일한국의 법률통합", 법조 통권 제530호

박정원. 1998. "통일헌법에 관한 골격구상", 〈공법연구〉 제 27권 제1호, 한국 공법학회

법원행정처, 2010, "북한의 헌법", 통일사법정책자료 2010-1

이규창. 2011. "남북법제통합의 기본원칙 및 방향과 과제." 『저스티스』 122호: 61-94.

장명봉. 2006. "남·북한 헌법체제의 비교와 헌법통합방안", 《2006년도 남북법제개선 연구보고서》, 법제처

정종섭, 2007, 헌법학원론 제2판, 박영사

정회철, 2008, 기본강의 헌법, 여산

통일사법정책연구반, 2010, 북한 관련 법적쟁점-사례별 연구, 사법발전재단

한국사회여론연구소, 2006.2.9 "개헌, 국민들이 느끼는 시급성과 필요 분야," 동향과 분석 제64호

# 제4부

# 통일 대박, 그 이상의 담론 2

# 들머리

설충수 교수(베어드학부대학)

분단 60여년의 세월을 보내면서 이미 남과 북으로 고착되어 살아가는 우리에게 통일이 다소 생소한 주제로 다가오는 것 같다. 그러나 한민족 공동체의 미래와 운명이 걸려있는 통일은 분명 오늘을 살아가는 우리에게는 다시금 깊이 성찰해야 할 문제라고 할 수 있다. 한 국가의 원수까지 나서 "통일대박"을 외치는 모습에 우리가 분명 무엇인가를 해야 한다는 생각을 가지면서도 아직까지 무엇을 구체적으로 해야 할지 모르는 상황이다. 그 어렴풋하나마 느껴졌던 통일을 대학생 통일글쓰기라는 과제로 좀 더 구체화되어간다는 생각을 가져본다. 이런 점에서 숭실대학교 학생들의 통일글쓰기는 통일시대를 살아가는 대한민국 국민이라면 누구나 다시금 주목해야할 대상이라고 생각한다. 비록 학생들의 글쓰기 실력이 모나더라도 청년의 시각으로 통일문제를 바라보는 시각은 우리가 충분히 귀를 기울여야할 부분이라고 생각한다.

### 1. 통일과 숭실대학에 관한 칼럼

오찬영학생의 "무엇이 최초에서 최고를 만들까"는 통일을 위한 숭실대학의 역할을 제시하고 있다. 숭실대학이 남북한 유일의 이산대학으로 다른대학들보다 통일에 중요한 역할을 할 수 있으며 이것이 바로 최고의 대학으로 나아갈 수 있는 길임을 주장하고 있다. 특히 북한지역 특성학과 육성 전략을 통한 남북한지역에 충분히 영향을 미칠 수 있다는 지적은 명품대학의 길로 나아가는 숭실대학이 꿈꿀 수 있는 모습이라고 생각한다.

김동은학생의 "평양과기대, 그리고 숭실대"는 숭실대학이 평양과기대와의 협력을 통해 통일시대를 준비해야한다고 주문한다. 숭실대학은 이미 100여년 전에 평양주민들의 지원에 의해 세워진 학교로서 지금의 평양과기대와 협력, 이것은 첫째 북한의 폐쇄성을 개방시키는 효과를 지니며, 둘째 이질성을 해소시키고 평화 통일을 한발짝 더 힘껏 당겨갈 수 있다고 내다본다. 다시금 통일시대를 준비하는 숭실대학의 정체성과 위상을 상기시키고 있다는 면에서 주목할 주장이라고 생각한다.

### 2. 통일과 기독교에 관한 칼럼

통일을 위한 기독교의 역할은 중요하다고 생각한다. 기독교가 지닌 사랑과 평화 등의 이념은 분단과 분열로 점철되어 있는 상처에 충분한 약효를 드러낼 수 있는 것이라고 본다. 이에 기독교 명문대학인 숭실대학교 학생들의 기독교적 관점에서 통일에 대한 주장은 우리의 이목을 집중시키는 논의라고 볼 수 있다.

허유진학생의 "과연 떡을 주기 이전에 우리는 무엇을 해야 하는가?"는 남한의 영적인 상태를 진단하며 진정한 통일을 준비하기 위한 회개를 주문하고 있다. 종교적 변화인 회개를 통해 분단의 대립을 내려놓고 민족화해의 길로 나아가야할 기독교인의 자세를 다시금 상기시키는 대목이라고 생각한다.

또한 이준호학생의 "한국의 기독교, 통일의 밑거름"은 통일 전후의 한국기독교 역할을 주목하고 있는데, 특히 문화적 유대감을 드높이기 위한 기독교의 역할을 고려하고 있다. 이점은 독일기독교가 통일을 위해 동독성 니콜라이교회에서 평화기도회를 개최하며 통일을 준비한 것처럼 바로 한국기독교의 몫이 되어야하며 민족화합과 단합을 도모할 수 있는 종교의 진정한 역할이라고 본다.

### 3. 통일과 우리의 자세에 관한 칼럼

통일은 하루아침에 하늘에서 떨어지는 것이 아니라 인내와 바른 자세를 갖고 만들어가야 할 부분이라고 생각한다. 이에 학생들이 제시하는 통일에 대한 우리의 자세는 진정 통일을 준비하는 우리 모두가 다시금 귀 기울여야 할 몫이라고 본다.

김영호학생의 "통일을 맞이하기 위한 교류는 필요하다"는 통일시대를 만들기 위한 남북한의 교류를 주문하고 있다. 문화적이든 경제적이든 차이는 더 먼 격차를 가져와 통일을 요원한 것으로 생각하게끔 할 뿐이다. 이에 그 격차를 줄이는 교류는 필요하며 이것이 통일을 만들기 위한 남북한의 자세라고 제시하고 있다.

박지선학생의 "통일한국을 준비하는 우리의 자세-대결의식 내려놓고 연대의식 고취시켜야…"는 통일시대를 준비하는 우리의 자세를 잘 지적하고 있다고 본다. 특히 남한의 청소년들 삼분의 일 이상이 통일에 대한 무관심을 보여주고 있는 사회분위기에서 더욱 냉소와 무관심을 가져올 대립이 아니라 서로의 다름을 인정하는 포용과 연대의식의 고취를 주장하는 대목은 통일을 위한 우리의 진정한 자세라고 생각한다.

방영수학생의 "우리를 넘어 모두로"는 서로의 다름이란 차원에서 제기되는 우리를 넘어 모두라는 공동의 합의점을 만들어갈 통일한국을 제시하고 있다. 자기 것을 지키기에 급급한 어른들이 한국사회 미래를 짊어지고 갈 청년들이 누구하나만이 아니라 모두를 지켜내려는 마음은 다함께 관심을 갖고 경청할 부분이라 생각된다.

송하나학생의 "통일한국을 위해 우리가 준비해야할 것들에 대하여"는 탈북자들에 대한 관심을 지적하고 있다. 서로 다름을 인정하는 포용력이 바로 이들을 편견없이 바라보고 한국에서 하고 싶은 일을 제약없이 남한국민과 동일한 조건에서 도전하고 성취할 수 있는 분위기를 만들어야 한다고 주장한다. 통일이 더 이상 생소한 것으로 다가오지 않기 위한 우리의 각성과 노력을 촉구하는 글이라고 본다.

정영성학생의 "통일은 왜 해야 할까? 우리는 통일을 위해 무엇을 준비해야 할까?"는 통일의 당위성을 전쟁공포의 제거, 민주주의 발전과 동북아 평화공존, 경제발전과 민족번영, 이산가족의 고통해소 그리고 민족적 이질화 억제와 동질성 회복차원에서 제기한다. 더 이상 분단국가의 아픔에 빠져지내지 말고 통일을 여는 새시대를 준비해야할 다짐으로 느껴진다. 특히 통일을 위해 드는 많은 비용문제에 새시대를 위한 투자개념으로 접근하려는 노력은 앞을 내다보고자하는 미래일꾼들의 의지를 읽을 수 있다. 남의 문제가 아니라 바로 나의 문제 우리의 문제로 인식하는 관심과 주인의식이 지금 우리에게 필요한 부분이라고 요청하고 있다.

이현배학생의 "통일을 맞이할 우리의 자세"는 통일실현을 위한 준비와 필요성에 대해 주장하고 있다. 경제적 측면에서 엄청난 통일비용은 모두에게 부담으로 느껴지기 때문에 더더욱 이런 부담을 덜기위한 북한지원과 북한 시장경제체제에 맞는 투자를 준비해야 한다. 또한 문화적 측면에서 한민족 공동체의식을 고취시키기 위한 상호 공감형성이 남북한 모두에게 갖춰져야할 부분이라고 지적한다. 이런 준비된 통일은 경제적 이익과 민족 정체성 회복 나아가 세계무역 중심지로 거듭날 수 있는 통일 필요성으로 이어지고 있다. 남북한이 상호 신뢰를 통해 협력하여 준비된 통일을 만들어갈 시대에 서있다는 생각을 해보게 된다.

이재연학생의 "통일, 그리고 우리들의 올바른 자세"는 역지사지(易地思之)의 입장에서 통일을 위한 우리의 올바른 자세를 지녀야 한다고 주장한다. 특히 경제적 격차로 인해 상당부분 남한의존의 모습으로 통일이 만들어지면 더욱 통일은 실현불가능한 것으로 다가온다고 보고 있다. 이를 위해 통일은 우리(남한) 중심이 되지 말고 남과 북이 중심이 되어 이룩할 때 북이 더욱 현실적으로 통일에 다가갈 수 있다고 바라보고 있다. 십분 고려할 수 있는 우리들의 자세라고 생각한다.

김계범학생의 "통일의 시대, 우리의 자세"는 통일을 더 이상 소원이 아닌 현실로 이루기 위한 우리의 노력을 질책하고 있다. 특히 일관성을 지닌 대북정책은 정략적 판단에 의해 흔들리는 과거 모습을 청산하고 국민의 신뢰와 공감을 가져올 방향으로 나아가야 한다고 주장한다. 이를 구체화시키는 숭실대학의 통일시대의 창의적 리더 교육에 대한 고찰은 이제 필수적인 것이 되었다고 볼 수 있다.

### 4. 통일에 대한 일반적인 칼럼

이소영학생의 "북한이탈주민의 어려움과 해결방안"은 통일한국시대의 남북한 주민화합의 매개체인 북한이탈주민에 대한 관심을 보여주고 있다. 이들이 한국사회에서 경제적 어려움과 정신적 충격 또는 우울증의 고통 그리고 사회적 차별로 인한 어려움을 겪고 있다고 지적한다. 이를 위한 해결방안으로 경제적 지원 특히 국가뿐만 아니라 민간의 관심과 역할을 통해 이들에 대한 전방위적 지원을 추진해야한다는 면은 관심을 가져볼만

한 지적이라고 본다. 이와 더불어 지속적 관리 시스템의 구축 등은 앞으로 함께 만들어갈 통일을 위한 우리의 필수적인 자세라고 볼 수 있다.

신원재학생의 "통일, 역사에서 배우자"는 주기적으로 반복되는 역사에서 지금의 남북한 통일은 다시금 시대적 과제임을 확인시켜주고 있다. 한반도 역사에서 분단은 반드시 종식되고 통일을 이루었듯이 통일에 대한 비관적 입장을 극복할 수 있는 역사정신이 필요하며 또한 통일을 통해 더욱 남과 북이 경제발전과 국력을 향상시킬 수 있는 기회로 삼아야 한다고 지적한다. 통일한국의 단연 주역이 될 숭실대학이 다시금 통일교육에 집중해야할 요청으로 들린다.

오재욱학생의 "통일한국, 우리의 숙원"은 통일에 대한 우리들의 즐거운 상상력을 자극한다고 볼 수 있다. 이것은 통일이 우리의 염원으로만 그치는 것이 아니라 우리의 현실로 구체화되는 지름길이라고 본다. 평양에 정부청사를 이전하고 불필요한 국방력을 더 나은 실용적 과학기술 개발로 전환해 국가 경쟁력을 높이는 생각은 마치 통일이 지금 이루어진 것 같은 느낌을 준다. 특히 남자들의 국방의무시간을 줄임으로 마음껏 공부하고 싶은 그 생각은 어느덧 이심전심으로 통일을 더욱 성큼 다가서게 하는 것 같다.

염태섭학생의 "현 세대에 주어진 가장 중요한 숙제"는 예비역 학생이 겪었을 군대생활을 기초로 통일에 대한 인식변화를 소개시켜주고 있다. 주적의 개념에서 전쟁을 그치고 민족적 안정을 찾아나갈 길이 바로 통일이라고 생각한다. 민족적 차원에서 더 이상 다음세대로 넘기지 말고 우리세대에 반드시 이룩해야할 가장 중요한 숙제로 보고 있다.

심태성학생의 "독일의 통일에 비추어 본 한반도 통일의 방식에 대한 견해"는 독일 통일의 경험을 통해 우리의 통일을 들여다보자는 주장을 하고 있다. 특히 독일 통일이 우리에게 주는 통일방안은 첫째 평화정착을 위한 국제적 여건 조성방안이 모색되어야 하며, 둘째 남북 사이의 점진적 단계 확대를 위한 정책의 필요성, 셋째 통일방식의 신중한 선택, 넷째 통일재원의 확보 그리고 끝으로 통일에 대비한 남북한 자체역량 강화에 노력해야 한다고 주문한다. 통일을 준비하는 남북한이 보다 긍정적으로 수긍해 협력하여 만들어가야 할 필요가 있다고 본다.

김유빈학생의 "인권과 통일에 대하여"는 북한의 인권문제 입장에서 현재 상황을 보여주고 있다. 특히 종교의 자유박탈, 아동인권유린, 이산가족문제 등에 대해 주목하고 있다. 경제 또는 사회적 이익의 문제를 넘어서서 인간의 가장 존엄한 위치에서 다시금 통일에 대한 고찰이라고 볼 수 있다. 분명 이런 점에서 통일은 우리가 이룩해야할 중요한 과제라고 볼 수 있다.

# 무엇이 최초에서 최고를 만들까

정보통신전자공학부 오찬영

통일과 대학교. 다가오는 통일한국에 맞는 인재양성이라는 진부한 주제외에는 딱히 떠오르지 않는다. 그 어떤 이미지를 가지고 있는 대학교와 연결시켜도 아이디어가 떠오르지 않기는 매한가지다. 하지만 통일과 숭실대학교는 조금 다른 느낌을 준다. 숭실대학교가 평양에서 시작했고 통일, 기독교에 관련된 교육방침이기 때문인지도 모르겠다. 나는 이에 대해 얘기하고자 한다. 하지만, 통일을 준비하는 숭실인의 자세와 같이 우리가 이미 알고 있는 주제에 대해 강조할 생각은 추호도 없다. 미래를 대비하는 자세가 아닌 실제 통일이라는 막연한 미래가 현실로 다가왔을 때 우리의 숭실대학교는 어떤 상황을 맞이할지가 훨씬 흥미로울 것같지 않은가. 숭실 예비졸업생으로써 개인적인 바람은 숭실대학교가 자타공인 최고의 대학이 되는 것이다. 하지만 아직 조금은 부족한 세계 최고의 대학이라는 말에 걸맞는 대학이 되기 위해 숭실대학교가 '통일'이라는 대조류 속을 어떻게 효과적으로 나아갈 수 있을지에 대해 얘기하고자 한다.

숭실대는 현재 남북 유일의 이산대학이다. 특이한 사실이긴 하지만 통일이 가시화되지 못한 현재, 이 사실은 그리 놀라운 사실이 아니다. 그럼에도 학교내에서는 더불어 살 수 있는 인재양성이라는 준비바람이 불고 있으며, 굳이 박근혜 대통령님의 '통일은 대박이다'발언을 언급하지 않더라도 통일의 중요성과 가치는 숭실대학교와 연결되어 많이 언급되어온 것이 사실이다. 주제를 조금 심화하면, 나는 이런 상황속에서 나의 모교, 숭실대학교가 한층 더 경쟁력있는 학교로 거듭나기 위해 할 수 있는 일들을 생각해보았다.

통일은 위기다. 우리나라의 산업은 물론이며, 정치,경제,문화 등 사회전반에 커다란 영향을 미치며 대변화를 가져와 우리에게 큰 위기를 가져다 줄 수 있는 일이다. 하지만, 위기는 곧 기회다. 우리가 익숙해 하던 상황들의 급변이 비일비재 할 것이며, 새로운 사상, 새로운 습관들이 생겨날 것이며 그에 맞춰 새로운 가치관들이 사람들에게 형성 될 것이다. 최고라는 단어가 걸맞는 명문이 탄생하기 아주 좋은 시기인 것이다. 다방면에서 볼 때 최초에서 최고를 지향하는 숭실대학교는 통일한국이라는 새로운 가치관틀에서 최고의 대학이라는 인식을 갖게하기에 유리한 여건을 갖추고 있다. 이런 상황에서 어떤 전략과 함께해야 숭실대학교가 통일한국에서 최고의 대학이 될 수있을까.

통일 한국에 관해 이야기하기 전에, 통일이 된 직후 한국의 상황을 생각해보자. 경제력차이가 현저한 남,북의 관계는 굉장히 미묘할 것이며 현실적으로 국민 개개인들의 인식에서도 아직은 남과 북이 같은 국가의 국민이라는 개념이 부족할 것이다. 그로인해 현재의 우리가 가진 지역주의 이상의 남한지역과 북한지역사이의 차별이 일어날 것이며 이는 범죄를 동반할 것이다. 이런 상황이라면 국가가 아닌 사적인 차원에서의 교류는 누구도 선뜻 북한에 대한 포용을 남한에서 언급하기 꺼려 할 것이고, 북한에서 남한의 어떤 단체에서 구호가 아닌 뭔가를 실현하기란 굉장히 어려운 일일 것이다. 하지만 평양시민의 헌금과 기금으로 시작한 숭실대학교는 다르다. 남한지역에서 이미 완연한 무게감을 나타내고 있는 숭실대학교는 북한에 들어서야할 충분한 '명분'과 '역사'가 있다. 관점에 따라 민감해질 수 있는 평양에서 시작했다는 것을 서슴없이 알리며 기독교박물관과 교육을 통해 역사를 기억하려고 하는 숭실대학교는 평양 제1의 캠퍼스로 돌아갈 충분한 이유가 있는 것이다.

그렇다면, 숭실대학교가 평양에 들어서려고 할 때를 생각해보자. 북한에서는 지긋지긋하던 식량문제는 해결되었지만, 차별과 범죄, 남한의 자유로움과 새로운 문화에 대한 당황스러움이라는 새로운 문제가 대두된 상태이다. 한편으론 남한의 자본주의적 정신에 고양된 사람들이 배워야겠다는 의지와 잘 살아보겠다는 의지가 생겨났지만 인터넷 등의 의지를 실현해줄 기반의 미비와 미숙지로 인해 어려움을 겪을 것이다. 이런 상황은 북한지역사람들의 욕구(Needs)를 해결해주는 교육기관의 필요로 직결되며 그 교육은 결코 시대에 뒤떨어진 북한의 낡은 교육이어서도 안되고 현실적, 실용적이고 세계적으로 인증된 교육이어야 한다. 이것이 평양에 세워질 숭실대학교의 역할이다.

최고의 대학이 되기 위한 조건은 일단 사람들이 자발적으로 많이 모여야한다. 사람들이 자발적으로 모이려면 다른 어떤 대학보다도 가고 싶은 욕구가 생성되어야 하며 급변하는 정세속에서는 빠른 현실인식과 세상흐름의 포착을 통한 합리적인 교육만이 사람들의 욕구를 생성시킬 수 있다. 숭실대학교가 남,북한지역에 충분한 영향력을 끼칠 명분이 준비되었다면, 다음은 변화에 적절한 적응을 통한 명품대학이라는 자리 선점인 것이다. (역사적 사례를 통해 보았을 때, 의외로 '선점'이라는 요소는 약간의 합리적인 이유와 결합되어 명문, 명품이라는 지위를 갖으려는 노력에 크게 긍정적인 방향으로 작용한다.) 하지만 북한에 새로운 캠퍼스가 등장한다고 해서 결코 북한지역사람의 욕구만 고려되어서는 안 된다. 통일 직후 상황에 엄연한 남한지역과의 차별이 있고 차이가 존재하는 만큼, 남한지역사람에게도 거리가 멀지만 가고싶은 매력적인 대학이 되어야한다. 그러기 위해서 숭실대학교가 취해야 할 전략은 '북한지역 특성학과 육성'전략이라고 생각한다.

북한지역은 실로 무궁무진한 경제적, 사회적 가치를 가지고 있으며, 이를 적절히 사용하는 통일한국의 엄청난 시너지효과에 대한 단순통계를 모르는 사람이 거의 없을 것이다. 하지만 그 실현 과정에 대해 어떻게? 라고 물었을 때 대답할 수 있는 사람은 많지 않다. 숭실대학교는 북한지역사람들에게는 남한지역에서 온 욕구실현의 도구들(인터넷, 최신IT기기등)을 사용하는 방법이나 자본주의 경제논리의 사례들(주식, 채권, 펀드등)을 알려 주는 현실적인 적응의 교육과 영어, 중국어와 같이 북한지역에 전례없던 세계화를 실현 해줄 수 있는 학교가 되어야하며 동시에 북한지역이 가지고 있는 사회, 경제학적 가치에 대한 독보적인 현실적 교육으로 남한지역사람들에게도 가고 싶은 대학이 되어야한다. 그리하여 북한에 캠퍼스를 세우려는 많은 대학 속에서 단연 백미가 되어야하며, 이는 인재유입과 맞물려 변화의 기류속에서 엄청난 영향력을 행사할 수 있는 대학으로 순식간에 변모할 것이다.

이는 또한 숭실대학교가 추구하는 더불어 살 수 있는 인재양성의 실현이다. 누구도 더불어 사는 것을 원하지 않는, 차별이 만연한 시기에 자연스러운 교육의 장 형성을 통한 더불어 사는 삶 실현은 국가의 강제적인 개입이 없이는 그 어떤 단체도 쉽게 할 수 없는 일일 것이다. 하지만 우리가 진정한 통일한국으로 거듭나기 위해서는 이는 필수적인 요소이며 누군가는 실현해야할 일인 것이다. 이 역사의 획을 그을 대사의 첫 발을 나의 자랑스런 모교인 숭실대학교가 딛기를 간절히 바란다.

# 평양과기대, 그리고 숭실대

컴퓨터학부 김동은

2014년 2월, 세계적으로 유명한 방송사인 영국 BBC에서 탐사보도 프로그램을 보도했다. 북한의"평양과학기술대학"에 관한 내용이었다. 방송은 북한 최고위층 자녀들로 이루어진 500명의 학생과 모든 강의를 영어로 듣는 대학 풍경을 소개했다. 방송 이후 세계 정치권의 반응은 거셌다. 일례로 미국 북한인권위원회 그레그 스칼라튜 사무총장은"그들이 배우는 기술은 사이버 전쟁 수행이나 체제 유지에 필요한 국제 불법행위에 사용 될 수 있다"고 경고 할 정도였다. 정말 그의 주장대로 평양과학기술대학은 북한 체제를 위해 악용되는 교육기관일까?

질문에 답하기 전에, 먼저 평양과학기술대학에 대해 올바르게 알아야 할 필요가 있다. 평양과학기술대학은 숭실대학교 1회 졸업생인 김진경 총장이 한국과 미국의 기독교 자본으로 설립한 대학이다. 이 대학은 1897년 평양에서 세워져 폐교 전까지 한반도 최고 대학으로 자리매김했던 숭실대학교와 유사한 점이 많다. '실용을 숭상한다'는 숭실의 교명과 같이 교육 내용이 실용적 과학기술에 초점이 맞춰져 있는 것과 평양이라는 연고지가 같다. 또 100년 전의 숭실처럼 기독교 자본으로 설립됐다는 점까지 일치한다. 한 때 평양시민의 자존심이었던 평양 숭실대학이 100년이 흐른 21세기, 이름을 바꿔 부활했다고 봐도 좋은 것이다.

체제 유지와 전쟁 수행을 위해 대학 교육이 악용될 것이라는 그레그 스칼라튜 사무총장의 우려는 일면 타당성이 있는 주장이다. 하지만 100년 전 북녘의 평양 숭실이 그랬듯이 평양 과기대는 겨레에 있어 실보다는 득이 많은 학교다. 이에 대한 근거는 다음과 같다. 첫 번째, 북한의 폐쇄성을 개방시키는 효과가 있다. 평양과기대는 앞으로 북한 사회를 이끌어 갈 최고위층 엘리트 자녀들에게 서구 사상을 교육한다. 구체적으로 영어와 시장경제체제, 자유민주주의 개념에 대해 학습시킨다. 미국인 교수가 북한의 헌법에 대해 비판 해보라는 수업을 시행 할 정도로 대학 안에서 교육은 자유롭고 파격적이다. 스칼라듀 사무총장의 우려와 달리 이런 교육은 학생들의 자유에 관한 열망을 불타오르게 할 것이다. 체제 유지와 문호개방이라는 가치 충돌 속에서 북한은 딜레마에 빠져있다. 하지만 평양과기대 졸업생들이 북한 군부, 노동당, 행정부의 요직에 들어서면 분위기는 자연스레 문호 개방 쪽에 초점이 맞춰질 것이다. 어떠한 기적이든 작은 변화에서 비롯되는 법이다. 본 대학은 북한 변화의 촉매제가 될 것이다.

두 번째, 이질성을 해소시키고 평화 통일에 다가갈 수 있다. 1990년 독일 시민들이 베를린 장벽을 무너뜨리는 역사적인 장면을 우리는 기억하고 있다. 독일이 반세기가 넘는 시간을 뛰어넘어 통일을 이뤄낼 수 있었던 것에는 잦은 교류와 협력이 있었기 때문이다. 독일에선 통일 전 동독 주민 3분의 2가 서독과 접촉했다. 두 독일이 함께 연합하여 주변 나라들에 통일의 필요성을 설득하기도 했다. 남한에는 탈북자들이 많이 들어와 있고, 북녘 출신 국회의원이 당선 될 만큼 영향력이 커지고 있다. 이런 과정에서 우리 국민들은 북한 사람들을 이해하고, 북녘의 아픔을 공유하기도 한다. 하지만 북한의 현실은 우리와 다르다. 검열과 통제 아래 모든 것이 폐쇄된 사회에서 그들에게 남한 주민과의 교류란 상상 할 수도 없는 일이다. 이런 현실 속에서 '평양과기대'가 우리에게 주는 시사점은 크다. 이 대학은 전임 교원이 대부분 남한 교수, 미국인 교수로 이루어져 있다. 폐쇄적인 북한 사회에서 엘리트 학생들이 매일 마다 남한 사람과 접촉하는 놀라운 광경이 펼쳐지는 것이다. 우리 사회가 지향하는 통일 방향은 평화통일이다. 평화 통일을 위해서는 본래 있던 북한 기득권층의 협조를 이끌어내는 것이 중요하다. 평양과기대에서 학습한 엘리트들이 북한 요직에 자리 잡으면 그들은 우리를 이해하고 공감할 수 있을 것이다. 이런 이해가 쌓이면 통일에 한발 더 다가 설 수 있음은 부인 할 수 없는 사실이다. 결국, 인적 교류가 통일이라는 기적을 창조할 것이다.

최근 많은 사람들이 통일을 반대하고 있다. 그들은 반대 이유로 과도

한 남한 국민들의 세금 부담, 심각한 지역 격차로 인한 경제적 하향평준화 문제를 꼽는다. 그러나 장기적으로 통일은 분명 우리에게 이득을 가져다준다. 경제·외교·군사 모든 분야에 있어 통일이 가져다 줄 대박은 엄청나다. 통일이 성공하려면 남과 북의 동질성이 이질성을 이겨야 한다. 동질성은 심리적인 요소다. 나이 든 북한 사람들은 숭실대학을 잊지 않고 추억한다. 북한 정부가 평양과기대 설립 허가를 내준 이면에는 김진경 총장이 숭실대학교 졸업생이었기 때문이라는 설도 있다. 이와 같이 숭실대학교라는 이산 대학은 북한 주민들의 심리적 동질감을 회복시킬 잠재력이 엄청나다. 현재 평양과기대는 북한에 변화의 바람을 일으키고 있다. 한민족 유일의 이산대학인 숭실대학도 평양과기대와 협력하여 변화의 바람을 일으켜야 한다. 100년 전과 같이 지금이 바로 겨레의 밝은 미래를 위하여 숭실대학교가 달려갈 때다.

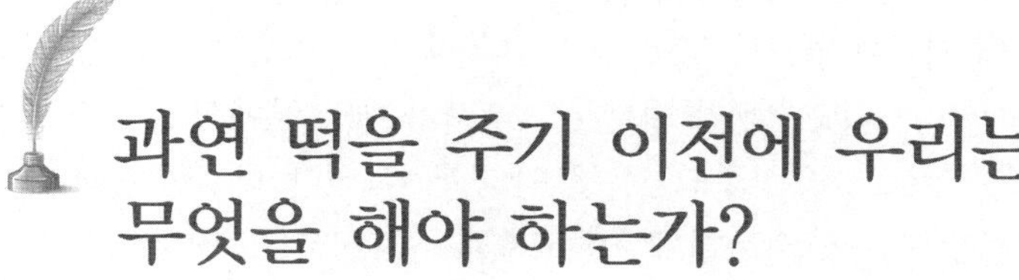

# 과연 떡을 주기 이전에 우리는 무엇을 해야 하는가?

화학공학과 허유진

내가 처음부터 통일에 관심이 있었던 것은 아니다. 그렇다고 지금도 어느 전문가처럼 구체적이고 정돈된 학술의 형태로 또는 뛰어난 남북간의 견해를 바로 알고 있지도 않다. 하지만 내 안에 뜨거운 통일에 대한 기대와 소망이 있는 것은 분명하다.

통일에 대한 생각을 가지기 시작한 것은 2010년, 숭실대학교에 처음 입학하고 배웠던 '현대인과 성서'라는 과목을 통해 조금씩 마음 문이 열리기 시작했다. 사실 그 전까지 우리 가족 중 어느 누구도 이북출신 또는 이산가족 등 북쪽과 조금이라도 연관되어 있는 분은 없었기에 관심도 없었다. 그 과목을 통해 그 당시는 단순히 우리학교 역사에 대해 배우기 시작하면서 숭실대학교가 어느 외국인 선교사에 의해 평양에 세워졌다는 사실만을 이해했다. 그 때 알게 되었던 학교의 역사이야기가 이상하게 계속 머릿속과 마음속에 맴돌았고 '내가 통일된 한국에서 감당해야 할 역할은 무엇일까?' , '통일이 되기 위해서 우리는 무엇을 해야 하는 것일까?' 등 이런 고민들이 하나 둘씩 생겨났다.

크리스천인 나에게는 정치적이나 경제적인 대안이나 대책을 제시하는 것보다 영적인 눈으로 이 상황을 바라보는 건 당연했다. 과연 우리에게 주어진 지금이라는 시간을 통해 통일을 어떻게 준비할까? 고민 중에 가장 큰 부분은 현재 남한의 영적인 상태가 그리 건강하지 않다는 것이다. 남북한의 문제는 영적인 싸움 같았다.

교회에서 민간대북지원단체인 '새누리 좋은 사람들'에서 일하시는 집사님의 이야기를 들은 적이 있었다. 대북지원을 통해 평양 땅을 여러 번 다녀오셨는데, 분단되기 전 교회가 있던 자리에는 김일성 동상이 세워져 있고, 조선의 기독교 역사에 남을 장소마다 김일성이라는 신이 존재하고 있었다고 하셨다. 1907년 평양 대부흥의 역사가 평양 땅에서 시작 되었는지 알 수 없을 정도로 우상화되었음을 안타까워하셨다. 하지만 여러 매체들을 통해 들었던 사실은 북한에 지하교회가 존재하고, 그곳에서 숨죽여 가며 예배 드리고 있는 성도들이 존재한다는 것을 잘 안다. 그러한 일화를 나타낸 영화 '신이 보낸 사람'에서 잘 나타내고 있다. 북한 땅에서 목숨을 건 신앙인들의 모습을 보여주면서 한국 기독교를 다시 돌아보게 되었다.

영화 '신이 보낸 사람'에서 북한성도들은 눈에 보이는 핍박 속에서 신앙을 굳건히 지켜나가는 모습을 볼 수 있다. 주인공 '주철호'가 남한으로 가고자 부단히 애쓸 때 동네 어르신이 '철호'에게 한 말은 남한은 우리가 생각하는 가나안 땅이 맞냐고 물어보는 장면이 있다. 그 대화 내용 속에서 남한의 안타까운 현실을 보게 되었다. 이스라엘 민족이 애굽 땅을 탈출하고 가나안 땅에 들어 갔을 때 과연 그곳이 우리가 편히 쉴 수 있는 천국 땅이었을까? 그렇지 않다. 하나님께서 인도하신 가나안 땅은 분명 애굽의 바로 왕처럼 육체적인 핍박이 없었을 것이다. 하지만 이스라엘 민족은 가나안 땅에서 하나님의 말씀에 순종하지 않았다. 레위기 18장 3절에 보면 시내산에서 '너희가 거주하던 애굽 땅의 풍속을 따르지 말며 내가 너희를 인도할 가나안 땅의 풍속과 규례도 행하지 말고' 라고 나와있다. 하나님은 애굽에서 건져 낸 하나님의 백성들이 가나안 땅에서도 성결한 하나님의 자녀로 살기를 바라셨다. 하나님의 말씀에도 불구하고 이스라엘 민족은 화려하고 뛰어난 무기를 가지고 있는 그 땅의 민족들을 바라보며 부러워했다. 결국 여호수아 17장 13절의 말씀처럼 '이스라엘 자손이 강성한 후에야 가나안 족속에게 노역을 시켰고 다 쫓아내지 아니하였더라' 라고 나와있다. 그들의 문명을 습득한 이스라엘의 민족을 볼 수 있다. 이후에 가나안 족속들이 도리어 이스라엘 민족들을 공격하는 모습을 볼 수 있다.

하나님의 보내주신 그 땅에서 하나님이 원하시는 것은 무엇이었을까? 거룩하고 구별된 하나님의 백성임을 깨닫게 하고자 하셨지 않았을까? 그렇다면 북한 성도들이 가나안 땅이라고 일컫는 남한 땅은 어떠한가? 아니이 땅에 살고 있는 한국교회의 모습은 어떠한가?

왜 하나님이 우리민족을 분단시키셨는지 알지는 못한다. 하지만 분명한 것은 한국 교회가 이 땅에 살면서 구별되게 살지 못했다. 곳곳에서 나오는 교회의 비리, 악습과 관습 등 세상에서 펼쳐지고 있는 악한 행위들이 교회 안에 슬며시 들어와 있다. 한국교회와 이스라엘 민족이 처음부터 그러하지는 않았다. 가나안 땅에서는 구별된 백성으로 살기 위해 노력했다. 우리 스스로 하나씩 타협하다 지금의 결과까지 오게 되었다. 작은 것 하나부터 세상의 것을 받아 드렸다. 세상의 문물과 가치관이 흥미롭고 자극적인 것에 눈이 멀어 인정하였다. 분명 히브리서 12장 14절 '모든 사람과 더불어 화평함과 거룩함을 따르라'라고 말씀하셨다. 세상과 교회는 화평해야 한다. 하지만 화평과 거룩함은 다르다. 예수님이 사마리아 인에서부터 바리새인들에 이르기 까지 모든 사람들과 화평하셨다. 하지만 하나님의 독생자이신 예수님은 거룩하셨다.

하나님은 분명히 주를 고백 하는 자마다 양자의 영 즉, 하나님의 자녀됨을 허락하셨다. 우리는 말로만 하나님의 자녀라고 이야기 하지는 않았는가? 하나님의 아들 예수그리스도의 모습을 온전하게 따르지 않은 우리의 모습을 바라 보았다. 앞서 언급한 히브리서 12장 14절 후반 절에 보면 '이것이 없이는 아무도 주를 보지 못하리라' 라고 나와 있다. 세상이 아무리 타락하고 부패한다고 하더라고 자녀 된 우리는 빛과 소금이고 이 세상의 소망이다. 그러한 우리가 빛과 소금의 제 기능을 잃어 버리고 주를 가렸던 행실들이 지금의 열매를 맺게 된 것 같다.

남북한의 통일을 고민할수록 나에게 주신 마음은 분명했다. 우리의 현재 모습을 제대로 바라보는 것이다. 어떠한 정책과 물질 등 당장 보이는 것으로 어설프게 구멍 난 댐을 막는 것이 아니라 본질을 놓쳤다는 것이다. 예수님이 말씀하셨다. '사람이 떡으로만 살 것이 아니요 하나님의 입으로부터 나오는 모든 말씀으로 살 것이라.(마태복음 4장 4절)' 하나님의 말씀 즉, 복음만이 우리가 하나될 수 있는 유일한 방편이다. 우리 선조들이 통일에 대한 힌트를 보여주셨다. 1907년의 평양 대부흥은 장대현교회의 길선주 목사님의 회개로부터 시작되었다. 한 사람의 진심 어린 회개가 작은 불씨가 되어 온 땅에 번졌다. 우리에게 그러한 모습이 필요하다. 민족의 죄를 끌어 안고 통회하고 자복하는 심정으로 울어야 한다. 뜨거운 가슴이 사라졌음을, 세상과 타협하여 흐릿한 신앙이 된 우리의 모습을 회개해야 한다. 말씀으로 기본으로 돌아가야 한다. 하나님의 변함없는 진리가 우리 안에 가득 차야 한다. 그러기 위해서는 회개를 통해 낡은 가죽 부대를 버리고 먼저 우리 스스로를 정결하게 해야 한다.

하나님은 한국 땅을 사랑하신다. 불안한 정세와 우리 민족의 수많은 아픔을 통해 마지막 때 세상에서 빛과 소금으로 감당하기를 원하신다. 그렇게 하기에는 우리에게 너무 많은 죄와 순결하지 못함이 너무 많다. 애굽 땅처럼 보이는 북한 땅이 어쩌면 남한의 영적 상태보다 더 거룩하고 깨끗할지도 모른다. 남한의 우리가 통일의 그날을 위해 준비해야 한다. 실질적인 계획과 구상도 중요하지만 그 전에 영적으로 무장해야 한다. 북한의 성도들이 영적으로 통일을 준비하고 있는 것처럼 슬기로운 다섯 처녀의 모습처럼 그날을 기다리며 우리도 깨끗하게 준비해야 한다. '그래, 한국교회가 회개 해야 해!' 라고 말하지 말고 남한의 성도된 우리 한 사람마다 '주여, 내가 주께 큰 죄를 범하였나이다!' 하고 울어야 한다. 우리가 다시 하나님 앞에 돌아섰을 때 하나님이 역사하신다. 우리의 생각이 아닌 창조주의 창조적인 방법으로 통일을 이끄실 것이다. 여호와 이레!

'주의 약속은 어떤 이들이 더디다고 생각하는 것 같이 더딘 것이 아니라 오직 주께서는 너희를 대하여 오래 참으사 아무도 멸망하지 아니하고 다 회개하기에 이르기를 원하시느니라(벧후 3장 9절)'

# 한국의 기독교, 통일의 '밑거름'
## -통일 전후의 한국 기독교의 역할-

영어영문학과 이준호

"(북한이란) 나라 자체가, 나라도 아니지 않습니까? 인권이 있습니까? 자유가 있습니까? 정말로 있을 수 없는 나라입니다. 그래서 빨리 없어져야 되는데요."(국방부 대변인)

"무인기 사건의 북 소행 관련설은 철두철미 미국과 괴뢰들이 함께 날조해냈던 천안함 사건의 재판인 반공화국 모략극이다."(조선인민군 판문점 대표부 대변인)

위의 대화는 최근에 있었던 북한이 보낸 것으로 추정되고 있는 무인항공기 사건에 관한 남, 북한 간의 입장이다. 최근에 이렇게 위태위태한 상황이 벌어지고 있는 가운데, 평화통일을 부르짖는 우리에게 그 방안을 말해보라고 한다면 어떤 대답이 나올까. 개성공단, 금강산 관광 등 교류를 통한 경제적인 통일? 혹은 무조건적인 북한에 대한 지원으로 관계 회복? 모두 이전부터 시행되었고 진행 중인 방법이지만 이렇다 할 성과는 보이지 않았다.

그렇다면 과연 어떤 방법이 '통일 한반도'를 만드는데 큰 역할을 할 수 있을까. 그 방법론 중 하나로 종교가 큰 역할을 할 것이라고 생각한다. 종교의 역사는 인류의 역사만큼 오래되었으며, 현대에 이르기까지 모든 문화, 모든 민족에게서 보이는 문화 현상이다(한국민족문화대백과). 그렇다, 종교는 신(神)을 섬기고 행복을 얻고자 하는 것이기도 하지만 일종의

'문화현상' 이다.

(1)

문화현상이란 사람과 사람사이에 일어나는 사회활동이다. 이로서 한 민족의 안에 공통된 의식들이 자라나고, 얼이 생겨난다고 말할 수 있겠다. 이러한 문화현상으로서의 종교가 우리나라의 평화적 통일에 기여할 수 있는 바는 생각보다 지대하다.

### 동서독의 소통의 장 교회

종교의 통일에 대한 역할은 뜬구름 잡는 소리나 포교를 하자는 주장이 아니다. 실제로 종교 덕을 톡톡히 본 독일의 통일 사례를 살펴보자. 독일은 1949년 냉전체제 시기에 동독은 소련에, 서독은 연합군에 점령되어 분단되었다. '1989년 11월 9일 '장벽 딱따구리'들이 망치와 끌로 베를린장벽을 쪼아 넘어뜨려 마침내 독일을 통일할 때까지 동독에서는 성 니콜라이 교회의 평화기도회가 동독의 전 지역 사람들을 통일시켰다(김항제 한국종교연구소장).' 동독의 성 니콜라이 성당은 가혹한 공산주의의 지배하에 있던 동독 주민들을 하나로 묶어주고, 평화적으로 단결할 수 있게 한 큰 역할을 담당하였던 것이다.

'서독교회의 동독교회 지원은 동독교회의 활동을 활성화하고 동독교회가 동독혁명의 근거지가 되는 데 크게 기여했다(염돈재 前 국가정보원 제1차장).' 여기서 서독과 동독 간의 교류로서의 역할을 수행한 교회의 지대한 역할을 다시금 찾아볼 수 있다. 서로 같은 신을 믿는다는 동질감 때문만이 아니라 '소통할 수 있는 장'으로서의 기독교가 있었기에 독일의 주민들은 서로간의 교류를 지속하며 통일이라는 희망의 씨를 싹틔울 수 있었다.

우리는 여기에서 독일과 한국의 유사점에 주목할 필요가 있다. 한국은

1948년에 공식적으로 남한, 북한으로 분단이 되었으며 북한은 소련, 남한은 미국군이 주둔하였다. 이렇듯 독일과 비슷한 시기에 같은 이유로 분단이 된 것이다. 또한 남한에는 기독교가 크게 성장해 있고, 북한은 독재체재를 위협하는 기독교를 탄압하고 있다는 것 마저 독일의 통일 전 상황과 똑같다. 여기서 발견할 수 있는 답은 한국의 통일에도 교회의 적극적인 역할과 도움이 필요하다는 것이다. 물론 정부의 대북 정책의 개선, 기업적 교류 측면과 대외적인 방면으로도 많은 노력이 필요하다. 하지만 민간 차원에서 교회의 역할은 독일의 사례에서 볼 수 있듯이 문화적 유대를 유지하고 통일을 앞당기는 '민족적 소통의 장'의 역할을 할 수 있기 때문에 기독교의 평화통일을 위한 역할 분담이 필요한 것이다.

### 통일 이후의 종교적 민족 단합

통일 이후의 후유증은 우리가 생각하는 것을 훨씬 뛰어넘을 것이다. '가난한' 북한 주민들을 보는 남한 사람의 시선, 60년이 넘게 단절되어있던 남한과 북한사람들의 문화적 차이는 경제적인 문제보다 더 심각할 것이다. 여기에서 종교의 역할이 필요하다. 모두 하나의 믿음을 가지면서 같은 유대를 지닌 나라라면 아무리 어려운 국난이라도 이겨낼 수 있는 길을 찾기 마련이다. 이는 국사를 공부한 사람이라면 삼국시대에 종교가 얼마나 큰 역할을 했는지를 통해서라도 생각해볼 수 있는 문제이다.

## (2)

이쯤에서 우리는 한 가지 문제점이 떠오를 수 있다. 한국의 보수적 기독교의 선교제일주의가 그 중 하나일 것이다. 현재 한국은 어디를 가더라도 선교만 하고 교회에 사람들을 끌어 모으기만 하면 되는 줄 아는 포교활동만 열을 올리는 모습들이 많이 보인다. 이로 인해 통일 후 기독교의 역할이 자칫 부정적으로 흘러갈 수 있음을 경계해야 한다.

우리가 필요한 기독교의 역할은 한국의 단결력을 높이고 민족적 분열은 최소화하는 데에 있다. 이에 대해 박영신 교수(연세대 사회학)는 "민주주의, 인권, 윤리와 같은 사회의 보편가치를 통일한국의 시민들에게 교육해야 한다. 교육을 통해 가치의 전환과 자아 정체성의 재정립을 도모함으로 재사회화 과정을 도와야 한다." 라고 말하며 한국 기독교의 통일 후 민족 재정립으로서의 역할을 강조했다.

### 통일을 위한 종교적 준비가 필요

통일을 위한 여러 방면의 노력 중 하나로 한국 기독교계의 공들인 준비가 필요하다. 북한에 대한 구호 물품 전달 등 여러 노력이 소규모로 지속되어 왔지만 이는 북한 주민들 다수를 돕는데 큰 영향을 끼치지 못 했던 게 사실이다. 그렇기 때문에 교회는 단합을 통해 성금이나 자원들을 모금할 수 있는 매개체 역할을 수행하고, 정부는 이를 북한 주민들에게 실질적으로 전달할 수 있는 경로를 마련해 도움의 손길을 현실화해야 한다.

깨끗한 절차가 없다면 이 또한 몇몇 사람들의 돈벌이 수단으로 전락하는 볼썽사나운 모습이 보일 수 있다. 이를 방지하기 위해 각계각층의 기독교 인사들은 책임감을 가지고 기존 잘못된 관습과 부정부패를 척결하는 것에 앞장서야만 한다. 물론 이는 국민과 국가기관의 감시 하에 이루어져야 한다. 이로써 우리는 남북 간 소통의 장이라는 평화통일의 튼튼한 발판을 마련할 수 있을 것이다.

# 통일한국을 준비하는 우리의 자세

## -'대결의식 내려놓고 연대의식 고취시켜야…'

경영학부 박지선

독일 통일 이전, 서독에서 동독 심리전의 일환으로 살포한 전단 내용은 매우 흥미롭다. 전단에는 주로 서독 중고차 가격, 식료품 종류, 백화점 세일 소식과 같은 생활 정보가 대부분이었다. 동독의 체제를 비방하거나 정치 지도자의 권위를 훼손하는 내용은 일절 없었다. 오직 서독의 생활상을 있는 그대로 드러내는 것에 초점을 둔 것이다. 당시 심리전 총책이었던 부흐벤더 대령은 '우리 심리전의 가장 강력한 무기는 진실이었다'고 회고했다. 정치논리는 배제하고 '하나의 독일'이라는 연대의식을 가지고 동독군과 주민에게 다가갔다는 점에서 의미가 있다. 이외에도 서독의 동독정책은 포용과 연대의식의 연속선상에서 이루어졌다. 20여년 간 서독의 꾸준한 접근은 동독 붕괴 후 동독 주민들의 결정에 의해서 서독편입이라는 방식으로 통일을 이끌어 냈다. 포용정책과 연대의식으로 이끌어 낸 독일통일은 한반도 통일의 과제를 안고 있는 우리에게 시사하는 바가 크다.

60년이 넘은 분단의 역사 속에서 남북의 이질감은 나날이 높아가고 있다. 정치체제부터 경제논리, 생활상까지 상당한 차이를 보이고 있다. 모 종편채널에서는 탈북자와 함께 남북 간의 차이를 이야기하는 토크쇼까지 등장했다. 오랜 분단의 시간만큼 문화와 언어에 대한 동질감도 사라진지 오래다. '한민족'이라는 민족의식도 희미해져 가고 있다. 군사정권 시절 반공교육의 영향은 오늘날까지 북한체제에 대한 부정적 인식을 확고하게 한다. 동일 민족이라는 의식보다 맞서 싸워야 할 적(敵)으로 보는 대결의식이 팽배해 있다. 이렇다보니 통일의 필요성도 세대를 거듭할수록 약해지고 있다. 2012년 중·고등학생 2,000명을 대상으로 실시한 '청소년 통일의식 조사'에 따르면, 35.3%의 청소년들이 통일과 남북관계에 대해 '관심없다'고 응답했다. 또 청소년들은 북한의 이질적인 사회체제에 대한 반감에서도 높은 응답비율을 보였다. 남북 간의 살아있는 교두보 역할을 했던 이산가족의 생존 비율은 계속해서 감소하고 있고, 남북관계에 이질감을 느끼는 젊은 세대는 증가하고 있는 것이다. 이러한 현상은 북한 사회에 대한 반감만 더욱 높여 '통일한국'을 지연시킬 수 있다. 뿐만 아니라 통일이 되더라도 이후 남북 사회체제의 조화를 어렵게 한다. 이러한 문제를 최소화하기 위해 지금부터 남북 간의 이질감을 극복하기 위한 정부차원의 대책과 구성원들의 자세가 요구된다.

'통일한국'을 위한 대승적인 남북관계가 형성되기 위해서는 포용력과 연대의식을 길러야 한다. 반세기 넘게 분단된 사회를 하나로 통일하는 것은 쉬운 일이 아니다. 이는 꾸준히 점진적인 노력이 요구되는 부분이다. 남북 간의 이질감을 서로 인정하는 것이 출발점이 될 수 있다. 서로의 '다름'을 인정할 때, 상대를 포용할 수 있는 여유와 이해심이 생길 수 있다. 다음은 그 차이의 간극을 줄이기 위한 움직임이 요구된다. 다시 독일 통일 과정을 살펴보면, 서독은 통일 이전부터 '신동방정책'을 펼치면서 꾸준히 동독에 대한 화해협력의 손을 내밀었다. 동독과 경제적·인도적 기본협약들을 체결하여 통일 후 사회 인프라 구축을 용이하게 하였다. 또 시민·학생들의 활발한 교류를 통해 서로 다른 사회 체제를 직접 피부로 느껴 차이를 인정하고 공유할 수 있는 환경을 조성했다. 무엇보다 눈에 띄는 정책은 통일 이후 서독 주민들을 대상으로 시행한 '통일연대세' 정책이다. 소비세, 법인세보다도 높은 비율의 연대세는 동독 사회 재건과 기간시설 확충을 위한 통일비용으로 쓰였다. 평등원칙에 위배된다는 반발도 많았지만 이 정책은 현재까지 독일 사회에서 유지되고 있다. 이는 통일 이전에 활발한 교류와 협력으로 독일 국민들이 통일의 필요성을 직접 느끼고, '하나의 공동체'라는 연대의식을 형성해 왔기 때문에 가능했다. 즉, 독일 주민들에게 통일은 먼 미래가 아닌 현재의 실천을 통해 가능한 것이었다.

통일이 공허한 메아리가 아닌 실현가능한 현실이 되기 위해서 꾸준한 노력이 필요한 이유다.

통일은 상당한 노력과 비용이 소요된다. 그럼에도 불구하고 통일은 불가피하다. 현재 우리 민족은 분단 상태로 불완전 하다는 점에서 통일은 역사적 과제다. 경제적 관점에서도 통일은 해야 한다. 당장 초래되는 통일비용이 막대하지만, 이는 통일이후 장기적인 경제효과로 상쇄될 수 있는 부분이다. 또한 통일로 인한 군사적·외교적 분단비용을 절감할 수 있으니 경제적 이득은 분명 있다. 이러한 한반도의 발전적 미래를 위해서 지금부터 꾸준히 노력해야 한다. 독일이 40년 넘는 분단을 극복하기 위해 점진적인 정책을 폈듯이 통일은 한 순간에 성취될 수 있는 게 아니다. 서로를 포용하며 연대의식을 가지고 통일문제에 접근해야 한다.

# '우리'를 넘어 '모두'로

경영학부 방영수

'우리는 한겨레다, 단군의 자손이다.' 이 가사는 '서로서로 도와가며' 라는 동요의 한 구절이다. 다들 초등학교 시절 음악시간에 한번쯤은 불러보았을 노래이다. 하지만 이 노래의 위력일까? 한국 사람들은 종종 '우리'라는 단어로 생김새가 다르거나 사용하는 언어가 다른 사람들과 일정한 거리를 두려는 경향을 보인다. 그렇기에 아무리 외국인이 한국 국적을 취득하여도 그들은 우리가 말하는 '한겨레'가 될 수 없는 것이다. 이러한 생각이 다문화 사회로 진입하는 한국사회에서 이러한 경향이 종종 문제를 불러오기도 한다. 다른 나라 사람들이 한국에 유입되는 것을 원하지 않고, 한국정부가 다문화 가정을 위해 복지예산을 지출하는 것을 부당하다고 여기기까지 한다. 하지만 이러한 경향이 다문화 사회에서 갈등을 야기하는 것에서만 그치지 않고 통일한국을 향한 노력에도 걸림돌이 되고 있다.

앞에서 언급한 것과 같이 한국은 다문화 사회로 접어들었다. 대부분의 사람들은 다문화 사회라고 하면 생김새와 사용하는 언어가 한국인과는 다른 사람들과 함께 살아가는 사회라고 생각한다. 하지만 이 다문화 안에는 북한에서 탈출한 사람들이 모여 만들어낸 집단도 있다. 우리는 이들을 '북한 이탈주민'이라 말한다. 2014년까지 북한 이탈주민의 수는 증가해왔고 이제는 그들도 한국의 구성원이 된 것이다. 과거에서부터 탈북자가 있었기에 한국정부는 그에 맞추어 탈북자를 위한 지원정책을 마련하였다. 사회 적응교육부터 시작하여 정착금, 주거 등 탈북자들이 한국사회의 일원이 되는 데에 있어서 필요한 요소들을 지원한다. 하지만 이 정책에 대해서도 '우리'나라 사람이 아닌 북한에서 온 사람이라는 이유가 기폭제가 되어 반대여론이 강하다. 다문화 소외계층을 위한 복지제도가 가난한 자국민을 외면한다는 논리와 일맥상통하게 탈북자 지원정책도 그러한 비판을 받는다. 여기서도 알 수 있듯이 이러한 논리를 가진 사람들은 '우리'라는 테두리 안에 갇혀버린 것이다. 그렇기에 '우리'나라 안에 살고 있지만 '우리'나라 사람이 아닌 다른 나라 사람들을 위한 정책을 인정할 수 없는 것이다. '우리'나라 사람이 아닌 탈북자들은 '우리'에게 그저 '남'이기 때문이다.

그렇기에 '우리'와 '남'을 구분하는 이러한 경향이 통일한국을 준비하고 있는 현 상황과 만난다면 어떤 문제를 가져 올지는 더욱 분명해진다. 대부분의 사람들은 '통일'이라는 단어에 대하여 그저 '좋은 것', '우리가 꼭 이룩해야할 민족적 과제' 등과 같이 추상적이고 이상적인 이미지만을 떠올린다. 그렇지만 통일준비에 대하여 진지한 논의의 단계로 넘어간다면 '통일'이라는 것은 구체적인 어려움들과 현실적인 문제들에 직면하게 되는 것을 알 수 있다. 현실적인 문제들의 주요한 원인은 바로 '돈'과 관련되어 있다. 통일이 현실적인 문제로 변하면서 막대한 '비용'을 수반하게 된다. 이러한 사례는 동독과 서독의 통일과정이 가장 좋은 예라고 할 수 있다. 그렇기에 현 상황에서 논의되는 것들이 어떻게 하면 이 통일비용에 대한 여파를 최대한 줄이는 것과 이 비용을 마련하는 방안일 것이다. 그래서 나오는 해결책이 통일 준비금 마련을 위한 '통일세'와 같은 논의들이다. 이러한 논의들은 통일준비과정에서 꼭 필요한 논의들 중 하나이다. 하지만 이러한 논의들보다 더욱 중요한 것이 바로 국민의 '이해'와 '지지'이다. 아무리 좋은 논의라 할지라도 국민의 이해와 지지가 없다면 무의미한 것이 되기 때문이다. 그리고 여기서 다시 '우리'와 '남'의 문제가 고개를 든다. 사람들은 입을 모아 '우리의 소원은 통일' 이라고 하지만 자신들이 감당해야 할 통일비용에 대해서는 부정적이다. 통일준비비용과 통일이 되어서도 자신들이 부담해야 할 비용으로 인하여 '소원'이 '소원'으로만 남게 되는 것이다. 물론 이러한 비용들을 감당하는 것이 쉬운 일만은 아닐 것이다. 하지만 문제는 사람들이 이러한 정책을 거부할 이유를 찾는 와중에 '우리가 왜 남을 위해 희생을 해야 하나?' 라는 이유를 든다는 점이다. 정책이 잘못 되었다면 다시 논의를 하고 좋은 방향으로 수정을 하면 그만이다.

정책이라는 것은 어떠한 일을 달성하기 위한 수단일 뿐이지 목표를 구성하는 근원적 요소는 아니기 때문이다. 하지만 '우리'와 '남'을 구분하려고 드는 경향은 목표를 구성하는 근원적 요소 자체를 위협하는 위험한 요인이 된다. '통일'은 나누어진 것들을 하나의 조직이나 체계 아래로 모이게 하는 것을 의미한다. 그렇기에 이러한 경향은 통일의 개념과 정면으로 배치가 되는 것이다. 따라서 이 위협요인은 작게는 현재의 탈북자에 대한 배척에서부터 시작하여 크게는 통일을 위한 노력 자체를 물거품으로 만들 수 있는 가능성을 지니고 있는 것이다. 악취가 진동하는 쓰레기를 금박지로 감싼다 한들 악취를 지울 수 없다. 이와 마찬가지로 '우리'와 '남'을 구분하려는 경향이 있는 한 아무리 좋은 통일 정책을 만든다 하더라도 무용지물일 뿐이다.

현재 통일한국을 준비하기 위해 여러 가지 제도적인 논의들이 활발하게 이루어지고 있으며 하루하루 통일한국에 다가가고 있다. 하지만 그전에 돌아봐야 할 것은 바로 한국사회가 가지고 있는 '우리'라는 경향일 것이다. 이제 한국사회는 '우리'를 넘어 '모두'라는 합의점을 이끌어 낼 시기가 온 것이다. 통일이 지니고 있는 뜻처럼 무엇인가를 '우리'와 '남'으로 나누려는 경향을 '모두'라는 개념아래에 모이게 할 때에 통일이라는 목표의 근원을 확립하는 계기가 될 것이다. 통일이라는 목표의 근원을 확립하게 되었을 때 비로소 논의하고 있던 통일 준비 정책들이 빛을 발하게 될 것이다.

# '통일한국'을 위해 우리가 준비해야 할 것들에 대하여

스토리텔링경영학과 송하나

'통일'이라는 단어를 내가 처음 들었던 건 언제였을까? 내가 아주 어릴 때부터 나는 '통일'에 대한 교육을 받아왔다. 유치원에서 한반도가 그려진 지도를 놓고 반을 가르고 '북한'과 '남한'을 설명해주던 선생님은 우리가 살고 있는 곳은 '남한'이며 북한은 가난하고 힘들게 살고 있기 때문에 우리가 밀가루, 소 등을 보내주었다고 말했다. 재방송이었는지 자료화면이었는지 모르겠지만 군인들이 서있는 가운데 소를 북으로 보내던 긴장감 있는 화면을 봤던 것 같고, 초등학생 때는 미술시간에 통일 포스터를 그리거나 표어를 제출했던 것 같다. 수업시간에 통일을 해야 하는가, 말아야 하는가를 놓고 토론을 했던 기억도 난다. 이렇게 오랜 동안 통일에 대한 교육을 받아왔지만 '통일'이 정말 눈앞에 있다고 느껴본 적은 없었다. 고등학생이 될 때까지도 내 주위에는 할아버지가 북한에서 내려오신 분이라거나 북한에 친척이 있다는 친구가 서너 명 있다는 정도뿐이어서 내게 '북한'이나 '통일'에 대한 의미는 점점 낮아졌다. 근현대사 시간에 배우는 6.25 전쟁, 김일성과 김정일 국방위원장, 공산주의 등의 이미지에 이산가족 상봉을 보면서 그들의 절절함에 통일을 해야 한다는 생각을 하면서도 통일이 정말 모두를 위해 좋은 것인지 알 수가 없었다. 통일을 왜 해야 하는지, 한다면 어떤 방식으로 이루어져야 하는지, 통일 이후 문화적 경제적 변화와 남한과 북한 주민들 간의 화합을 위해 어떤 준비를 해야 하는지 등 통일이 지금 당장 어려운 이유만 깨달았을 뿐이다. 그러던 중 대학생이 된 이후, 나 스스로 '통일'에 대해 생각해볼 기회가 생겼다.

막연하게 탈북자의 방송 인터뷰나 수용소 생활의 참담함을 들으면서 생겼던 북한과 탈북자에 대한 이미지와 달리 내가 실제 만나봤던 분은 직접 말하지 않으면 몰랐을 정도로 '남한사람'이었다. 나는 그 분을 보면서 탈북자가 남한 사회에서 잘 적응하고 있고, 잘 살고 있는 기회가 주어지고 있다고 생각했다. 하지만 〈유령〉이라는 소설에서 묘사된 탈북자들의 삶은 한국의 '2등시민'이었다. 잠재적인 범죄자로 마치 불법 체류하는 외국인 노동자처럼 한국 사회의 주류가 되지 못하고 불안정하게 살고 있었다. 물 위에 뜬 기름처럼 그들의 사고방식, 말투, 습관 등이 같은 한글을 쓰고 같은 말을 쓰는 '한국사람'인데도 그들을 타인으로 규정짓고 있다는 생각이 들었다. 남한과 북한이 다르다는 것이 정말 와 닿으면서 통일과 통일 후의 한국 사회가 겪어야 할 변화에 대해 진지하게 생각해 보는 계기가 되었다. 통일 이후 수 십 년이 지난 지금에도 독일에서는 서독과 동독 간의 이질감과 통일연대세를 부담하는 구서독 주민들의 불만이 계속되고 있다. 남한과 북한의 통일도 언제가 될지는 모르지만 통일을 하게 된다면 비슷한 상황이 벌어질 것이라고 생각한다. 그렇다면 나는 탈북자를 편견 없이 대할 수 있을까? 솔직히 나는 장담할 수 없다. 통일한국을 준비하면서 우리가 준비해야 하는 것은 경제적 예상 효과에 기반한 물질적 노력만이 아닐 것이다. 지금 한국에 있는 탈북자는 그들이 원하는 가치를 쫒아 스스로 위험을 무릅쓰고 남한에 온 것이다. 남한에 적응하려는 의지가 있는 사람조차도 한국사회가 완전히 포용하지 못하고 있는 상황에서 통일이 이루어진다면 북한과 남한은 한 지붕 아래 두 집 상황이 될 것이다. 통일을 지지하지 않던 북한 사람이 통일한국에서 남한 사회와 남한 사람들과 쉽게 융화될 수 없을 것이기 때문이다. 그래서 남한과 북한이 함께 살아가기 위해서는 통일에 대한 준비가 필요하다. 나는 그 준비 중에 다른 것보다 포용력이 우선이라고 생각한다. 틀린 게 아니라 다른 것이라는 점, 서로 다르다는 점을 인정하는 포용력은 남한과 북한이 서로를 위해 준비해야 할 필수사항이다. 한국사회에는 점점 탈북자의 인구수가 늘어날 것이다. 사회는 변하는데 남한 사람들의 의식이 변하지 않는다면, 탈북자는 또 다시 남한을 떠나야 할 것이다. 탈북자가 떠나는 남한 사회에서 북한이 통일한국에 대한 기대를 할 수 있을까? 그러므로 먼저 준비해야 하는 것은 의식의 전환이다. 한국사회가 탈북자를 편견없이 바라보고 그들이 한국에서 하고 싶은 일을 제약없이 같은 조건에서 도전하고 성취할 수 있는 분위기가 만들어져야 한다고 생각한다. 그 결과 점차 '탈북자'라는 말 자체에서 오는 무의식적인 편견이 사라질 때 우리는 통일을 위해 준비되었다고 말할 수 있을 것이다.

# 통일은 왜 해야 할까? 우리는 통일을 위해 무엇을 준비해야 할까?

기계공학과 정영성

우리는 현재 우리나라가 분단국가라는 사실을 인지하지 못할 때가 많지만 주변에서 쉽게 '한국은 휴전 상태'라는 것을 말해준다. 남자들에게 필수적인 국방의 의무 2년, 돌아가신 할아버지의 이산가족 상봉 신청 등을 보면서 통일(평화통일)은 꼭 이루어져야 한다고 생각한다. 그리고 통일은 언젠간 이루어진다. 10년 후 혹은 100년 후에라도 이루어 질 것이고, 이루어져야만 한다. 남북통일을 해야만 하는 우리 사회의 주장을 다음과 같이 생각을 해보았다.

전쟁의 공포를 제거하기 위해 통일을 해야 한다. 우리 민족은 6.25 전쟁 당시 엄청난 인명피해와 재산손실을 경험했다. 분단 상태 하에서는 전쟁 재발의 위험이 완전히 해소되기 어렵고, 또 다시 이 나라(대한민국) 이 땅에서 다시 또 한 번 전쟁이 일어난다면 그것은 우리 민족에게 돌이킬 수 없는 참화를 안겨주게 될 것이다.

민주주의 발전과 동북아 평화를 위해서도 통일은 매우 중요하다. 분단이라는 불안정한 요소는 한반도의 평화가 이루어질 수 없다. 따라서 동북아시아에서 평화와 협력의 완벽한 질서가 구축되는 것은 불가능하다.

경제발전과 민족번영을 위해서 통일을 이뤄야 한다. 남한은 자본과 기술, 그리고 북한은 자원과 노동력 면에서 상대적으로 각각 장점을 갖고 있다. 통일이 되면 남북경제의 강약점이 서로 보완되면서 더 큰 발전을 이룰 수 있다. 또한 막대한 군사비, 국제사회에서의 외교경쟁에 낭비하고 있는 불필요한 민족역량과 수많은 자원을 민족번영을 위해 활용할 수 있다.

일천만 이산가족의 고통을 해소하기 위해 통일이 반드시 이루어져야 한다. 분단으로 인해 가족끼리 헤어져서 만나지 못하는 것은 물론이고 생사조차 확인하지 못하는 것은 민족적 비극이자 수치라고 할 수 있다. 동서독의 경우 분단 하에서도 이산가족의 만남과 이주가 성사되고, 중국·대만의 경우에도 이산가족의 만남이 이루어지고 있는 것이 현실이다. 가장 기본적인 인도적 문제인 이산가족 문제는 반드시 해결되어야 하는 과제이다.

점차 심화되는 민족적 이질화를 억제하고 동질성을 회복·유지하기 위해서 통일은 시급한 과제가 되고 있다. 반세기에 걸친 분단 결과 남북한은 이념·정치·경제·사회·문화 등 각 분야에서 매우 이질화 되어 있고, 이러한 경향은 시간이 경과됨에 따라 더욱 심화되고 있다. 따라서 분단체제가 장기화될 경우 남북한이 같은 민족으로서 동질성을 상실하고 더욱 더 이질화될 가능성도 전혀 배제할 수 없다. 분단 상황이 민족동질성을 파괴하는 것을 방치할 수는 없을 것이다.

이처럼 많은 이점이 있고 다음 세대를 위해 꼭 필요한 것이라는 것도 알고 있다. 통일은 반드시 되어야 하지만 통일에 이르는 길이 그렇게 간단하지 않고 그에 따른 문제점도 생기기 마련이다. 우리사회에서는 남북통일에 따르는 비용을 우리의 경제력이 감당할 수 있을 것인가에 대한 우려가 제기되고 있다. 또한 사회에 혼란이 발생한다는 점과 경제적 문제일 것이다. 실제로 남한과 북한이 통일이 된다면 문화적 혼란과 경제적 혼란, 서독과 동독이 통일 초기에 겪었던 혼란들을 우리가 겪어야 하는 것이다.

서독과 동독도 남한과 북한과 같이 경제력의 차이가 심했으며, 우리가 지향하는 평화적 통일을 이루었기 때문에 타산지석으로 삼을 수 있다. 서독은 동독의 사회보장비로 인해 부담이 커졌고, 실업률이 증가하였으며 서독과 동독의 소득격차로 인해 심리적 갈등도 있었다. 이것들을 우리나라도 겪어야 한다고 생각하면 염려도 되고, 우리 세대에는 겪고 싶지 않다는 안일하지만 당연한 생각도 든다. 하지만 통일은 우리의 과제이고 경제적, 정신적 통일 또한 우리의 과제이기 때문에 우리가 무엇을 해야 피해를 최소화 할 수 있을지 고민하고 실행하여야 한다.

통일비용이란 통일된 이후 남한이 북한 경제가 자립해 성장할 수 있을 때까지 지원해야 하는 비용이라고 할 수 있다. 철저한 준비 없이 너무 성급하게 통일이 진행된다면, 북한의 경제 사정을 고려해볼 때 우리는 막대한 통일비용을 분담하기 위해서 지금보다 훨씬 무거운 세금을 몇 년씩이나 부담해야 된다. 만약에 내일 통일이 갑작스럽게 통일이 된다면 우리경제가 부담해야할 통일비용은 서독보다 훨씬 심각하게 남한경제가 흔들릴 것이다. 남한경제에 미치는 타격이 엄청날 것이다. 이런 상황에서 통일비용을 최소화하는 방안이 고려되어야 한다. 즉, 북한의 경제적 난관을 해소시켜 주는 방향으로 남북한 경제협력을 확대해야 한다. 북한의 경제적 발전을 위해 노력하고, 통일 비용을 조금씩 마련하여야 통일 후 부담을 줄일 수 있을 것이다. 그런데, 우리가 통일과정이나 통일 이후 부담해야 할 비용만 강조하면, 통일을 원하는 사람은 거의 없을 것이다. 따라서 비용과 더불어 통일이 가져올 혜택을 동시에 강조할 필요가 있다. 한반도에서의 통일비용은 아무리 많아도 분단비용보다는 싸다. 분단으로 인해 우리가 치루는 비용이 훨씬 비싼 것이다. 통일비용이라는 것 역시 결국 미래를 위한 '투자'라는 점에서 결코 벅찬 '짐' 만은 아니다. 남북통일은 '남'의 일이 아니다. 더 이상 부담을 피해 미루어서는 안 된다. 우리나라를 위한 우리의 과제를 위해서라면 득만을 바라지 말아야 하고 희생도 필요하다는 것도 알아야 한다.

통일된 독일에서는 동독의 임금 상승으로 인해 실업률이 오랫동안 높은 상태에서 머물러 있었다. 우리는 이러한 실업률 상승을 막기 위해 북한의 생산성을 감안하여 제한적인 노동과 임금을 허용하여야 할 것이다.

통일이란 것은 경제적인 통일만 중요한 것이 아니다. 정신적 통일도 매우 중요하다. 위에 언급한 것과 같이 서독과 동독은 소득 격차로 인한 차별 등으로 인한 갈등이 있었다. 남한과 북한은 경제력의 차이가 있고, 살아온 환경도 다르기 때문에 문화적으로도 차이가 있다. 따라서 문화적으로 혼란이 오는 것은 당연하다. 하지만 우리는 서로를 배려하기 위해 노력해야 한다. 차이가 있다고 차별하면 안 된다는 것은 어렸을 때부터 배워왔지만 실제 북한 사람들을 마주한다면 자신도 모르게 다른 대우를 하거나 우리보다 열등한 존재라고 인식할 수 있다. 물론 경제나 교육 등 도와야 하는 것도 많고 언어적 차이가 심할 수도 있지만 우리는 한 민족이라는 것을 잊지 말아야 한다. 살아온 배경이 천지차이만큼이나 다르기 때문에 문화나 가치관이 다를 수 있다는 것을 인정하고, 이해하려고 노력해야 한다. 또한 나를 이해시키기 위해서도 노력해야 한다. 통일이 되었을 때 이런 마음가짐을 가지려면 '지금'부터 가져야 할 것이다. 현재 북한은 우리의 적이라는 생각을 가진 사람들이 많다. 우리는 북한이 우리의 민족이라는 마음을 가지고 관심을 가져야 한다. 이는 경제적 통일을 위해서 근본적으로 준비해야 하는 것과 일맥상통하는 것이다.

즉 우리가 지금 필요한 것은 '관심'이고 '주인의식'이다. 우리나라는 지금 휴전 상태이고 분단국가라는 것을 잊지 말아야하며, 통일로 인한 우리나라의 발전을 생각해야 한다. 우리는 북한과 통일에 관심을 기울이고, 통일을 위해 노력해야 할 것이다.

# 통일을 맞이할 우리의 자세

경제학과 이현배

최근 박근혜 대통령의 '통일은 대박이다'라는 말을 계기로 우리 사회 전반부에 다시금 통일에 대한 관심이 급격히 높아지게 되었다. 박 대통령의 통일대박 발언은 통일에 대한 국민적인 바램이 식어가고 있는 현 시기에 다시금 긍정적 통일에 대한 열망을 불러일으키는 계기가 되었다. 그러나 이러한 발언에 대해 국민들의 생각을 조사한 통계를 살펴보면 30% 이상의 사람들이 공감하지 않는다는 의견을 낸 것을 알 수 있다. 이러한 원인으로는 어느 덧 남북이 분단 된지 60년이 넘는 긴 시간이 흐름에 따라 북한과 남한을 진정한 한 민족이라고 생각하는 사람들이 상당 부분 감소하게 된 것이 하나의 원인으로 보여진다. 또한 그동안 우리가 북한을 같은 민족이라고 여겨서 대북지원과 북한과의 연계 사업을 추진하는 등 많은 노력을 취하였지만, 그럼에도 최근까지 북한은 우리에게 천안함 사건, 연평도 포격사건과 같은 위협적인 모습을 보였다. 이러한 점도 사람들이 통일에 대해 공감하지 않는 요소로써 보여진다. 이러한 생각의 차이가 존재하는 가운데 박근혜 대통령이 언급한 '통일은 대박이다'라는 말은 당장의 실현가능성은 별로 없는 것 같다. 본격적으로 내용에 들어가기 앞서 남한과 북한의 두 체제에 대하여 간단히 살펴보겠다. 남한과 북한은 오랜 기간 동안 분단되어 있음에 따라 북한과 남한의 체제는 현저히 다른 양상을 띄고 있다. 남한은 자유민주주의 체제를 띄고 있고, 북한은 김정은 주도하의 왕조 체제를 띄고 있다. 이러한 현실 속에서 남북의 합의로 점진적 통일을 이룬다는 것은 현재 북한에 왕조 체제가 구축돼 있는 상황에선 현실성이 거의 없다. 이 둘의 정치체제 간에서 양보나 일치가 있어야 하는

데, 일단 우리는 자유민주주의 체제를 고수한다. 또한 김정은 3대 세습정권도 통일로 북한에 민주주의체제가 들어서면 유지될 수 없는 실정이다. 이러한 상황에서 통일의 변수는 김정은 체제가 어떻게 변화하는지에 달려있는 것 같다. 따라서 내 생각으로는 체제적으로 우리가 나서서 통일로 이끌어갈 현실적인 대안은 아직 미비한 것 같다. 그렇다면 과연 통일이 실현되기 위해서는 어떠한 준비가 필요하고, 통일을 해야 하는 이유에 관하여 지금부터 이야기를 시작해 보도록 하겠다.

먼저 통일을 위해 우리가 무엇을 준비할 수 있는지 살펴보겠다. 가장 현실적으로 준비할 수 있는 것은 경제적인 측면인 것 같다. 북한과 남한의 경제력은 현저하게 차이가 난다. 1인당 GDP가 남한이 북한의 22.5배나 되고 GDP총액에 있어서는 45배나 된다. 이러한 수치들만 이야기를 하면 확 다가오지 못하는 느낌이 있을 것이다. 그래서 독일이 통일한 경우와 비교해서 간단히 이야기를 해보겠다. 그 당시 서독과 동독의 1인당 GDP 차이는 2.1배였고, GDP총액의 차이는 8.1배였다. 그 당시 서독은 세계에서 막강한 경제력을 가진 국가로써 통일비용을 예측하고, 충분히 조달할 수 있을 것으로 생각했지만 막상 통일을 해보니 실제로 투입되는 통일비용은 예상을 훨씬 넘었고 그 결과 통일 후유증으로 고전을 하게 되었다. 또한 지금까지 3000조라는 통일비용을 썼다고 한다. 이에 반해 우리는 그 당시 서독만큼 경제적 강국이 아니다. 북한은 심지어 세계에서 최저 개발국가 중 하나로 손꼽힐 정도로 가난한 실정이다. 또한 우리나라의 2014년 예산안 규모는 355.8조인데, 여러 기관들에서 통일 비용을 추산한 것들을 살펴보면 월스트리트 저널에서는 30년간 5,800조원, 미래기획위원회에서는 30년간 2,568조로 추산하는 등 통일비용이 매우 높게 측정되고 있다. 통일이 된다면 실제로 투입되는 비용은 더 클 것으로 생각된다. 이처럼 엄청난 통일비용은 현실적으로 감당하기 힘든 액수이다. 이러한 통일비용의 막대한 부담으로 오히려 세계 경제에서 도태될 가능성이 있다고 생각한다. 따라서 통일을 하기 전에, 이러한 통일 비용을 줄이기 위해 북한이 경제적으로 발전해서 남한의 3분의 1수준이라도 도달할 수 있도록 지원을 하고, 북한에 시장경제를 이해시켜 경쟁력 있는 기업을 육성할 수 있도록 노력하는 것이 바람직한 방안이라고 생각된다.

두 번째로 준비해야 할 부분은 문화적인 부분이라고 생각한다. 남북 분단이 오래 지속되면서 남과 북은 문화적으로 많은 차이점을 보인다. 분단 이후 언어적 측면, 교육적 측면, 문화적 측면에서 독자적인 길을 가게 되었고, 이러한 차이 때문에 훗날 통일이 될 경우 주민들 간의 갈등이 생길 여지가 있다. 그러함에 따라 이러한 준비도 철저히 되어야 할 것이다. 우선 각자가 지나치게 자신의 모습을 유지하려고 하는 다소 이기적인 태도에서 벗어나야 할 것이다. 당연히 자기 것을 지키고 남이 변화해주는 것을 모두가 원할 것이다. 그러나 이것은 이 둘 간의 이질감을 더 크게 할 뿐이며 갈등만 심화시킬 뿐이다. 따라서 한 민족이라는 공동체 의식을 가지고 서로 공감하려고 하는 시도를 해야 한다. 이를 위해 현재 우리가 할 수 있는 것은 상대를 인정해주고 배려해 줄 수 있는 마음을 가지는 것이고, 국가는 이를 위해 통일에 대한 교육이라던가, 북한의 문화에 대해 알 수 있도록 강연을 증가시키려는 시도를 해야 할 것이다. 그렇다면 여기서 한 가지 의문점이 생길 수 있다. 이렇게 통일을 하면 어려운 요소들과 직면할 것을 알면서도 '왜 통일을 해야 하는가?' 에 대하여 의문이 생길 수 있다.

지금부터 통일을 해야 하는 이유에 대하여 간단히 살펴보도록 하겠다. 첫 번째 이유는 통일이 되면 경제적 이익을 가져온다는 점이다. 통일이 되면 북한의 풍부한 광물 자원을 얻게 된다. 또한 북한의 인력을 확보하게 되어서 중국이나 베트남의 값싼 노동력 때문에 진출했던 기업들은 북한으로 눈을 돌리게 되고, 그 결과 남북한의 시장이 통합되고 내수시장은 확대될 수 있다. 또한 국가의 브랜드가치가 상승하게 된다. 그동안 한국은 전쟁가능 위험지역이라고 여겨져 높은 신용등급을 받지 못하는 경우가 있었는데, 통일이 된다고 하면 한국 기업의 신용평가 등급이 상승되고 더 많은 이윤을 만들어 낼 수 있다. 이른바 코리아 프리미엄을 창출해 낼 수 있는 것이다.

두 번째 이유로는 민족의 정체성을 회복시켜 준다는 점이다. 분단이 오랜 시간 흘러 지금은 한 민족이라고 부르는 것이 어색하기까지 한데, 분명 통일은 분단된 역사를 바로잡아주고 하나의 민족공동체를 형성할 수 있도록 해준다. 또한 남북 이산가족과 북한 이탈주민 등 분단으로 인해 겪고 있는 고통의 해소와 북한 주민의 삶을 개선할 수 있다는 긍정적인 면이 있다.

세 번째 이유로는 무역의 중심지로 거듭날 수 있다는 점이다. 통일을 이룬다면 한반도는 태평양, 중국, 시베리아, 유럽으로 이어지는 세계 경제의 중심지 역할을 할 수 있다. 즉, 통일이 되면 철도를 이용한 무역이 활발히 이루어질 수 있고 이는 수송비 절감이라는 효과와 함께 동북아시아를 연결하는 허브로써 성장할 수 있는 원동력을 제공해 줄 수 있다. 이와 같은 점에서 통일은 필요하다고 할 수 있다.

이렇게 통일에 관하여 통일을 해야 하는 필요성과 어떠한 준비를 해야 하는지에 대하여 글로 이렇게 정리해보니 여러 가지 복잡한 생각들이 머릿속을 스쳐갔다. '그동안 내가 너무 통일이라는 것에 대하여 무감각해져 온 것은 아닐까?' 한편으로는 '대부분의 국민들은 통일에 대하여 무관심하지는 않을까?' 라는 생각도 들어 씁쓸하기까지 하였다. 마지막으로 통일에 대하여 나의 의견을 정리해보자면 결국 한 마디로 지금 당장의 통일보다는 준비된 통일이 필요하다는 것으로 요약될 수 있겠다. 지금의 우리는 통일을 해야 한다고 하면서도 이에 대비한 적극적인 대비책이나 방안은 딱히 마련해두고 있지 않은 것이 현 실정이다. 이러한 상황에서는 통일이 된다고 하더라도 긍정적인 효과보다는 부정적인 영향이 더 크다고 생각한다. 외국의 동독과 서독의 통일 후 상황에서도 알 수 있듯이 준비되지 않은 상태에서의 통일은 여러 문제점을 유발한다. 따라서 우리는 이에 대해 철저하게 대비를 해야 한다. 따라서 앞에서 말했듯이 경제력 측면에서의 준비, 문화적인 측면에서의 준비는 필수적이다. 또한 현재 북한과 남한은 서로 한 민족이라는 것을 인정하면서도 서로 갈등하는 구조로 놓여있는 것이 실정이다. 이에 따라 서로 win-win 할 수 있음에도 불구하고 죄수의 딜레마와 같은 상황에 빠져있다. 이러한 측면에서 지금의 남한과 북한에게 필요한 것은 상호 간의 굳건한 신뢰를 바탕으로 한 '협동'이 아닐까 생각해 본다. 어찌 보면 '협동'이라는 단어는 추상적으로만 들릴 수 있지만, 이것이 진정한 상호 신뢰를 바탕으로 한 '협동'으로 이어질 수 있다면 오히려 정치논리나 경제논리, 그리고 문화논리에 바탕을 둔 현실적인 대비책보다 더 큰 영향력을 미치지 않을까 생각한다. 이전에도 경제적인 면과 문화적인 측면에서 통일을 위해 준비하려고 많은 노력을 정부에서 하였지만, 그것들이 제대로 이루어지지 않았는데 그 이면에는 상호간의 신뢰가 부족했기 때문이라고 생각되기 때문이다. 진정한 신뢰를 바탕으로 한 '협동' 정신을 갖춘다면 보다 경제적, 문화적 측면에서 통일에 적합한 환경을 갖추게 될 것이라 생각한다. 이에 따라 진정한 공동체로서 통일을 이룬다면 지금의 한반도는 세계에서 더욱 경쟁력 있는 국가로써 우뚝 자리매김 할 수 있을 것이다.

# 통일, 그리고 우리들의 올바른 자세

전기공학부 이재연

우리나라 사람들에게 통일에 대하여 물어보면 어떤 대답을 할까? 지금 당장에서는 찬성과 반대가 많이 나뉠 것이다. 하지만 언젠가는 통일을 해야 한다고 생각하는 사람들이 대부분일 것이다. 그렇다면 우리는 그 언젠가 이루어야할 통일을 위해서 어떤 점들을 고쳐나가야 할까? 이러한 문제에 대하여 수업을 들으면서, 그리고 평소에 학생으로서 생각해 왔던 점들을 적어보고자 한다.

이번에 교양 과목인 대학생활의 공감과 소통이라는 수업을 들으면서 깨달은 점이 있다. 그것은 바로 내가 우리나라의 역사에 너무나도 무지하다는 것. 그리고 이것이 나 뿐인 것이 아니라는 것이다. 이번에 대학생활의 공감과 소통 수업을 들으면서 솔직히 질문을 하기를 꺼려했다. 다들 이야기를 워낙 잘하고 내가 한 질문이 수준이 떨어지지 않을까하는 걱정 때문이었다. 그렇다고 질문할 것이 없었던 것은 아니었기에 항상 수업이 끝나고 함께 저녁을 먹는 친구들에게 수업 내용을 요약해 주고, 내가 묻고 싶었던 질문을 하며 그것에 대해 함께 이야기를 나누어 왔었다. 그런데 통일에 대한 주제로 생각을 물었던 친구들 모두 통일에 대하여 찬성과 반대 입장을 표현하기는 하였지만 우리가 분단된 시기, 그 당시의 주변 국가들 간의 이해관계 등 역사적 사실들을 정확히 알고 의견을 표현하는 친구는 아무도 없었다. 그때 내게 들었던 생각은 '과연 얼마나 많은 학생들이 우리나라의 분단이 이루어진 배경이나 시기 등에 대해 잘 알고 있을까?'였다. 실제 우리 한반도의 분단 배경은 이렇다. 일본의 패망 후 미군과 구 소련군의 북위 38도선 기준의 분할 점령이 이루어졌다. 그리고 얼마 지나지 않아 대한민국의 정부 수립(1948.8.15.), 조선민주주의인민공화국 정부 수립(1948.9.9.)이 이루어 졌고, 남과 북이 각자의 정부 수립을 이루면서 60년이 넘는 우리 민족의 분단이 시작 된 것이다. 사실 나는 이 내용을 찾아보고 적었다. 고등학교에서 국사공부를 하였고 이과생이었지만 나름대로 열심히 국사공부를 했던 학생이었는데, 그럼에도 분단의 기준이 어떻게 되는지, 기준 날짜를 언제로 하는지, 그리고 나머지 내용도 내가 아는 것이 정확한지 확신이 들지 않았기 때문이다. 내가 학교에 다닐 때 국사 과목을 배웠던 적은 중학교 때부터 고등학교 1학년 때까지였다. 그리고 이과를 선택하면서 국사는 전혀 배운 적이 없었다. 그 후 현재까지 국사에 관해서는 관심도, 필요성도 크게 느끼지 않아 왔다. 아마 나를 포함하여 대부분의 이과 계열 학생들이 그러할 것이다. 그리고 이과 뿐 아니라 문과도 국사를 선택하지 않은 학생들도 같은 상황일 것이다. 우리의 분단이 어떻게 이루어졌고, 어떤 외부의 힘이 작용하였으며, 분단으로 고통 받고 희생 된 것이 우리 모두라는 것을 인지해야만 앞으로 통일에 조금씩이나마 다가갈 수 있지 않을까 하는 생각이 든다.

통일을 한다면 어떤 점이 좋을까? 취업난 해결, 국방 수준 증가, 최적의 무역도시로 거듭, 북한에 매장되어 있는 많은 지하자원 확보 등등이 있을 것이다. 이들은 모두 실제로 수업에서 실시한 토론에서도 나왔던 의견들이고 거기에 조금 더 의견을 더한 것들이다. 그런데 나는 이러한 장점들을 보면서 조금은 의문이 들었다. 과연 저 장점들이 남과 북 모두에게 이익이 될까? 물론 통일이 되어 한 국가의 입장에서 바라본다면 분명 아주 큰 이득이다. 하지만 북한의 입장에서 통일이 된다고 그들의 일자리가 늘어날까? 무역도시는 분명 항구 중심으로 형성될 것인데 그 중심에 북한 지역이 포함 될 수 있을까? 그들이 가진 지하자원이 통일 후 북을 위하여 얼마나 사용이 될까? 하나같이 우리 남한에게 이익이 되는 점들이다. 내가 북한의 입장에서 현실적으로 통일을 바라본다면 어떨까? 남한을 절대적으로 믿으며 그들이 가진 자본을 넘겨주어야만 그들은 발전할 수 있다. 그들의 기술력을 믿고 의지해야만 잘 살 수 있다. 아마 너무나도 불확실한 상황 때문이라도 통일에 반대할 것이다. 그래서 나는 이런 생각을 했다. 통일이 우리가 중심이 되지 않고, 남과 북이 중심이 되어 이룰 수 있도록 조금은 더 생각하여 북의 입장에서 보다 현실적으로 통일이 되었을 때 누릴 수 있는 장점들을 적극적으로 고안해 보는 것이다. 나의 입장이 아닌 상대방의 입장에서 생각하여 보는 것은 어려서부터 가르침 받아왔던 당연한 자세가 아니었던가!

한반도가 분단 된지 60년이 넘었다. 한 세대가 거의 지나간 것이다. 분단 전에 우리가 한 민족이었다는 것을 직접 체험한 세대가 없어져가고 있는 것이다. 그리고 분단의 아픔을 경험하지 못한 후세들은 통일에 대하여 어떠한 생각을 갖게 될까? 아직은 남과 북의 경제적, 문화적 차이가 너무나도 커서 통일을 하는데 어려움이 있다 할지라도 분단의 아픔을 후세들이 알 수 있도록, 그리고 통일의 필요성을 인지 할 수 있도록 통일에 대한 교육이 반드시 필요하다고 판단된다.

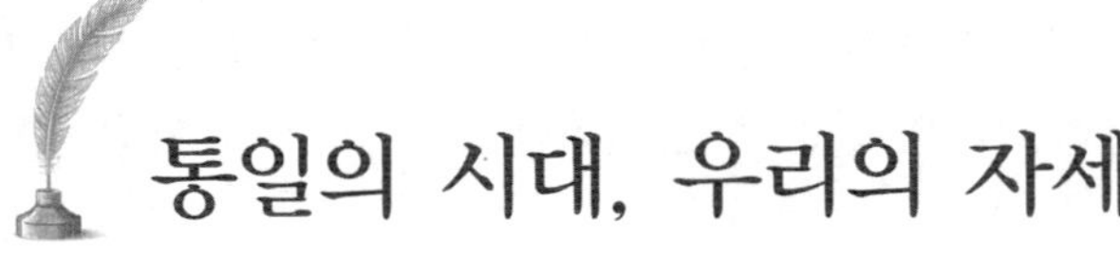

# 통일의 시대, 우리의 자세

국어국문학과 김계범

우리와 북한은 떼려야 뗄 수 없는 존재이다. 우리나라 어느 저명인사는 우리나라와 북한을 '샴쌍둥이'와 같은 사이라고 표현하기도 했다. 북한은 반만년 한반도 역사속에서 혈연으로 맺어진 사이로서 함께 가야할 숙명적 존재이다. 한편으로 북한은 좋으나 싫으나 우리가 안고 가야할 짐이면서 반드시 풀어야할 숙제이기도 하다. 북한 문제는 이제 세계가 주목하는 한반도 이슈로 다루어지고 있으며, 대한민국 사회의 정치, 경제, 외교 등 전반을 이해하기 위해서 필수적으로 공부해야 할 분야이다. 언론 보도에서도 북한 관련 소식은 항상 주요 뉴스로 다룬다. 이제 북한을 빼놓고는 한국 사회를 설명하기 어려워졌다.

북한에 대한 관심이 과거에는 지도자의 건강문제, 통치 체제, 핵문제 수준에 머물렀었다. 그러나 최근에는 여기에 북한 내부의 인권 문제, 탈북자 문제 등까지 더해져 더욱 복잡하고 난해해졌다. 주요 토픽을 중심으로 즉 국가와 숭실 그리고 젊은 세대가 무엇을 할 수 있을지 이야기 해보려고 한다.

먼저, 첫 번째가 대북정책이다. 우리 정부는 과거 북진 통일론을 앞세운 반공정책, 햇볕정책, 비핵화를 전제로 한 강경책까지 다양한 방식의 정책을 보여 왔다. 사실 북한과의 관계는 우리가 주도했을 때 가장 잘 풀리겠지만, 현실은 쉽지 않다. 대북정책은 일단 외교 무대에서 우선적으로 대중정책, 대미정책 등과 함께 고려된다. 또한 6자회담 국가를 비롯해 국제사회의 영향을 받을 수밖에 없다. 대북정책은 무엇보다 우리의 정치체제 특성상 지도자, 즉 대통령이 어떤 비전을 국민에게 제시하고 공유할 수 있는지가 중요하다. 박근혜 대통령의 경우 올해 초 신년기자회견에서 이른바 '통일 대박론'을 언급하며 국민 공감대 형성에는 성공하였다고 보나, 구체적 대안 제시 없이는 실체가 없는 슬로건에 머물 가능성이 크다. 앞으로 어떤 정책으로 대북관계를 긍정적인 방향으로 풀어 나갈지 지켜봐야 한다. 또한 입법부인 국회는 북한을 선거철 의회정치의 도구로써 정략적으로 이용할 것이 아니라 중대한 문제로 인식해주기를 바란다.

대북정책은 원칙에 입각해 일관성을 보여주는 정책이어야 한다. 기본적으로 여전히 고통을 겪는 북한 주민들을 생각했을 때 북한에게 다방면으로 지원할 필요가 있다. 물론 사후에 유엔 등을 통한 국제사회의 감시와 제재는 필요해 보인다. 이러한 지원은 정치적 자금이나 인도적 지원이 아닌 평화비용으로서 인식해야 한다. 이미 개성공단 등을 통한 경제적 협력의 효과는 입증되었다. 또한 훗날 있을 통일에 대비한 선투자의 개념의 통일비용으로 이해할 필요가 있다.

우리 정부의 대북정책이 국민에게 신뢰를 받고, 성공적인 결과를 거두기 위해서는 무엇보다 정보에 민감해져야 한다. 다른 무엇보다 정보 수집은 복잡하고 예측 불허인 북한 문제를 풀어나가는데 있어 가장 기초이며 중요한 실마리가 된다. 우리 정부는 분단의 당사국이면서도 다른 국가에 비해 북한에 대한 정보력이 떨어지는 것을 종종 보여주었다. 대표적인 사례가 김정일의 죽음이다. 중국은 토요일에 알았다고 하고, 미국이 몰랐다고 하지만 우리는 알아야 했다. 월요일 오후 북한의 공식 발표를 통해서 알게 된 것은 늦어도 너무 늦었다. 청와대와 국회 그리고 국가 정보기관은 모든 범위의 인적, 기술적 정보 수집을 동원해 북한에 대해 언제나 열려있어야 한다.

다음으로는 탈북자 문제이다. 탈북자는 어느새 2만 명을 넘어 3만 명을 바라보고 있다. 그러나 우리는 그들을 한 민족이 아닌 외국인 노동자 정도로 생각하는 것 같다. 이러한 현실은 탈북자들의 노동, 교육 등 생활 전반에 영향을 주었다. 이것은 정착금 같은 경제적 지원으로 해결되는 문제가 아니다. 젊은 세대조차 같이 일은 해도 결혼 배우자로는 고개를 젓는다. 무엇보다 우리 개개인의 인식의 변화가 필요하다. 한국 사회에 적응하지 못한 탈북자들은 제 3국가로 가거나 다시 북한으로 돌아가기도 한다. 탈북자들은 해외로 망명하려고 해도 잘 받아주지 않는다고 한다. 독일에서는 망명 신청을 기각하고 우리 헌법 3조(대한민국의 영토는 한반도와 그 부속 도서로 한다.)에 근거해서 대한민국으로 보내기도 한다고 한다. 이러한 오갈 데 없는 신세의 탈북자를 우리가 외면하기는 어렵다.

최근 북한이 대북전단에 총격을 가했다. 또 얼마 전에는 남북한 해군이 NLL(서해 북방한계선)에서 함정 간에 사격전을 벌이기도 했다. 이렇게 계속되는 북한의 군사적 도발은 젊은 세대에게 북한에 대한 부정적 인식을 더 할 수는 있어도, 전쟁 불안감을 주지는 못하는 것 같다. 작년 2013년에는 북한의 미사일 위협으로 남북관계에 긴장감이 고조되었다. 지난해 국내에서 열린 격투기 대회인 로드 FC는 해외 선수들의 전쟁에 대한 불안감으로 취소될 위기까지 놓였었다. 지금 우리 국민, 특히 젊은 세대들은 너무나 오랜 세월동안의 분단 상황으로 전쟁에 대해 대체로 무뎌진 것이 사실이다.

또한 최근 통일 관련 설문조사들을 보면, 많은 20대가 북한과의 통일에 대해 회의적이거나 반대하고 있는 것을 볼 수 있었다. 이유는 다양하겠지만 근본적 원인은 통일교육의 부재에 있다고 본다.

사실 나의 초중고 교육을 되돌아보면 제대로 된 통일 교육은 받아 보지 못했다. 통일 교육이라고 해봐야 역사 과목의 한 대목, 대북 정책 수준에서 그것도 아주 적은 비중으로 배웠었다. 정작 통일 그 자체에 대해서 생각해본 기억이 없다. 그저 '우리와 북한은 한 민족이니까 당연히 통일은 해야 돼' 식의 당위적인 교육이었다. 이러한 당위적인 이론 중심의 통일 교육은 지양해야 한다. 분단 이후까지 생각하며 피부에 와 닿는 현실적 교육을 통해 '왜', '어떻게' 라는 의문을 제기할 수 있는 교육을 해야 한다.

우리 학교 숭실대학교는 '숭실2020' 계획에서 통일 시대의 창의적 리더라는 인재상을 밝히고 있다. 올해 통일부와 MOU(양해각서)를 체결하고 통일교육을 활성화하기로 했다. 올해부터 신입생들은 '한반도 평화와 통일' 이라는 과목을 교양과목 필수로 들어야 한다. 또한 앞으로 더 많은 통일 관련 강의와 프로그램을 실시할 계획이라고 한다. 이러한 프로그램들이 더욱 활성화되고 학생들이 잘 참여한다면 북한에 더 친숙히 접근하고 연구하여 가까워질 수 있는 계기가 될 것으로 보인다. 기독교정신을 바탕으로 한 진리와 봉사라는 우리 학교 숭실의 교육이념에 통일이라는 슬로건은 아주 잘 어울린다고 생각된다. 학생들이 이러한 기회를 잘 활용하여 앞으로 대학에서 구체적으로 통일을 생각하고 준비했으면 좋겠다. 그렇게 준비된 자 앞에서 통일은 더 이상 소원이 아니라 현실로 이루어질 수 있을 것이다.

## 참고문헌

송강섭, "숭실대· 통일부, 통일교육 협력 위한 MOU", 노컷뉴스, 2014.3.27

# 북한이탈주민의 어려움과 해결방안

사회복지학부 이소영

북한이탈주민이란 북한에 주소, 직계가족, 배우자, 직장 등을 두고 있는 사람으로서 북한을 벗어난 후 외국 국적을 취득하지 않은 사람을 말한다. 이들의 국내 입국 규모는 꾸준히 증가하여 2014년 27,097명에 이르고 있다. 현재 우리나라에서는 북한이탈주민에게 정착금 지급 등 정착과 자립을 위한 시책사업을 전개하고 있다. 하나원 수료 이후 사회에 진출한 북한이탈주민에게는 임대주택을 배정하고 정착금, 주거지원금 등을 지원하여 한국사회 정착을 지원한다. 또한 직업훈련 및 고용알선과 취업장려금, 고용지원금 지급 등을 통해 취업과 경제적 자립을 지원하고 북한이탈주민 특례에 따라 기초생활보장 생계급여, 의료급여, 국민연금 지급 등 사회보장제도 혜택 또한 제공하고 있다.

하지만 이러한 시책사업에도 불구하고 북한이탈주민의 상당수가 탈북 및 한국 정착과정에서 고난과 혼란을 경험한다.

첫째, 북한이탈주민은 경제적 어려움에 직면하고 있다.

적성과 능력을 배제한 조기 취업만을 강조하는 취업지원책은 오히려 안정적 정착에 역효과를 낳고 있다. 현재 다양한 취업교육과 지원으로 북한이탈주민들을 돕고 있으나 대부분 단순, 단기 아르바이트로 불안한 생활을 이어나가고 있다. 일부 북한이탈주민은 저임금 일자리 취업보다는 기초생활보장 생계급여 수급이 금전적으로 유리하다는 판단하에 근로능력이 있음에도 공식적 노동시장 진입을 하지 않으려 하고 있다. 2012년도 북한인권정보센터 조사에 따르면 북한이탈주민의 실업률은 19.9%로 같은 기간 조사한 일반 국민의 2.9%보다 월등히 높은 수치를 나타냈다. 구직 활동이 없는 비경제활동 인구가 47.6%임을 감안하면 북한이탈주민의 대부분이 일정한 소득이 없이 최저생계비로 근근이 살아가고 있는 것으로 파악된다.

둘째, 북한이탈주민은 우울증과 정신질환으로 고통받고 있다.

북한이탈주민은 탈북 과정에서 겪은 공포 등으로 외상 후 스트레스 장애가 나타날 수 있고, 북한에 두고 온 가족에 대한 걱정과 남한 정착과정에서 받는 스트레스 등으로 우울증과 정신 질환을 겪을 우려가 높다고 한다. 실제 북한이탈주민의 정신건강에 대한 실태 조사 결과를 보면, 죽음에 대해 생각하고 있다는 사람이 55.2%, 우울하거나 슬프다고 생각하는 사람이 78.6%, 무기력하고 식욕상실 증상을 보인다는 사람이 63.4%, 걱정·불안·불면증을 가지고 있는 사람이 81.0%로 탈북 및 정착과정에서 받는 정신적 스트레스가 적지 않은 것으로 나타나고 있다.

셋째, 북한이탈주민은 각종차별로 인해 어려움을 겪고 있다.

북한이탈주민을 대상으로 실시한 실태조사에 따르면 이들은 남한에 정착해 겪는 어려움으로 '경제적 어려움'이 가장 높고 그 다음으로 '북한이탈주민에 대한 각종차별'의 응답비중이 높았습니다. 이는 남한 사람들의 부정적 편견과 오해가 북한이탈주민의 남한 정착을 저해하는 요인이 되고 있다는 것을 보여주고 있다. 북한이탈주민은 한국을 동포의 나라로 여기는 경향이 크지만 한국에서 북한이탈주민을 바라보는 시선은 가난한 공산국가에서 온 사람들로 보는 등 부정적 인식이 형성되어 있어 북한이탈주민들에게 어려움을 주고 있다.

북한이탈주민들이 이러한 어려움을 해결하고 더욱 더 안정적으로 한국생활에 적응 할 수 있기 위해서는 다양한 노력이 필요하다.

첫째, 경제적 어려움을 해결하는 방안 마련이 필요하다.

단기적 지원보다는 장기적 관점에서 자활에 초점을 맞춘 정책이 필요하다. 북한이탈주민 수급 관련 지원에서 다양한 부정과 범죄가 이루어지고 있는데 반해서 5년 동안 겨우 2번의 감사가 행해졌다. 이는 북한이탈주민들의 피해로 귀결된다. 통일부는 관리감독에 힘을 기울여야 한다. 지원정책의 경우 북한이탈주민이 정착과정에서 겪는 장애요인들에 대한 이해를 바탕으로 신속한 정착 촉구보다는 배려하고 기다려주는 지원정책을 추진해야 한다. 또한 북한이탈주민의 실질적 지역정착을 책임지는 지자체 및 민간의 역할을 강화가 필요하다. 지역적응센터에 대한 관리·감독 등 북한이탈주민 정착지원 체계 내 일부 권한의 지자체 이양하고, 지자체가 기존에 구축한 사회복지 네트워크를 보다 적극적으로 활용해야 한다. 민간단체의 경우, 역량 개발 및 육성을 통해서 북한이탈주민의 지원에 더욱 다양한 기능과 역할을 부여해야 한다.

둘째. 북한주민에 대한 부정적 편견을 해소하고 긍정적인 관심을 보이는 것이 필요하다.

다문화 가족인식개선사업의 예산은 약 77억인 것에 비교할 때 통일부에의 북한이탈주민 인식개선사업은 사업예산 조차 없다. 인식개선사업의 예산을 확대하고 지상파 방송 등 파급력이 큰 매체 위주로의 홍보방안을 마련해야 한다. 또한 캠페인이나 교육의 확산도 긍정적 영향을 미칠 수 있다.

셋째, 북한이탈주민이 탈북과정에서 겪은 외상 후 스트레스나 우리 사회에서 겪는 정신적 스트레스를 함께 고민하고 상담해 줄 수 있는 지속적 관리 시스템이 구축되어야 한다.

정신건강 증진센터에서는 북한 이탈주민에 대한 맞춤형 정신건강 서비스 체계 구축을 위해 힘써야 하며 북한 이탈주민 정신건강 서비스 모형을 개발하여야 한다. 국립서울병원이 12월 2일부터 '북한이탈주민 정신건강 클리닉'을 개설하고 운영에 들어갔다. 정신건강 클리닉에서는 상담·검진 및 외상 후 스트레스, 불안 및 우울, 알코올 중독 등 고위험군 치료까지 원-스톱(One-Stop) 서비스를 지원한다. 서울병원에서의 정신건강 클리닉과 같은 북한이탈주민의 대한 정신건강치료가 더욱 확대 되어야 한다.

북한이탈주민은 통일 한국시대 남북한 주민화합의 매개체이다. 따라서 미래 통일시대를 대비하고 북한이탈주민의 만족도와 수용도 높은 정착서비스를 만들기 위해서는 북한이탈주민이 겪고 있는 현장의 어려움이 무엇이고, 이를 극복하기 위해 무엇이 필요한지를 먼저 인식하는 것이 중요하다. 북한이탈주민에게 필요한 정책을 시행하고 그들의 잘 적응할 수 있도록 돕고 지원의 대상으로 보는 것이 아니라 우리와 앞으로 함께 나아가야 할 존재로 보는 자세가 필요할 것이다.

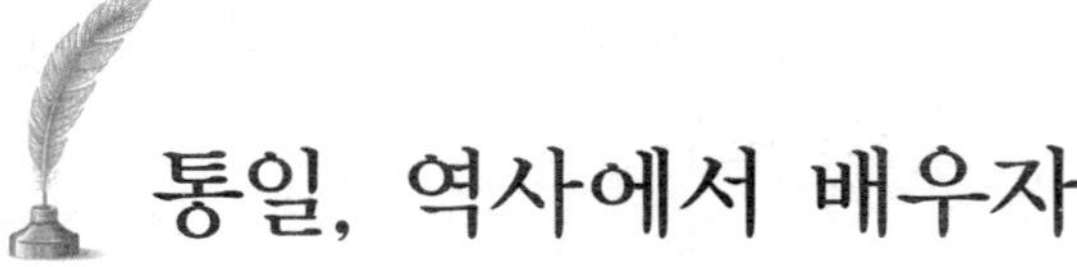

# 통일, 역사에서 배우자

산업정보시스템공학과 신원재

역사는 주기적으로 반복된다고 한다. 현재 우리 국토는 스스로를 북조선이라 부르는 북한과 대한민국의 남한으로 갈라져 있다. 아이러니하게도 이는 과거 고조선과 삼한(마한, 진한, 변한)의 구도와 매우 유사함을 알 수 있다. 훗날, 수많은 국가가 생겨나고 멸망 되었음에도 불구하고 하나의 국가로 통일되어 한민족의 정체성을 잃지 않았듯이 우리는 반드시 통일을 이루어 내어 유구한 역사를 이어나갈 것이다.

통일에 대해 비관적으로 생각하는 사람들은 통일의 문제로 첫째, 국가적, 사회적 혼란을 예로 들고 있다. 남한과 북한이 60년간 분단되어 지내오면서 서로 다른 문화와 언어, 생활양식으로 인해 통일이 되었을 경우 큰 사회적 혼란이 야기될 수 있다는 것이 그들의 주장이다. 우리의 역사에서 예를 살펴보면, 처음으로 우리나라가 하나의 국가로 통일된 시기는 통일신라시대이다. 약 700년 이상을 삼국이 대립하다 신라에 의해 통일이 되었는데 이 때 사회적으로 큰 혼란이 있었을까? 물론 현 시대처럼 왕래가 잦고 교류가 활발했던 것은 아니지만 700년이란 세월은 무시할 수가 없다고 생각한다. 오랫동안 각 국가별로 고유의 문화, 정치, 경제구도를 유지하며 지내왔다. 박물관에서 문화재를 볼 때 각 나라 간의 차이를 뚜렷이 구분할 수 있을 정도이다. 이러한 국가들이 하나가 되었을 때 많은 혼란이 발생되는 것은 당연하나. 하지만 통일 신라는 위기를 극복했고 당나라와의 전쟁에서 승리하여 완전한 통일을 이루고 300년이라는 기간 동안 국가를 유지했다. 우리 남한과 북한은 단지 60년에 불과하다. 짧은 기간이라고는 말할 수 없지만 서로간의 차이를 충분히 극복 할 수 있는 시간이라 생각하며 우리 조상이 이겨냈던 것처럼 우리도 이겨낼 수 있으리라 믿는다. 비관론자들의 두번째 근거는 통일 후의 엄청난 후유증이다. 막대한 시간적, 물질적, 정신적 비용으로 인해 긴 시간 동안 많은 국민들이 고통을 받을 수 있다는 것이다. 이에 대한 반박으로 다시 우리의 역사를 되짚어보자. 삼국을 통일한 신라, 후삼국을 통일한 고려, 이 나라의 공통점은 무엇인가. 두 국가 모두 통일 후 강력한 왕권국가의 기틀을 다지고 보다 높은 국력과 경제력을 앞세워 나날이 발전했다. 남북 간의 경제적 차이가 과거의 경우와 잘 맞지 않는 부분도 있다. 하지만 우리는 통일을 통해 한 층 더 발전되고 튼튼한 국가를 만들어 왔다는 것은 명백한 사실이다. 그리고 비용적인 부분을 보았을 때, 왜 사람들은 항상 우리 남한사람들이 북한사람들을 모두 먹여 살려야 한다고 생각하는 것에 대한 궁금증이 생긴다. 그들 역시 사람이다. 단지 북한의 체제가 경제활동을 억압하고 있다는 것뿐이지, 노동의 여건과 정당한 보상만 보장된다면 분명히 열심히 일을 하여 자신의 지역을 개발하는데 적극 나설 것이다. 예를 들어 아직 북한은 아직 벼농사를 매우 중요시 한다고 알고 있기 때문에 금전적으로 지원을 해주기보다 우선적으로 농사기계, 의류 등 의식주를 해결하기 위한 것들을 제공하여 기본적인 경제활동의 여건을 만들어줄 필요가 있다고 생각한다. 우리가 모두 비용을 지불하여 그들을 우리와 같은 경제수준으로 맞춰야 한다는 발상은 그들을 무시하는 것이며 한민족 전체의 능력을 무시하는 것과 마찬가지이다.

산업공학을 전공하는 학생으로서 어떻게 통일 시대에 대처해야 할까? 우리학교 조문수 교수님은 수업 시간에 통일에 대비하여 북한의 물류시스템 개선을 항상 강조하셨다. 통일 이후 원활한 물류수송을 위해 북한에 있는 항만시설을 개선하고 육로와 철도를 확장해야 함이 필요하다고 말씀하셨다. 이에 적극 동의하는 바이다. 우리나라는 약 90조원의 매출과 58만 명의 고용효과를 물류산업에서 창출하고 있는 물류 강국이다. 하지만 지리적인 환경과 제한적인 여건 속에서 한계에 직면했다. 섬이나 마찬가지인 상황에서 통일이 되어 중국, 러시아와 연결이 된다면 이는 물 만난 고기와 마찬가지일 것이다. 해상으로 물자를 수송하는 것보다 육로(철도)를 통해 수송하는 것이 비용적으로 시간적으로 매우 효과적이다. 또한 북한에 있는 각종 지하자원을 공장으로 운반할 수 있다면 많은 원 재료비를 아낄 수 있다. 통일 후 물류 최적화를 통해서 많은 이익을 얻을 수 있는 것은 기정사실이다. 기업에서 직무를 수행한다고 가정하고 이를 실현하기 위해서 첫째, 북한의 지리적 환경을 공부하고 최적화된 물류거점을 찾아야 한다. 연구결과에 따르면 물류거점에 따라 최소 1t에서 1만원 이상의 비용이 차이가 나는 것으로 나타났다. 물류거점 지정에 앞서 북한의 지리적 환경을 철저히 분석하고 이에 맞는 거점을 찾아야 할 것이다. 둘째, 북한의 발전에 도움이 될 수 있는 가장 적합한 산업시설을 선정하여 최적화 된 지역에 공장을 설계해야 한다. 가령 치약, 약품 등의 생필품 등이 북한 주민들에게 먼저 필요할 것이다. 이는 적시적소에 공급되어야 하는 중요한 물품이기 때문에 적합한 품목을 선택하여 비용, 시간, 거리 등을 계산한 후 공장을 지어야 한다. 이는 산업공학적으로 꼭 필요한 부분이라 생각된다. 셋째, 북한지역의 개발에 도전적으로 나서야 한다. 북한은 낙후된 지역이기 때문에 누구나 꺼릴 수 있는 곳이다. 현재 주변의 직장인을 보더라도 지방근무를 꺼리는 것이 현실이다. 아무리 돈을 많이 받아도 지방이라는 이유만으로 나서지 않는 판에 누가 북한으로 가겠는가. 누군가는 국가의 발전의 위해 스스로를 희생하여 북한지역에 가야만 한다. 이를 우리 젊은이들이 나서야 한다.

통일은 반드시 되어야 한다. 현재의 대학생들은 미래 통일한국을 이끌어갈 주역이 되어야 한다. 우리 숭실대학교가 미래 통일을 대비하는 인재를 양성하겠다는 계획에 적극 찬성한다. 특히 일제 식민지시절 독립을 위해 애썼던 우리 숭실대학 선배들의 정신을 이어받아 다시 나서야 할 때가 왔다고 생각한다. 자신의 취업에만 열중하는 대학생들에게 통일교육의 중요성을 알리고 스스로 생각해 보게끔 해야 한다. 통일의 문제는 자신에게 직접적으로 다가올 수 있는 큰 문제이다. 국가의 앞날이 달려있을 뿐 아니라 이는 나의 삶에도 큰 영향을 미칠 수 있기 때문이다. 4학년이 되어서야 통일에 대해 다시 한 번 생각해보는 것에 부끄러움을 느끼며 현재 학교가 제시하고 계획하고 있는 통일 교육을 받지 못한다는 점에 큰 아쉬움을 느낀다. 북한과 통일에 대해 누구보다 관심을 가지고 있는 만큼 취업도 중요하지만 국가의 미래를 생각하는 것도 필요함을 느낄 수 있는 시간이었다. 통일이 되었을 때 적극적으로 나서는 숭실인이 되고자 누구보다 통일 문제에 관심을 가지고, 자신이 실질적으로 할 수 있는 것이 무엇인지 생각해 보도록 할 것이다.

# 통일 한국, 우리의 숙원

정보통신전자공학부 오재욱

분단 69주년째인 올해 2014년 10월 3일, 인천 아시안 게임 남자 축구 결승전이 치러졌다. 결승전은 대한민국과 북한의 대결이었다. 경기장 주변 플래카드엔 "우리의 소원은 통일" 등의 통일염원의 글귀가 써져 있었다. 경기를 보는 내내 대한민국을 외치며 우리의 승리를 기원했다. 0 대 0의 팽팽한 경기 속에서 연장 후반 120분. 대한민국은 결승골을 터뜨리며 북한을 꺾고 승리하였다. 그런데 경기를 보다 문득 '우리 민족이 이만큼이나 갈라져 버렸구나.'란 생각이 들었다. 애초에 한민족이었던 우리가 분단 이후 다른 나라로 살아오다 이젠 스포츠에서 조차 갈라지고 말았다는 생각에 안타까웠다. 통일이 된다면 통일한국 전체에서 잘하는 선수들을 선발해 아시안게임부터 월드컵, 올림픽까지 출전시킬 수도 있을 거라는 그런 희망도 가져보았다.

통일이 가져다주는 이점은 상당히 다양하다. 가장 눈에 띄는 변화는 우리 국토의 확장일 것이다. 대한민국 헌법상 명시된 그 영토 그대로 통일한국의 땅이 된다. 가장 큰 경쟁력이 확보된다고 할 수 있다. 영토가 확장되면 우리가 경제 발전에 사용할 수 있는 땅이 넓어지게 된다. 경제적 배타수역 EEZ를 비롯해 저 남쪽 제주도부터 북쪽까지 두루두루 활용할 수 있는 발판이 마련되는 것이다. 그리고 서울에 집중된 대한민국의 인구 집중 현상 또한 해결 될 것이다. 정부 청사가 평양 등으로 분할되면 직장인들의 근무 지역이나 공무원들의 일터 또한 자연스레 분산 될 것이기 때문이다.

영토뿐만 아니라 이산가족의 문제도 자연스럽게 해결될 것이다. 6.25

전쟁 이후 오랫동안 서로 만나지 못하고 있었던 이들의 가슴앓이를 해결해줄 수 있는 것이다. 이산가족 상봉 프로그램이 몇몇 있어왔지만 이는 근본적인 문제를 해결하지 못한 채 미봉책으로 잠시나마 보고 그리움이나 해소해라 하라는 식으로 그들을 다뤄왔다. 이 또한 대한민국의 역사에서 위안부, 5.18 등의 문제처럼 반드시 해결되어야 하는 문제이다.

앞서 영토의 확장을 통해 경쟁력이 확보될 수 있다고 하였다. 경쟁력 확보 방법에는 영토 확장 이외에도 다양한 루트가 있다. 예를 들자면 북한의 채굴되지 않은 천연자원 등을 사용해 수입에만 의존하던 연료 공급에도 조금이나마 보탤 수 있을 것이다.

이러한 눈에 보이는 이점 말고도 경제적인 이득 또한 많다. 우선 인구의 증가로 경제활동이 가능한 인구가 증가하여 경제 발전에도 이바지할 수 있을 것이다. 또 지금까지 유럽이나 서남아시아 등을 배 또는 비행기로만 다닐 수 있었지만 통일 이후에는 우리 한반도의 중국과 러시아에 연결된 시베리아 횡단 열차나 새롭게 개발할 열차 등을 통해 육로로 이동할 수 있다. 이는 배나 비행기 보다 저렴하게 그리고 안전하게 물자를 실어 나를 수 있게 된다. 그리고 북한의 핵 연구 기술을 통해 핵을 만드는 비용을 핵 발전이나 핵융합 쪽의 연구비용으로 전환한다면 과학 기술의 발전에도 크게 공헌 할 수 있다. 하지만 이보다 더 크게 다가올 수 있는 것은 바로 국방비의 간소화이다. 현재 우리나라는 국방비의 87.3퍼센트가 북한의 침공에 대비하는 데에 사용되고 있다. 이는 국가 경제에 명백한 손실을 끼치고 있다고 볼 수 있다. 세계 어느 국가든 침공해 올 수 있는 여지를 가지고 있는데 북한만을 바라보며 그들에게 특화된 기술이나 장비 등을 개발해 보유하고 있는 것은 다른 군사적 연구를 할 수 있는 시간을 빼앗는다고 볼 수 있다.

또 하나의 이점은 남성들에게 국방의 의무라는 이유로 2년이라는 시간을 빼앗는 일도 줄어들 전망이다. 대한민국의 건장한 성인 남성이라면 반드시 다녀와야 하는 군대 때문에 좋지 못한 영향을 미치는 경우도 많이 있었고 국가의 경쟁력 발전에 이바지할 유망한 축구 선수나 과학자 또는 기술자 등이 군대를 다녀오게 되면서 받는 좋지 못한 여파가 매우 크다. 이러한 여파를 줄일 수 있게 되는 계기가 될 수 있으니 이는 분명 경제력

발전에 크게 영향을 미칠 것이다.

물론 통일을 하는 데에는 막대한 비용이 든다. 이를 통일 비용이라 하는데, 이를 세금 등으로 부과하여 서민들에게 걷게 될 경우를 우려하는 사람들이 몇몇 있다. 그러나 장기적으로 바라 볼 때, 통일 비용을 지불하고 앞으로 얻게 될 통일 이득을 생각해보면 충분히 감안할 만하다. 통일 이후 6.25 이전에 가지고 있던 땅문서 등으로 법정이 소란해질 수도 있다. 물론 이는 큰 문제이지만 통일 이후 점차 법적으로 그리고 사회적으로 해결해 나가야 할 문제이다.

자꾸 귀찮게 통일을 왜 생각하는지 묻는다면, 그들에게 지금 이 순간, 당신에게 북한이 어떤 영향을 주고 있는지 알고는 있는지 묻고 싶다. 북한은 통일이전에도 이미 우리사회에 많은 영향을 미치고 있으며 우리가 이를 잘 알지 못하는 건 이미 이런 사회 속에 우리가 적응했기 때문이다. 통일은 염원으로만 끝내선 안된다.

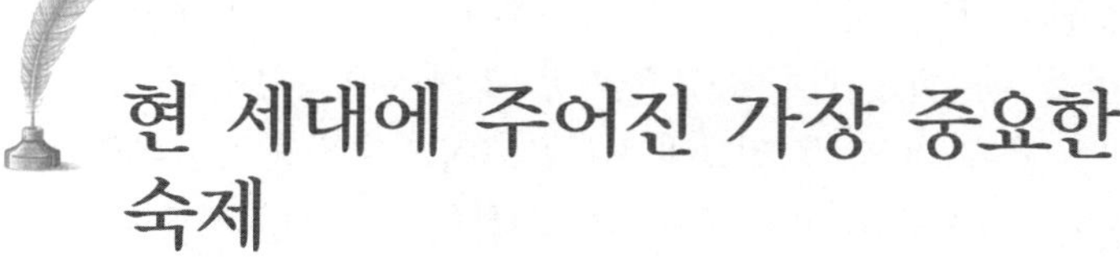

# 현 세대에 주어진 가장 중요한 숙제

경영학부 염태섭

국방부 "북한, 2015년을 통일대전 완성의 해로 선포하다", 박근혜 정부 "통일은 대박이다" 등과 같이 통일에 대한 딜레마는 찬성, 반대로 의견이 서로 다르며 아직까지 풀리지 않는 논제중 하나이며, 모든 국민이 관심을 가지는 문제이다. 대한민국에서 남자로 태어났으면 대부분의 남자는 육, 해, 공군 중 하나를 택하여 대한민국 군인으로서 복무를 해야 하는 것이 국민의 의무중 하나이다. 나 또한 2011년 군에 입대하여 육군에서 국군의 의무를 다하였다. 군에 있을 시절 우리는 매주 정신교육을 받았다. 그 내용은 장병들 간의 인간관계에서부터 시작하여 대부분은 북한에 대한 것이었다. 북한은 우리의 "주적"이다. 북한은 오직 "적화 통일"만을 원한다. 또한 북한이 지금까지 우리에게 저질렀던 모든 만행들을 우리는 정신교육 시간에 배운다. 지금은 아니지만 내가 군에서 막 전역했을 때 나의 의견은 북한과 통일은 절대로 해서는 안된다는 것이었다. 북한은 우리가 타도해야할 적이지 우리의 민족이 더 이상 아니라는 것이 나의 마인드(정신) 상태였다. 왜냐하면 나는 거의 2년 동안 북한에 대해서 좋은 생각을 가져본 적이 한 번도 없었고, 매주 듣는 정신교육 시간에도 북한은 타도해야할 대상이라고만 여겼기 때문이다. 그러나 전역 후 2년이 지난 지금 나의 마인드 상태는 그때와는 조금은 다르다. "북한은 반드시 우리가 전쟁을 해야만 하는 국가인가?" 라는 생각이 내 머릿속을 맴돌고 있으며, 한편으로는 북한이 발표한 "2015년 통일대전 완성의 해"를 들었을 때는, 남아있는 군인정신이 발동을 해서 북한과 싸우자라는 생각도 한다.

많은 사람들이 통일에 반대를 하는 이유는 무엇인가에 대하여 통찰해 보자. 대표적으로는 경제력의 극심한 손해가 있을 것이기 때문이다. 만약 우리나라가 북한과 통일을 하게 된다면 그 예상되는 비용은 천문학적이 될 것이다. 현 우리나라 국민들의 시각은, "매년 우리를 전쟁의 위험에 떨게 하는 존재들을 위하여 우리가 굳이 천문학적 비용을 지불하면서 통일을 해야 하나?" 일 것이다. 현대 경제연구원에 따른 보고서에 의하면, "현재 북한의 1인당 농업생산량은 남한의 1970년대 수준이며 북한은 현재 전체 인구의 1/3이상이 농업에 종사하고 있다고 한다. 또한 광공업, 대외거래, 에너지, 보건, 교육 분야 모두 남한의 1970년대의 상황과 비슷하다고 한다." 이를 감안해 볼 때, 우리가 통일을 하게 된다면 경제적으로 엄청난 손실을 예상해 볼 수 있으며, 2차 경제대공황도 예상해볼 수 있을 것이다. 그 다음으로 통일에 반대하는 이유는, 군대를 다녀온 사람이라면 모두 알 수 있을 것이다. 남한과 북한은 서로 바라는 통일 방식 자체가 다르다. 우리나라는 평화통일을 원하는 반면 북한은 적화통일을 원하고 있다. 적화통일이란 무력을 사용하여 통일을 하는 것을 의미하는데, 한마디로 전쟁을 통하여 통일을 하겠다는 것이다. 또한 북한은 정치체제를 공산주의 체제로 유지하기를 원하는데, 이는 우리가 바라고 있는 통일방식과는 사뭇 거리가 멀다고 생각한다. 군대를 거쳐 온 모든 남자들이라면 이 두 번째 이유 때문에 통일에 반대를 한다고 볼 수 있다. 또한 우리나라 국민들은 통일에 대한 아무런 준비를 하지 않고 있기 때문에 통일시 예측되는 혼란은 상상을 초월할 것이다. 통일에 반대를 하는 또 다른 이유는 북한이 지금까지 저질러온 행동 때문이라고 할 수 있다. 6·25전쟁, 김신조 무장공비 청와대 피습사건, 육영수 여사 피살, 1·2차 연평해전, 대청해전 등 북한이 지금까지 저질러온 만행에 의한 피해는 금액으로도 환산 할 수가 없을 것이다. 그들의 손에 의해 희생당한 사람들을 어떤 방식으로 보상 할 것이란 말인가?

이에 반해, 통일에 대해 찬성하는 사람들도 많이 존재한다. 통일에 대한 찬성의견은 대표적으로 전쟁의 위험 회피, 경제적 이유, 민족적 이유,

국민적 이유, 정치적 이유, 외교적 이유 등 여러 가지가 있는데, 위중에서 가장 설득력을 가지는 이유는 민족, 전쟁의 위험 회피이다. 남과 북은 원래는 한 민족이다. 우리 민족이 지금까지 서로 "휴전"상태라는 것을 겪고 있는 것은 우리 민족 역사 이래 최고의 비극이라고 할 수 있다. 바꾸어 말하면 같은 나라 국민들끼리 전쟁을 하고 있는 것이다. 미국에는 50개의 주가 있는데, 거기서 주와 주 사이에서 전쟁을 하고 있는 거라고 생각하면 된다. 좁게 보았을 때 국가-국가 이지만, 만약 이 개념을 확대 시켜본다면 가족-가족 관계라고 볼 수도 있다. 우리는 서로 가족끼리 전쟁을 하고 있는 것이다. 그렇기 때문에 통일에 찬성하는 자들은, 통일에 드는 비용이 얼마이든지 간에, 우리가 지금 겪고 있는 이 비극적 상황을 종결하고 싶어 하는 것이다. 만약 본인이라면, 가족 관계에서 돈이 중요한가? 아니면 우리의 가족이 중요한가?, 냉혈한이 아니라면 대부분의 사람들은 "가족"을 선택할 것이다. 통일에 찬성하는 사람들, 그들도 통일을 하게 된다면 우리 대한민국이 경제적으로 입을 손실을 모르는 바가 아니다. 아니, 모를 리가 없다. 그럼에도 불구하고 그들이 찬성을 외치는 이유는 이 민족 상잔의 비극을 우리 세대 안에서 끝내고 싶기 때문이 아닐까? 다음으로는 전쟁의 위험이라는 이유가 있다. 나는 군대에 가기 전 매년 뉴스에 나오는 북한의 도발 때문에 밤잠을 설치던 적도, 미래 전쟁에 대한 막연한 불안감을 가지던 적이 정말 많았다. 또한 군대에 가서는 북한의 도발 때문에 훈련, 실제상황도 많이 겪어서 불안감, 분노감을 동시에 가졌으며, 전역 후 지금도 여전히 불안감, 분노감을 가지고 있다. "만약 전쟁이 나게 되면 어떻게 해야 할까?"라는 이 불안감은 우리나라 국민이라면 모두 가지고 있을 것이다. 그렇다면 하루 빨리 이런 불안감을 해결하는 것이 정답일 것이다. 그에 대한 해답은 통일이다. 우선 통일을 하게 된다면, 가장 직접적으로 느껴지는 전쟁에 대한 불안감이 사라질 것이다. 또한 통합된 국방시설로 인해서 국방비에 드는 비용은 엄청나게 줄어들 것이고, 그 수많은 돈을 이용해서 통일 비용에 사용할 수도 있다.

이와 같이 통일에는 모두 논리적이고 이성적인 찬성, 반대 의견이 존재한다. 개인적으로 본인의 의견은 반대 측 의견이 더 설득력, 논리성이 있다고 생각한다. (이는 내가 군대를 다녀온 부분이 어느 정도는 공헌을 할 것이라 생각한다) 그러나 통일이라는 주제가 "이성적 ,논리적" 인가? 절대로 그렇게 봐서는 안된다. 우리는 통일을 생각할 때 "민족"이라는 개념을 반드시 생각해 보아야 한다. 우리는 한 민족이다. 우리의 가족이 고통을 받고 있으면, 비용이 얼마가 소모되던 도와야 하지 않겠는가? 자기 주위 사람은 그토록 큰 신경을 쓰면서, 조금만 멀어지면 무관심한 것이 우리나라의 큰 문제 중 하나라고 생각한다. 북한은 우리의 한 민족이며, 한 가족이다. 또한 본인뿐만 아니라 대다수의 국민이 하루빨리 전쟁의 직접적인 위험에서 벗어나고 싶어하며, 이 민족상잔의 비극을 끝내고 싶어한다. 그러나 아쉽게도 아직은 대한민국 국민들의 시각, 의견과 더불어 현재의 상황은 통일이 준비되지만은 않은 것 같다. 참으로 안타까운 상황이다. 창조 경제의 개념을 외치는 현 대통령의 정권, 통일을 하기위한 창의력을 발상하는 것이 현 우리세대의 가장 큰 숙제중 하나가 되어야 하지 않을까? 우리 국민은 다음 논제에 대하여 끊임없이 고민해야 한다고 생각한다.

- 김정은 정권 정황상 남한과 통일이 되지 않더라도, 현재 지금 이 상황에서 고통 받고, 굶어죽고 있는 북한, 우리의 가족을 생각해보자. 국민들의 잘못인가? 지도자의 잘못인가?, 국민의 잘못이 아니라면 그들을 어떻게 도울 수 있는가?

- 통일을 다각적 측면에서 바라봐야 한다. 군대를 다녀온 남성은 무작정 통일에 대해 반대하는 경향이 있다. 통일을 반대한다는 의견이 틀렸다는 것이 아니다. 다만 통일이 필요한 이유도 있다는 것을 생각해보자.

# 독일의 통일에 비추어 본 한반도 통일의 방식에 대한 견해

벤처중소기업학과 심태성

21세기에 들어선 지금 국제정세와 한반도 주변환경의 변화는 남북한 관계개선에 유리한 방향으로 가고 있고, 한반도 내부에도 역시 남북한 간의 화해와 협력의 기운이 감지되고 있는 상황이다. 특히, 김일성이 사망한 뒤 북한도 자체의 존립을 위해서 침체된 경제를 회생시키는 일이 급선무가 되었으며, 사회주의 국가와의 교역이 사실상 붕괴된 상황에서 남한을 비롯한 시장경제와의 교류확대가 필수적이라는 것을 느끼고 있기 때문에 한동안은 한반도에 평화로운 기운이 느껴지리라 예상된다. 지금은 미국의 테러여파 등으로 인해 남북간의 관계가 다소 소원해진 상태이지만 무엇보다 얼마전 열린 남북 정상회담을 통해서 그동안의 남북간의 긴장관계가 어느정도 해소되고 남북교류의 물꼬를 트고 통일에 한 발짝 더 다가서게 된 지금 우리는 우리보다 앞서서 통일한 독일에 관하여 어느때보다도 더욱 관심을 가져야 하는 시점이다. 지속적인 교류와 협력을 추진하여 궁극적으로 통일을 이끌어낸 독일의 경험을 살펴보는 것은, 비록 독일과 한반도의 차이점 때문에 독일의 제도나 접근방법을 그대로 수용 할 수는 없다 할 지라도 우리의 통일방식의 결정에 있어서 매우 큰 도움을 주는 것임은 자명하다.

그러면 우선 독일통일의 과정 중에서 우리가 배울 수 있는 점은 무엇이 있을까? 첫째, 서독 정부의 적극적인 대 동독 정책이다. 즉, 서독은 동독과의 다각적 대화 및 교류 협력정책을 추진해왔다. 종전까지 주장해 온 '할슈타인 원칙'의 전면적인 폐기와 '동방정책'의 추진으로부터 동·서독간에 신뢰가 싹트기 시작했고, 이 후 연방정부 및 서베를린정부와 동독간에는 100여개의 조약·협정·합의·외교문서·성명서가 교환되었다. 여기서 우리가 유의해야 할 점은 이런식으로의 양독간의 협력은 양측주민이 분단을 감수할 수 있을 정도로 많은 편리함을 제공했었다는 사실이다. 독일이 서독의 주도하에 통일을 할 수 있었던 요인중 우선적으로 꼽을 수 있는 것은 막강한 경제력의 뒷받침과 동·서독 주민간의 신뢰가 조화를 이루었다는 점이다. 만일 동·서독 주민간의 신뢰가 쌓이지 않았다면 통일기회가 포착되었더라도 그처럼 급속한 통일이 이루어지기는 힘들었을 것이다.

둘째, 서독정부의 통일을 위한 국제적 환경조성방안 모색이다. 분단당시의 독일은 전쟁도발에 대한 국제적 징계로서 제2차 세계대전 전승국인 미국 영국 불란서 소련의 4대국에 의해 분할점령 되었으며, 그 이후 양극화된 동서냉전체제에 의하여 유지되어 왔다. 이 문제를 해결하기 위하여 서독정부는 제1차 2+4회담(동·서독 및 미·영·불·소)을 시작으로 마침내 제4차 회담에서 '통독관련 최종 합의에 관한 조약'을 성사시키고 말았다. 이와같은 여러가지 정황을 역사·정치적으로 볼때 동·서독 통합조약 체결의 의미는 통독과정에서의 형식적 기능을 훨씬 초월한 '세계 역사에 큰 획을 긋는 일대 전환점'이었다고 평가할 수 있다. 그 이유는 바로 세계 역사상 그토록 상반된 체제를 갖고 있던 양국이 과도기도 거의 거치지 않고 통합된 전례가 없었기 때문이다. 한마디로 이 2+4 회담의 성사로 인한 조약체결은 독일통일의 외형적 최종 결정이라 할 수 있을 것이다.

그럼 이제부터 이러한 독일의 통일에 견주어 봤을 때 우리의 통일에 대한 방안을 생각해 보도록 하자. 첫째, 평화정착을 위한 국제적 여건 조성 방안이 모색되어야 한다. 통일이란 주변 이해당사국의 전략적 이해 속에서 가능한 것이며 이는 독일의 통일과정에서 잘 나타난다. 즉, 서독이 2+4 회담을 성공리에 성사시키지 못했다면 독일이 쉽게 통일될 수는 없었을 것이다. 현재 남북한의 UN동시가입이 실현되었는가 하면, 특히 남한은 과거 적대국이었던 구 소련·중국 등과도 국교를 수립하였으며 OECD가입 등으로 국제무대에 부상하고 있다. 이제 한반도의 통일을 위해 우리도 전방위 외교를 펼쳐야 한다. 그 외교의 목표는 한반도의 통일이 세계평화와 경제발전에 기여하여 모든 국가에 이익이 될 것이라는 확신을 심어주는 것이어야 한다. 이렇게 되었을 때 한반도를 둘러싸고 있는 미. 일. 중. 러의 4대강국과 남북한이 한자리에 모이는 한국판 2+4회담의 성사도 가능해질 것이다.

둘째, 남북 간의 점진적 단계 확대를 위한 정책의 필요성을 들 수 있다. 이런 면에서 본다면 남한은 독일의 교훈을 다시 한 번 되새겨야 한다. 즉, 서독은 동방정책을 추진하면서 동방정책과 통일정책을 구분하였고, 동방정책에서도 통일문제는 별로 거론하지 않으며 경제교류에 중점을 두었다. 또한 서독은 동서관계에서 자신감을 갖고 있으면서도 겸손하였고, 동독은 열세이면서도 결코 폐쇄적이지 않았다는 점이다. 이는 바로 앞서 지적했듯이 오랜 시일 신뢰회복을 위해 노력한 결과의 산물인 것이다. 이제 남한도 남북대화·교류의 목표를 신뢰구축과 평화공존체제 정착에 두고, 남북대화의 전략도 당장의 성과보다는 성과를 도출하는 협상과정을 제도화하면서 쌍방의 제안 중에서 합의·실행 가능한 부분을 먼저 체결하는 방향으로 추진해야 할 것이다.

셋째, 통일방식의 신중한 선택 문제를 들 수 있다. 독일의 경우를 보면 각 분야에 걸쳐 무려 20여 년간의 교류·협력기간이 있었으나 결과적으로 통일이후 현재까지도 독일은 실업률의 증가. 물가의 폭락, 주택부족 등의 많은 사회. 경제적 문제들이 파생되었다. 따라서 우리는 이러한 사실을 바탕으로 통일의 당사자가 되었을 때, 그 부작용을 최소화하는 방안을 강구해야 할 것이다. 물론 남북한이 독일의 경우와 같이 통일이 될 경우를 가정해 보면 그 부작용은 훨씬 심각할 것으로 예상된다. 그렇기 때문에 남북한 통일방안으로는 통일의 전 과정을 일거에 추진함으로 인해 많은 혼란과 충격을 유발하는 급진적 방식보다는 통일과정에서 유발되는 문제점을 충분한 과도기를 두고 해소할 수 있는 점진적이고 단계적인 방안이 보다 현실적일 것이다.

넷째, 장기적인 측면에서의 통일재원 확보가 선행되어져야 한다. 선진국이었던 서독도 통일 후에는 물가 및 임금상승, 투자저하, 경기침체로 이어지는 쓴 맛을 보았다. 우리 정부는 이러한 독일의 전철을 밟지 않기 위해서 지금부터 장기적인 안목에서 통일기금 조성을 위한 방안이 마련되어야 할 것이다.

마지막으로 통일에 대비한 자체역량 강화에 노력해야 할 것이다. 현재 북한의 대남 전략은 현 체제가 존속하는 한 크게 변화하리라는 기대를 하기가 어렵다. 그렇기 때문에 남한은 북한에서 어떠한 변화가 일어나더라도 거기에 적절히 대처할 수 있는 능동적인 자세를 가지고 내부역량을 더욱 확고히 다지는데 노력해야 할 것이다.

그렇다면 우리가 진정한 남북 통일을 이루기 위한 통일 방식에 대하여 생각해 보자. 나의 견해로는 우리는 급진적 통일이 아닌 준비된 통일을 이루어야 한다고 생각한다. 너무 급하게 서두르는 것보다도 남북 간의 대화와 협력을 통해 통일 전에 많은 의견을 교환하여 통일을 향해 조금씩 다가서야 할 것이다. 그 구체적인 방법으로 나는 제 3의 통일 방식이 가장 합당하다고 생각한다. 신헌법제정방식은 그 과정에서 통일에까지의 시간이 너무 오래 걸릴 수도 있고, 통일이 된 후라도 여러 가지 문제점을 야기할 수 있다. 쌍방의 합의에 의한 새로운 헌법을 제정하는 것이 단시간에 이루어지기도 힘들고, 섣불리 제정했다가는 많은 시행착오와 사회적 혼란이 일어날 수 있기 때문이다. 독일의 통일 방식이었던 편입방식 즉, 흡수통일방식은 독일의 경우 동독주민들의 표결에 의해 원해서 이루어진 방식이었고 서독의 경제력이 맺은 결과였지만, 우리나라의 경우에는 이보다 제3의 방식이 더 어울릴 것이다. 이 방식으로 통일을 함으로써 일단 통일의 시기를 앞당길 수 있음은 물론, 새로운 헌법제정을 통해 한 체제가 다른 체제에 종속된다는 느낌을 지울 수 있어 동등한 참여자로서의 지위가 인정될 수 있기 때문이다. 물론, 헌법제정에는 많은 시간과 노력이 뒷받침 되어야 하고, 절대로 서두르거나 근시안적인 것이 되어서는 안 될 것이다. 많은 분야에 있어서 각고의 노력이 필요할 것이다.

통일이란 어느 한쪽의 통일에 대한 의지나 열망으로 이루어지는 것은 아니다. 독일은 통일 전부터 꾸준하고 치밀한 통일계획을 세워왔다. 이런 독일의 통일을 보고 한민족인 우리는 막연히 부러워만 할 것이 아니라 우리에게 주어지는 여건을 신속하고 능동적으로 이용하여 통일을 앞당겨야 할 것이다. 우리 정부의 햇볕정책의 어느 정도의 성과인 정상회담을 계기로 남북화해 무드가 조성되고 서로가 대화에 적극적이라는 점은 상당히 고무적이다. 지금 야당에서는 정부의 햇볕정책을 퍼주기식의 행태라고 맹비난하고 있지만, 개인적인 생각으로 그 말에는 반대한다. 비록 북한에게 식량지원 등을 하느라 많은 돈을 투자하지만, 그 결과로 가장 먼저 남북관계가 이전의 어떤 때보다도 발전되어 긴장감이 많이 누그러진 상태이다. 그 예로 국민들이 전쟁의 걱정에서 다소나마 벗어날 수 있게 되었고, 북한에 관광도 갈 정도로 교류가 이루어지고 있으며, 무엇보다 앞으로 남북회담이 활기를 띄게 될 전망이다. 지금은 우리의 염원인 통일을 위해서 범국민적으로 힘을 쏟아야 할 때이다. 정치계에서도 대북정책에 대해서 초당적인 자세를 갖고 야당은 이에 대한 비판을 자제해야 남북한의 분열이 초래함을 막을 수 있음은 물론 더욱더 발전된 남북관계를 기대할 수 있을 것이라 생각한다. 독일과 한국은 많은 점에서 다르지만, 우리보다 먼저 통일을 이룬 독일과 예멘에 대해 보다 깊은 연구 또한 필요할 것이다.

제5부

# 통일 대박, 그 이상의 담론 3

# 들머리

Amy Robertson(Baird University College)

The topic of reunification between North and South Korea has always garnered strong opinions from those living both on the peninsula and around the world. Soongsil Advanced Freshmen English students have the unique perspective of having being raised in Korea with all the historical education and cultural knowledge that brought, as well as having travelled abroad giving them a more global perspective on the issue of reunification between North and South Korea. Throughout their studies they have been encouraged to research the issue of reunification thus enabling them to give a studied opinion of the importance of the issue to South and North Korea and to them as Korean citizens. The research they undertook facilitated their opinions giving rise to such positive outcomes as national growth and development, monetary benefits, cultural expansion, increased progression on an international stage, and of course personal unity for those families directly affected by the separation.

Firstly the topic of national growth and development was examined. Reunification would lead to an increase in the labor force of both countries which would mean the technological advantages enjoyed by the south could continue to develop helping both countries in the ways they require. South Korea leads the way in information technology worldwide. With the increase of workforce reunification would bring, Korea would have the means and opportunities to continue to advance to heights not yet seen.

Adding to this growth and development would be a vastly reduced military expenditure. Currently both countries have a large defence budget which would be freed up to give the government extra money to spend on the country in places where it is needed. Moreover, both countries would no longer have a need for mandatory military service releasing young male citizens from serving in the armed forces and giving them the opportunity to join the workforce earlier. This increase in manpower would further the development of Korean economic growth and development. But reunification would bring more than just economic benefits.

Culturally the two countries have similarities and differences. One of the main similarities is the cultural symbolism of such places as Mount Baekdu. Reunification would give all Korean citizens access to this place of power and symbolism furthering all citizens emotional tie with the land. When it comes to the cultural differences, South Korea has been a part of the global community for some time and the culture and language of the country reflects that. On the other hand, the North Korean language and culture has remained largely untouched from outside influences. A combination of these two situations would give rise to a new cultural generation of poetry, novels and even film. This would highlight to the world the effect reunification had on the culture of South and North Korea. Furthermore, the benefits of reunification would be seen in other countries.

If North and South Korea reunify, the peninsula would be less hindered by geographic constraints. This would make possible increased and efficient trade routes such as land shipments to Russia and China. Companies would experience great cost cuts in transportation to these places giving further incentive to want to expand their routes now that cost is less of a factor. Furthermore tourism would open up enabling South and North Koreans easier travel access to Russia and Europe while the rest of the world could now feel free to experience travelling through one of the most enigmatic countries in the world. But the reunification would mean more than this. For those families separated for a lifetime, the opportunity would now be there for them to be reunited with their relatives.

Much of the world has seen images of North and South Korean families being reunited for brief periods during agreed upon times. For many however, this just is not enough. Although the generation of those who were separated is aging, their family members have seen first-hand the pain and anguish the continual separation has had on their loved ones. Moreover they have cousins, aunties and uncles they have never met and there is a gap in their lives that has never been filled. Reunification and the chance to meet lost relatives could fill that gap or at least bring a form of closure to those who have suffered for too long.

As can be seen, during the course of their studies, Soongsil University students have examined North and South reunification. Through this examination they have identified the benefits reunification would have on both North and South Korea and arrived at the overwhelming conclusion that reunification would mean national and economic growth, cultural expansion, improved international image, and the togetherness of a nation and the families within. It is for these reasons and many others that the students believe they will hopefully be the reunification generation.

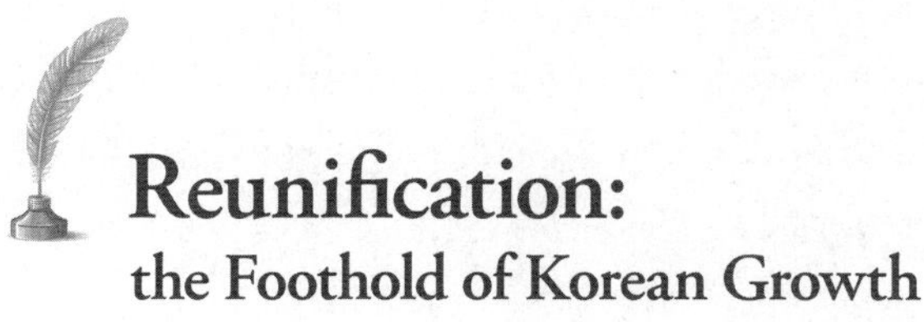

# Reunification:
## the Foothold of Korean Growth

New material & Fiber engineering Kwon, Oyeon

Nowadays, there has been an ongoing argument about the reunification of Korea. Some deem that reunification is unnecessary, since there is huge risk in various fields. However, there are three clear advantages to reunifying: productive ability, financial aspect, and emotional aspects. These three points will be elaborated on in this essay.

The first advantage is in the aspect of national productive ability. I read an interesting article in the Korea Times. It talked about the correlation between reunification and Korean population growth rate and labor force. This is highlighted by research from the Korean National Statistical Office illustrated below.

| | 2013 | 2014 | 2015 | 2016 | 2017 |
|---|---|---|---|---|---|
| The total population | 50,324,651 | 50,585,013 | 50,836,446 | 51,081,334 | 51,319,062 |
| Male | 25,193,356 | 25,312,801 | 25,428,947 | 25,541,141 | 25,650,332 |
| Female | 25,131,295 | 25,272,212 | 25,407,499 | 25,540,193 | 25,668,730 |
| Population : 0-14 age | 7,372,348.00 | 7,204,042.00 | 7,048,638.00 | 6,913,345.00 | 6,860,833.00 |
| Population : 15-64 age | 36,810,350 | 36,988,533 | 37,153,837 | 37,291,295 | 37,322,526 |
| Polpulation over 65 | 6,141,953 | 6,392,438 | 6,633,971 | 6,876,694 | 7,135,703 |
| The component ratio : 0-14 age | 14.65 | 14.24 | 13.87 | 13.53 | 13.37 |
| The component ratio : 15-64 age | 73.15 | 73.12 | 73.09 | 73.00 | 72.73 |
| The component ratio : over 65 | 12.20 | 12.64 | 13.05 | 13.46 | 13.90 |
| Gender ratio (every million women) | 100.2 | 100.2 | 100.1 | 100.0 | 99.9 |
| Polpulation growth (%) | 0.54 | 0.52 | 0.50 | 0.48 | 0.47 |

As this table shows, Korea is aging and its labor force is projected to decline from 2015. However, if the two Koreas reunify, North Korea's cheap workforce and South Korea's high technology can meet and produce much more profit.

The second advantage is in the aspect of finance. Recently, North Korea took 22nd place and South Korea took 8th place in the world national defense expenditure ranking. North Korea spends five billion dollars, while South Korea spends 21 billion dollars every year for defense. The defense budget would amount to 26 billion dollars of the two countries. If the countries reunified, there would not be the need to spend much money for defense. This money could then be used for such things as urban development and technological investments. Consequently Korea would continue to develop economically.

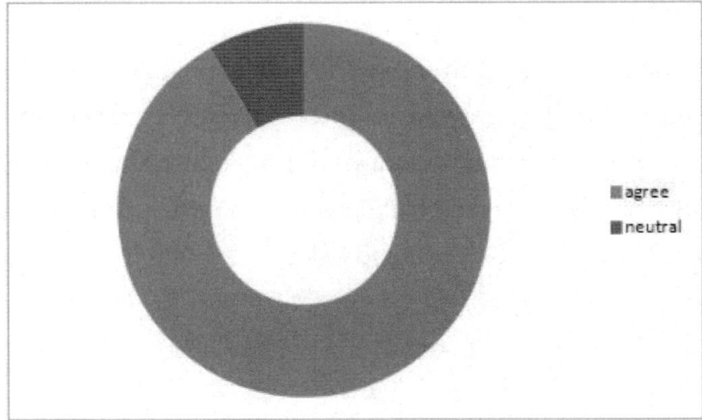


The last advantage is related to emotional aspect among South Koreans. Emotional stability is important because it is deeply related to the quality of public life. I did a survey to find public opinion about the anxiety of war when and if Korea reunifies. The group included 12 people who take English conversation class with me. When I asked whether they thought reunification could loosen the anxiety about the war, surprisingly, 11 out of 12 people, in other words, 92% of the group said they agree.

This result of the survey shows that people feel anxiety because Korea is in a state of armistice. If Korea becomes reunified, the public would no longer feel anxious about the possibility of war.

In a nutshell, by reunifying, Korea can gain lots of benefits: increase the national productive ability, decrease defense budget, and achieve long term emotional stability. When the two Koreas finally reunify, it will be a greater country in the global communitys.

## References

Ronald Man(2012, January 29). Korea should plan reunification. The Korea Times. Retrieved from http://www.koreatimes.co.kr/

# Reunification: It is essential.

Global Commerce Bang, Sangwon

Reunification of the two nations on the Korean Peninsula must be achieved. It is a travesty that South and North Korea are the only countries in the world that are still separated after war. The wall in Berlin collapsed in 1989, and the reunification of German was successfulboth culturally and economically. Reunification of North and South Korea would be beneficial in three main ways; economically, culturally, and internationally. First let us examine the economic benefits.

Reunification would widen the whole territory of Korea. It means Koreans will get more land to develop and to reside in. Furthermore reunification would enable Koreans tocollect more natural resources such as coal, lead and other minerals. This would greatly aid the Korean economy. In addition, both Koreas currently spend a lot of money and manpower on their militaries. Reunification would mean military service would no longer be essential freeing up the time of all men over 19 years old. Moreover the government would be able to save money and not spend it on such things as high-tech weapons from U.S.A. Economic growth would occur on the Korean peninsula as a result of this. But there would be more benefits than just financial ones.

Culturally speaking reunification would mean a great deal for all Koreans. Mt. Baekdu is important to Koreans both spiritually and historically. It is one of the main symbols of Korea. It is the highest mountain on the Korean Peninsula, and Koreans think it contains positive spirits.At present South Koreans are cut off from this important landmark but with the event of reunification, all Koreans would have access to the mountain. The strengthof such symbols can be both symbolic and unifying in the minds and hearts of the Korean people.

Another aspect of culture is shown in how North Korea is now preserving the traditional culture of Korea intact. They ban the usage of foreign language, especially English. This is directly opposite of South Korea which has becomes increasingly stronger within the global community. Being so conservative like North Korea can deter a nation's development but, if reunification occurs, cultural collaboration between the South and North would cause many positive results, such as new genre of poems, novels, etc. This would not only be culturally significant to Korea but would enhance the image of Korean culture throughout the world more than is happening now. Internationally people would have more access to Korea and Korea more access to the world.

With the reunification of North and South Korea, travel would become easier between Korea and Europe. This would help tourism, as routes previously inaccessible would now be open to travelers via train. Trade routes will also be able to be used between Korea and other countries. This would be a big positive change in Korean society. But there are some who disagree with reunification.

People who disagree with reunification would say that it is sure that reunification will bring massive problems and chaos to both Korea.In the short term there will be inevitable problems but if we examine the recentexample of Germany, we can find hope. East and West Germany were separated for a long time, but they eventually overcame the differences and became the most powerful country in the EU. Similarly North and South's reunification would mean that Korea could become a major global power in Asia and the world.

In conclusion reunification of North and South Koreais necessary. The reunification would benefit both countries. The economy would improve by use of natural resources and manpower, cultural landmarks and symbols would become a part of both cultures helping join them together and internationally travel and trade would be more accessible. These are just three of the reasons why reunification between North Korea and South Korea needs to happen soon.

# What reunification means to me.

Life-long Education Kwak, Pearl

## Reunification Is A Miracle.

It has been 63 years since Korea divided and 24 years since Germany reunified. Why is Korea the only nation separated due to political issues? What if North and South Korea reunifies putting aside past differences and conflicts? I think reunification is a requisite and would be a positive event for both countries. First, I would no longer live in fear. North Korea has continuously threatened and antagonized the South. Many South Koreans have died as a result of this. Next, I would have restoration, and further restoration to the nation. Also I would be able to apply adult education in order to benefit the North Koreans.

To begin with, there were numerous threats from North Korea that put South Koreans, including me into a state of fear. For example not so long ago, North Korea attacked the Cheonan ship, and many people died. The whole nation cried and raged over North Korea. This kind of crucial event creates an atmosphere of horror and becomes part of our lives. However, If North and South reunifies, then I would no longer have a reason to live in terror. I would no longer fear the actions of

North Korea, and no longer see any more ridiculous sacrifices.

Next, on a personal level I would feel a sense of unity. My grandfather ran away from North Korea before the 6.25 war occurred. He became sad and lonely mainly because he couldn't see his family that remained in North Korea. He became an alcoholic, further struggled in his life, and died at an early age. I never had the chance to see my grandfather. From listening to stories about my grandfather, I can relate more to the heartbreaking division between the North and South. I feel sorrow by just the fact that my family feels personal anguish over the divided nation. My family could begin to recover the sense of wholeness once North and South reunify.

Lastly, I can use my knowledge and help the North Koreans to learn and adapt to the new world. North Korea must be very different from South Korea. Once Korea is reunified there would be many subjects the North Korean adults would need to know about. I am majoring life-long education, which is basically andragogy(andragogy means the art and science in helping adults learn). I can contribute to the integration of North Koreans by teaching them to get close to the advanced technology and further guide them to the learning they want. I would have an important role and be part of aiding the needs of the North Koreans so they can get jobs and also contribute to the economy.

Reunification is still wanted in everyone's heart and especially mine. If reunification happens, it would be a wonderful miracle for both North and South. There are many existing conflicts between North and South and I hope all the obstacles would be removed. I hope reunification brings more positive influences than the negative ones.

# Reunion of North and South

Mechanical Engineering Cho, Jung

My thoughts on the reunion of Korea are positive. I believe that the reunion of North and South is inevitable and we must prepare ourselves with a positive attitude in order to result in a positive future. We basically know that there is a great economic gap between North and South Korea and thus, while others find it a disadvantage, I believe that there are great advantages in the reunification if we use the chance wisely.

Firstly, the war will finally come to an end and that would mean no more mandatory military service done by the youth of the county. The average Korean man spends an average of two years of our most precious time doing military trainings that most of us would and should never use. Two years of work can clearly benefit the economy of the country and it will even out the work age of men and women. Additionally, it will free the military expenses of the country allowing the government to use taxes in a way far more beneficial to society.

Secondly, the few surviving families torn apart by the division will be together once and for all. They have been waiting to see each other since 1950 and their sorrows will finally rest. When the families meet, any language inconsistencies will also improve. Since North Korea has remaineda closed society, there is a policy in place to ensure all things, even foreign products, are named in Korean. South Korea has adopted and embraced international products and words so the vocabulary has expanded with such English words asice cream or television.

Finally, Korea will gain more potential to grow into a stronger country. Right now, South Korea is has limited land and resources. We have no natural resources from the earth and the lack of land space means the ability to grow a large number of crops is limited. However, with Korea unified, we will be able to access more land and natural resources that we do not have right now. This gives us more potential to grow stronger and have an independent political status without USA having to interfere.

Therefore, my thoughts on this topic are very positive. As many of our professors say, I too agree that we are the generation of the reunion. We should be prepared with the changes that are to come and lead our country to become a better place to live. There are so many problems in our society right now and I hope that the reunion will give us the chance to solve them.

# Reunification Essay

Industrial Engineering Park, Sanghyun

Our country, Korea, is divided into two different countries. North Korea, and South Korea.The Korean Peninsula was separated on June 25th 1950,in the time of the Korean War.Many Koreans lost their lives, and our country almost looked like a wasteland. Two opposing political systems were in conflict and unfortunately there was no clear solution for both stances. So, Korea was split into two different countries, with two different political systems; democracy and communism.

As our first female president has mentioned, I think the reunification of Korea is very reasonable. We, the North and South, were one ethnic group and we even use the same language. However there are many issues, both positive and negative, that need to be considered before reunification becomes a reality.

First, if the North and South reunite, our country's extent of land will be a lot larger than now. A country's economy, agriculture, and many types of development rely on the area of the county's land. Well, we can't say that the area of land is the essential factor of a countries development. The counterexample could be Singapore. But it is true that with larger area of land, we can build more buildings where more people can live or work, make more farms for crops or livestock, and this could lead to a better, well-living country.

Second, if reunification is achieved, both counties can use a better, wide, and quick trading system. As you know, because of the ceasefire line on 38 degree latitude, in order to import or export things from China, Russia, or any country in Europe to South Korea, we have to use the plane or use a ship and sail all the way across the Atlantic(Nobody would take the sea I think…). Also, in the case of North Korea, there is a very small territory of seaside compared to our country, which is covered of sea on every side of the country.So they have a disadvantage in sea trading. But if our two countries reunite, we can build a railroad that crosses the two continents, Asia and Europe. We could make a very cheap, and fast trading system with many countries by land and the North can also have an advantage of better trading with countries on the sea or south of our country. Not only the trading system and economy, but the traveling industry is another benefit for us. We can travel to Europe only by train! And foreign people from Europe, China, Russia, or any other country can come and visit Korea more easily.

Last but not least, this could be a very obvious factor, but it is the most important factor. If the two countries get through a successful reunification, there would be no more war in the peninsula of Korea, no more tension in Korea, no more people dying, and no more pressure inside our country. There are absolutely no disadvantages when we are in war. Also, limited in the case of healthy Korean men, we wouldn't have to attend mandatory military service for two years, sacrificing valuable time of our 20's. And there wouldn't be any more accidents like the gun accident made by the runaway soldier yesterday.

For these reasons, the reunification of North Korea and South Korea is necessary. Also, the good outweighs the bad and if time passes after the reunification, the whole world will realize that the reunification was not only the best choice for the two counties, but also for the world.

# In support of reunification

Global Commerce Park, Doori

I believe that the reunification of South and North Korea should be supported. There are three main reasons for this. First, Korea can gain economic benefits. Second, Korea will be able to strengthen its position on the international stage. Lastly, reunification will show a real respect for humanity.

First of all, there are many advantages for the economic situation of both countries. Every year, both countries spend a tremendous amount of money for the military. After reunification, that money could be used to enhance the lives of the people of Korea. Moreover, Korea will become a wealthier, more powerful country with resources and technologies of South Korea and natural resources and tourism assets of North Korea.

Second, the national brand value of Korea will be stronger. Reunification will present opportunities for South and North Koreans to interact with different cultures, dialects and customswhich will, in turn, bring diversity to a united Korea. Specifically, the academic sector can be improved. In the field of science, for example, North Korea has focused more on basic science than on applied science, whereas applied science is much more popular in South Korea. Thus, a united Korea can advance in both perspectives through growth and development. On top of that, a united Korea will help strengthen Korea's dominance in sports. South and North Korea are separate teams now, but after reunification, the country can perform at a much higher level. In 2018, South Korea will host the Winter Olympic Games in Pyeongchang. Korea's winter sports would certainly benefit if the two countries were unified. In North Korea, the climate is more suitable to winter sports so, there will be moreinterest in skiing and ice skating. As a result, Korea will have a strong presence in world competitions.

Lastly, the quality of life will be improved. The fastest and most certain path to improve NorthKorea's devastating conditions and human rights issues is reunification. A united Korea would incorporate North Korean people into a free democratic system, raising their standard of living and establishing for them the same human rights that people in other nations enjoy. Also, the citizens of North and South Korea will be free from fears of war and terrorism.

Not long ago, Germany gained a reputation in the world stage as a key problem solver of major issues—the global economic crisis and military conflicts. It would also help encourage European integration. In the same way, a united Korea will be a leaderby promoting cooperation and friendship with its neighbors in Northeast Asia and the world.

# Reunification

School of Business Administration Ahn, Yonghyun

Reunification of Korea is a very important issue for all Koreans.The people of North Korea and the people of South Korea are the same nationality and therefore need to belong together in one country. It is because of this one fundamental issue that reunification in a must for all Korean people. In additions to this there are several other compelling reasons towards a reunified Korea.

Through their recent actions, North Korea is considered to be a very threatening presence that could easily provoke a war. Because of this it is necessary to keep soldiers from both sides patrolling the DMZ border at all times. If Korea reunifies, the cost of training and maintaining a military presence would greatly decrease, as would the expenditure on armaments. Also the government would not need many soldiers and all men of age would be free from mandatory military service.

If it is free to go to North Korea it is much easier to travel to other countries. China and Russia border North Korea.If Korea is able to trade with Russia and China by land, it will make the exchange of goods quicker, easier and more convenient. In addition, the reunification of Korea will enable Koreans to travel to Europe via the

Trans-Siberian Railroad. This will allow more travel and increase the cultural exchange benefits between Korea and Europe.

There are many positive sides of reunification. Although there is theinevitable possibility of negative effects, it is clear that in this case the positive far outweighs the negative. Reunification can occur when most people in Korea advocate to the opinion that reunification should be done. The government of South Korea and the government of North Korea should trust each other. If they cannot trust each other they won't be able to negotiate for reunification.

# Reunification

Global Commerce Kim Yoonhee

Today, Korea is the only divided country in the world. The reunification of Korea is a polarizing issue. For many people from both North and South Korea, reunification is their dearest wish. Then on the other side of the issue there are some who fear what reunification will mean for the Korean people. I strongly believe in the idea of reunification of South and North Korea. I have three main reasons to support my idea.

First of all, for the state, reunification has many benefits. It will elevate Korea's status. We can become a key player in many facets of the global community. If Korea utilizes the skills and geographical location to its fullest, Korea will develop quickly. It will become easier to go to China using a road if we can get through the North Korea. We can also reduce military investments and many other costs, so it can also help our economy. Some people say that we might lose our money to help North Korea, but it would be in the short term and we have to make long-term policy. In the long term, it's not our loss at all.

Second, reunification will mean so much for the families separated after 1953. About a month ago, there was a reunion and North and South Korean relatives saw each other. They met their family from other side for just three days. After the reunion, I heard that they are in suffering because of longing. A few days was too short for them. It made them desire to be together more. Most of them are quite old and they suffer from bad health. Considering their weakness, we have to reunify as quickly as possible.

Lastly, for the all people in North and South Korea, reunification will make us calm and feel safe. Although it's been more than 60 years since we stopped fighting, people still shake with fear sometimes. North Korea has threatened South Korea a few times. Tension makes both North and South Koreans nervous.

In conclusion, I think definitely that it's time to reunify. Many people are waiting for this, and it is kind of our duty. Reunification is good for state itself, separated families, and all of us.

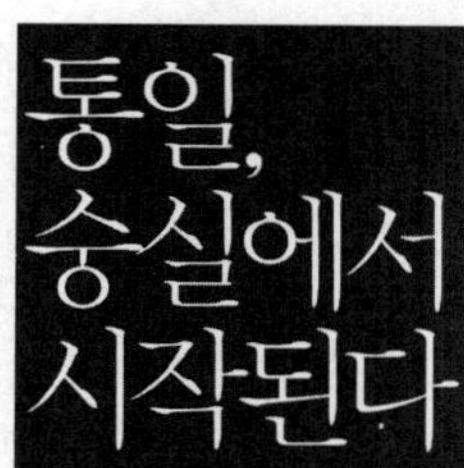


초판 발행 2015년 3월 5일

지은이 숭실대학교 베어드학부대학 학사지도실
펴낸이 한헌수
펴낸곳 숭실대학교 출판국
서울 동작구 상도로 369
등 록 제14-2호(1982.1.25)
TEL.02-820-0772
FAX.02-817-5297
http://press.ssu.ac.kr
찍은곳 한컴인쇄정보
TEL.02-2274-3394
FAX.02-2274-3397

값 12,000원
ISBN 978-89-7450-340-6 03800